KB266861

현대 축구
전술×개념 사전

# 현대 축구
## 전술×개념 사전

노밀크 사토 지음 | 홍재민 옮김

라의눈

이 책을 읽고 계신 독자 여러분께 감사드린다. 필자는 약 10년간 축구 플레이에 관한 데이터 분석과 미디어 관련한 일을 하고 있다. 또한 6년 이상 유튜브를 통해 축구에 대한 이야기를 공유하고 있다.

이 책을 쓴 계기는 다음과 같다.

"최근 축구가 복잡해서 이해하기 어려워졌다."
"축구 전술 용어가 계속 나오는데 알 듯 모를 듯하다."
"축구 관전 모드를 업그레이드하고 싶다."
"포메이션이나 포지션의 상성에 관해 자세히 알고 싶다."

최근 축구 팬들과 서포터, 함께 일하는 미디어 종사자들, 그리고 축구에 막 관심을 갖기 시작한 분들에게 자주 들었던 얘기다. 특히 일본에서는 국가대표팀이 독일과 스페인을 꺾은 2022년 카타르월드컵 이후 이런 흐름이 확실해졌다. 나날이 진화하는 현대 축구가 전례 없이 축구 팬들의 지적 욕구를 자극하고 있다고 생각한다.

이 책의 목표는 '피치 위의 축구를 보다 명쾌하고 재미있게 즐기기'이다. 사실 필자가 느끼기에도 축구가 예전에 비해 약간 복잡해진 감이 있다. 다양한 전술 용어가 등장하고, 경기 국면마다 포메이션을 바꾸는 팀이 많아지는 추세다. 전술에 대해 찾아보거나 선수 움직임과 각 팀의 플레이스타일에 대해 명쾌하게 이해되지 않는 축구 팬들이 적지 않을 것이다. 축구를 좋아하고 즐겨 보지만, 전술 용어와 포메이션의 의미, 각 시스템의 장단점, 선수별 플레이스타일 등을 이해하기란 쉬운 일이 아니다.

이 책은 '이해하기 쉬운 표현'과 '그림'을 활용해 여러분의 축구 지식을 한 단계 끌어올리도록 구성되었다. 축구 관련 기사나 동영상에 자주 등장하는 용어를 쉬운 표현으로 풀었다. 축구 경기에 대한 이해도가 높아지면, 선수와 감독의 의도를 추정하는 능력이 생긴다.

이 책은 여러분의 축구 관전을 재미와 지식이라는 측면 모두에서 업데이트하는 참고서라 할 만하다. 축구는 여러분을 그냥 내버려두지 않는다.

노밀크 사토(사토 유이치)

# CHAPTER 01

## 전략적 축구 관전하기



# CHAPTER 02

## 장소와 공간 업데이트

## 피치와 영역 이해하기

# CHAPTER 05

**경기 전개 업데이트**

## 경기는
## 국면의 연속



# CHAPTER 06

**포메이션 업데이트**

## 팀의 배치도
## 이해하기

# 전략적 축구 관전하기

# 01

# 관전력을 높이기 위한 포인트 5

그 어떤 분야라도 제대로 즐기기 위해서는 기본 지식과 이론이 필요한 법이다. 축구 경기를 즐기는 것도 다르지 않다. 축구 관전력을 높이기 위해 필요한 분야를 마인드, 관점, 지식, 기술, 이론이라는 다섯 가지 포인트로 정리해보았다.

## 1 마인드: 긍정적 태도

내가 응원하는 팀이 열세에 몰리면 누구라도 마음이 불편하다. '정말 못 하네!', '저게 틀렸어!', '지금 뭐하는 거지?' 등의 부정적이고 비판적인 감정에 사로잡히게 되는 것이다. 이때 각 플레이에 긍정적 의도가 있다는 쪽으로 마인드를 바꾸면, 선수의 좋은 플레이나 판단을 발견할 기회가 생긴다.

경기장에서 뛰고 있는 선수들은 볼을 소유할 때나 볼을 탈취하려 할 때, 머릿속으로 많은 정보를 처리하면서 매 순간 빠른 판단을 내린다. 경기는 11 대 11로 치러지기에 피치 위에서는 선수 한 사람 한 사람의 생각뿐 아니라 감독이나 코칭 스태프의 의도가 겹친다. 게다가 잔디 상태나 기온, 바람 등 자연조건까지 더해진다. 이렇게 수많은 요소가 뒤얽히는 와중에 선수들은 '규칙'에 따라 플레이를 한다. 완벽을 요구하기 어려운 구조라는 뜻이다. 어떤 의미에서, 축구란 상대의 실수를 전제로 하는 스포츠라고 할 수 있다.

긍정적 마인드를 가지면 자연스럽게 관전의 포인트가 바뀐다.


- 볼을 가진 선수에서 볼을 갖지 않은 선수로
- 공격하는 측에서 수비하는 측으로


단순한 관전이 아니라 플레이의 의도를 간파하고, 플레이가 어떻게 흘러갈지 예측하면 보다 심도 있는 관전이 가능해진다.

## 2 관점: 볼 밖에 시선 두기

다음으로 중요한 요소는 경기를 보는 관점이다. 물론, 자신이 좋아하는 선수 중심으로 볼 수도 있고 좋은 플레이에 시선을 빼앗길 수도 있다. 여기에 한 가지 더 필요한 것이 피치 안에서 볼이 없는 곳에 시선을 두는 습관이다.

피치 위에서 볼을 소유한 선수 가까이에는 패스를 받으려는 선수, 볼을 빼앗으려는 상대 선수가 있다. 볼을 소유한 선수의 현재 플레이도 중요하지만, 그다음 플레이를 예측하면서 보는 것도 중요하다. 즉 볼을 소유하지 않은 선수의 움직임에 주목하자. 그 지점에 관심을 가지면 축구를 보는 일이 한층 흥미로워진다. 볼을 소유한 선수 주변에, 같은 팀 선수와 상대 팀 선수가 어떤 위치에서 어떻게 움직이는지 주목해서 보는 것이다.

- 누가 볼을 빼앗으려고 움직이는가?
- 누가 위기를 감지하고 다음 플레이를 취하는가?

즉, 오프 더 볼*off-the-ball*(볼을 미소유한 상태)인 선수들의 움직임을 볼 수 있으면, 피치 상에 존재하는 많은 정보가 눈에 들어와서 축구 관전이 깊어진다.

### 3 지식: 아는 만큼 보인다

필자는 오래전에 교육 현장에서 아이들을 가르치는 강사로 일한 적이 있다. 그 시절 깨달은 것 중 하나가, 명문대 진학을 꿈꾸는 고등학생들조차 초등학교나 중학교 때 배웠어야 할 기초를 애매하게 알고 있는 경우가 많다는 점이다. 수학으로 말하자면 단순 계산에 애를 먹는다든지, 문해력으로 말하자면 기본으로 알아야 단어의 뜻을 모르거나 기본 한자를 읽지 못하는 경우다.

축구 동영상을 만들 때나 이 책을 만들기 위한 기획 회의에서도 이런 내용이 자주 화제에 올랐다. '축구도 그렇지 않을까?'라고 느낀 순간이 많았다. 예를 들어 '전술 용어가 이해되지 않는다'라든지 '왜 이 타이밍에 상대 팀이 전술을 변경했을까?'와 같은 부분은 확실히 어려울 수 있다.

그런데 축구를 보는 사람이라면 누구나 알 것 같은 '오프사이드란?' '빌드업이란?'과 같은 질문에 확실하게 답하지 못하는 경우가 꽤 있다. '4-4-2 포메이션은 어떤 의미이고 장단점은 무엇인가?'라든가 '포워드의 역할은 무엇인가?'라는 질문도 마찬가지다. 의외로 많은 사람이 기본기에 대해 막연하게만 알고 있다.

사실 축구를 좋아한다 해도 누군가로부터 체계적으로 배우는 경우는 드물다. 경기를 보면서 스스로 이해하거나, 각종 기사나 책 혹은 유튜브 동영상에서 얻은 단편적 정보들이 쌓여 나름의 체계를 형성하는 방식이었으리라 추측한다.

이 책에서는 이러한 지식을 언어와 그림으로 명쾌하게 정리하려고 한다. 경기를 관전할 때, 가장 먼저 눈에 들어오는 것은 필드 그 자체다. 북중미월드컵의 아시아 예선에서 중국 대표팀이 일본 대표팀을 상대할 때, 사이드라인을 평소보다 안쪽으로 좁혀 코트 크기를 작게 만든 사례가 있었다. 필드에 대한 지식이 없다면 이런 행동을 왜 하는지 이해도 안 될뿐더러 '이렇게 해도 되나?'라는 놀라움과 의문도 갖지 못할 것이다. 따라서 2장에서는 축구 필드와 각 영역에 관해 설명하려고 한다.

다음으로 필요한 것이 선수에 관한 지식이다.

어떤 배경을 가진 선수인지, 어떤 플레이스타일인지, 어느 포지션에 배치되는지 등의 이해가 커질수록 경기를 보는 방법이 바뀐다. 3장과 4장에서는 압박 스타일과 포지션으로 나누어 선수에 관한 기본 지식을 소개할 예정이다.

축구가 다른 스포츠와 다른 점은 볼이 항상 움직이고 경기는 멈춤 없이 진행된다는 점이다. 야구처럼 공수가 확실히 교대하는 방식이 아니다. 축구는 플레이 구분이 명확하지 않은 종목이므로 익숙해지지 않으면 전체 그림을 보기 어렵다. 하지만 '지금 볼을 소유한 팀은 무엇을 하려는 걸까?', '볼을 갖지 않은 팀은 어디서 어떤 방법으로 볼을 빼앗으려는 걸까'라는 국면을 구분할 수 있다면 관전 능력이 향상된 것이다.

축구에는 공격과 수비만 있는 것이 아니다. 필자는 현대 축구에 8가지 국면이 있다고 분석한다. 여기에 관한 상세한 내용은 5장에서 소개하겠다.

관전 능력을 높여 현대 축구를 보다 깊이 이해하기 위해 가장 중요한 요소는 '지식'이라고 믿는다. 다섯 가지 요소의 중앙에 '지식'을 놓은 이유는 그것이 '마인드'와 '관점'이라는 요소를 지탱하는 기반이 되기 때문이다. 그리고 이 '지식' 위에 쌓아야 할 요소가 바로 '기술'이다. '지식'과 '기술'이 만나 전술이 만들어지기 때문이다. 경기 다음날 상세한 데이터 보고서가 만들어지는 것도 지식과 기술의 협업 덕분이다.

## 4 기술: 팀의 우위를 만드는 방법

지식을 득점이나 수비 행동으로 연결하는 요소가 바로 '기술'이다. 축구는 정해진 필드 안에서 11 대 11로 맞붙는 종목이다. 그렇다고 선수 전원이 늘 볼 주위에 몰려있다는 뜻은 아니다. 볼 근처에서 상대에 비해 얼마나 수적 우위 상황을 만드느냐가 무엇보다 중요하다. 예를 들어 볼 주위에 상대가 두 명인 상황에서 우리 선수가 세 명 배치되어 있다면, 숫자에서 상대를 앞서게 된다. 그런 '우위를 어떻게 만들 것인가'가 5장 후반부의 주제다.

우위를 점하기 위한 핵심은 선수들의 배치다. 이것을 '진형' 또는 '포메이션'이라고 한다. 한마디로 진형이지만 응용은 정말 다양하다. 6장의 전반부에서는 각 진형이 지닌 장단점을 상세하게 설명할 예정이다.

다만, 현대 축구에서 경기 중 한 가지 진형만으로 싸우는 팀은 없다. 상황에 따라 진형을 바꾸고, 상대의 대응이 갖춰지지 않은 영역에 선수를 투입해 기회를 늘리거나 위험을 줄인다. 이런 포메이션 변화가 어떻게 이루어지는지, 어떤 의도로 행해지는지에 관해서는 6장 후반부에서 자세히 해설하겠다.


포메이션 변화를 고려하면서 놓쳐서 안 될 것이 '상성'이다. 상대의 진형으로 인해 자기 팀의 개성을 발휘하기 어려울 때가 있다. 그럴 때, 진형을 변경함으로써 불리한 상성을 뒤집을 수 있다. 즉 진형과 진형의 맞대결도 전술의 핵심 요소다. 7장에서는 각각의 진형이 지닌 상성에 관해 구체적인 사례로써 확실하게 분석해보겠다.

## 5 데이터: 이론을 파악하는 힘

마지막 포인트는 데이터 분석을 통해 팀의 이론(싸우는 방법)을 파악하는 일이다. 요즘은 누구나 쉽게 해외 축구를 관전할 수 있다. 혁신적 전술도 영상이나 데이터 분석으로 바로 간파되어 버린다. 새로운 전술이 나오면 얼마 안 되어 그것을 깨뜨리는 공략법이 나온다.

최근에는 일반 팬들도 선수들의 개인 데이터나 팀의 데이터를 경기 단위로 확인할 수 있다. 물론 팀이 구축한 시스템만큼 상세하게 분석하기는 어렵다. 하지만 앞에서 말한 '지식'과 '기술'로 얻은 정보가 있다면 누구라도 데이터와 영상을 분석할 수 있다. '왜 이런 플레이가 만들어졌을까?', '왜 이 타이밍에 저 선수를 넣었을까?' 등의 배경을 상상하면서 축구를 관전할 수 있다면, 보다 생생한 현장 감각으로 축구를 해독할 수 있게 된다. 그렇기에 관전하는 팬도 기본적인 데이터를 볼 줄 아는 것이 중요하다.

2025년 여름에는 새로운 방식의 '클럽월드컵'이 개최되었고, 2026년에는 북중미 월드컵, 2030년에는 100주년 기념 월드컵이 개최된다. 이런 큰 대회에서는 늘 새로운 이론이 등장한다. 데이터를 분석할 줄 알아야 새로 등장한 이론을 이해할 수 있다.

즉, 축구의 진화를 깊이 있게 즐기려면 지금까지의 전술을 공부하고 그것들이 어떻게 변화해가는지 탐구하는 일이 중요하다. 볼이 없는 곳에도 시선을 두면서, 새로운 지식과 기술을 습득하고, 데이터를 기반으로 축구 이론을 공부해 간다면 경기를 관람하는 일이 보다 흥미진진해진다.

# 02

# 현대 축구를
# 보다 깊이 이해하려면

앞에서 축구를 보다 깊이 있게 즐기기 위한 다섯 가지 포인트를 확인했다. 관전을 업데이트할 수 있는 마인드와 기본기에 대해 설명했는데, 이제부터는 현대 축구에 대한 이해도를 높이기 위한 방법을 알려주겠다.

## 관전에 필요한 두 개의 시선

축구 관전에서는 다음과 같은 두 가지 시선이 필요하다.

- 선수가 어떤 플레이를 하는지 파악하기
- 팀이 어떤 축구를 구사하는지 파악하기

당연한 말이지만, 축구 선수가 자신의 자질과 맞지 않는 포지션에서 뛰게 되면 능력을 발휘하기 어렵다. 그래서 선수의 '개인 능력(플레이스타일)'과 '팀 안에서의 역할(포지션)'의 관계를 이해하는 것이 중요하다. 개인의 포지션은 팀의 포메이션 안에서 결정된다. 이제부터 포메이션에 기반한 선수 활용법을 알아보자.

## 전술이란 쉽게 말해 '누가 무엇을 하는가?'이다

전술이란 단어가 어려울 수도 있고 막연할 수도 있다. 게임이론이니 포지셔널 플레이니, 쉽게 이해가 되지 않는 이론들이 등장하고 있다. 22명의 선수가 엉키는 축구 플레이 와중에 어떤 장면에서 어떤 전술이 개입되었는지 구분하기란 더욱 어렵다.

필자가 이 책을 통해 설명하고 싶은 점은 다음과 같다.

- 전술의 이해는 '누가 무엇을 하는가?'를 찾는 것이다.
- 그 '누가'와 '무엇'이란 '8W 1H'로 요약할 수 있다.

축구를 소재로 대화나 토론을 할 때, 또는 경기 장면이나 플레이를 공유할 때 도움이 되는 것이 '누가, 언제, 어디서, 무엇을, 왜, 어떻게'라는 포인트다. 여섯 가지 요소를 정리하면 정보가 보다 명확하게 전달된다. 흔히 육하원칙(5W 1H)이라고 부르는 방법론이 축구에 있어서도 플레이를 구체화하는 데 유용하게 활용될 수 있다. 필자는 '누가 무엇을 하는가?'라는 물음을 육하원칙을 확장한 '8W 1H'로 표현하겠다.

① WHO(누가) : 선수의 포지션 → 4장 참조

② WHOSE(누구의) : 선수의 플레이스타일 → 3장 참조

③ WHOM(누구와) : 선수 간 연계와 진형 → 6장(전반부) 참조

④ WHEN(언제) : 경기 중에 발생하는 국면 → 5장(전반부) 참조

⑤ WHERE(어디에서) : 경기가 행해지는 영역 → 2장 참조

⑥ WHY(왜/이유) : 진형을 바꾸는 이유 → 6장(후반부) 참조

⑦ WHAT(무엇을) : 진형 간의 상성 → 7장 참조

⑧ WHICH(우선적 선택) : 우위성의 상황 설정 → 5장(후반부) 참조

⑨ HOW(어떻게) : 전술과 플레이 이해하기 → 8장 참조


축구 전술은 '육하원칙'의 파생형인 '8W 1H'로 집약할 수 있다. 앞으로 나올 내용에서 이런 지식 아이템을 습득해 축구에 대한 이해도를 높여보자.

# CHAPTER 02

장소와 공간 업데이트

# 피치와 영역 이해하기

# 01

# 축구의
# 각 영역 명칭

축구는 득점을 해야 이기는 종목이고, 득점하려면 슛을 때려야 한다. 그 슛을 때릴 공간을 만드는 것이 경기 결과를 크게 좌우하므로, 필자는 축구라는 종목 자체를 일종의 '땅따먹기 게임'이라고 생각한다. 그래서 서로 빼앗으려는 '영역'에 대한 이해가 필요하다.

옆의 그림에서 피치는 가로로 삼등분되어 있다. 우리 팀이 아래쪽에서 위쪽으로 공격한다고 가정해보자. 우리 팀 골키퍼가 있는 아래쪽 3분의 1 영역을 디펜시브 서드*Defensive Third*, 혹은 '자기 진영'이라 부르는데, 우리 팀 동료가 많이 있는 공간이다. 상대가 볼을 빼앗으려고 접근하므로 위험을 제어하면서 전진하는 플레이를 하는 곳이다.

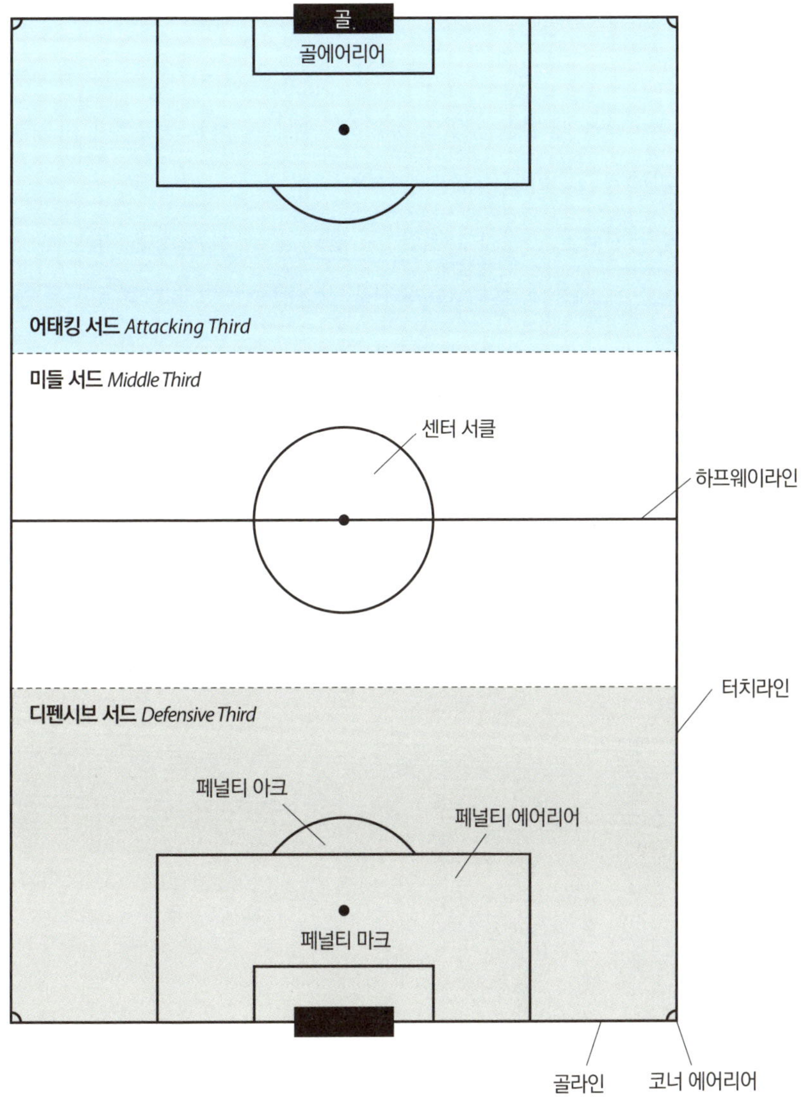

골
골에어리어
어태킹 서드 Attacking Third
미들 서드 Middle Third
센터 서클
하프웨이라인
디펜시브 서드 Defensive Third
터치라인
페널티 아크
페널티 에어리어
페널티 마크
골라인
코너 에어리어

가운데 3분의 1 영역을 미들 서드*Middle Third*라고 부른다. 미들 서드는 우리 팀과 상대 팀이 공유하는 영역이라고 해도 좋다. 공격하는 측에서는, 수비수들이 공격팀의 패스나 돌파 진로를 봉쇄하기 때문에 상대 수비망을 돌파하는 플레이를 펼친다. 한편 수비하는 측은, 공격 측이 패스나 드리블 등으로 돌파해 나올 때 볼을 빼앗아 공격적 플레이를 하는 동료에게 가능한 한 빨리 연결하는 플레이를 시도해야 한다.

플레이어가 밀집한 중원에서 전진이나 볼 다툼을 하는 경우, 또는 밀집한 상황을 역으로 이용해 롱패스로 중원을 건너뛰는 판단을 하는 경우를 눈여겨보면 좋다.

피치의 위쪽 3분의 1을 어태킹 서드*Attacking Third*라고 부른다. 축구 경기 중계에서 자주 듣는 명칭인데, 자기 진영의 반대편 공간이자 상대 진영이다. 이 영역에는 당연히 상대 수비수가 많기에 상대를 뚫거나 유인하는 플레이를 통해, 우리 팀이 유리하게 전진하기 위한 플레이를 해나가야 한다.

# 02

# 하프 스페이스? 포켓?<br>현대 축구의 개념

### 하프 스페이스란?

터치라인 방향으로 4개의 선을 그려 경기장을 세로로 분할하면 다섯 개의 길쭉한 공간이 나타난다. (29페이지 그림 참조) 이것들을 다섯 개의 통로라고 생각해보자. 중앙 통로인 센터레인*centre lane*과 측면 통로인 와이드 에어리어*Wide Area* 사이에 생기는 통로를 '하프 스페이스*half space*'라고 한다.

축구를 분석하고 연구하는 과정에서 하프 스페이스에 주목한 이유는 이 영역을 선점하는 것이 중요하기 때문이다. 볼을 갖고 중앙 통로인 센터레인으로 나아가면 정면에 있는 상대 골대를 향해 바로 슛을 때릴 수 있어 골로 연결될 확률이 높다. 그러나 아무리 약팀이라도, 자기 골대로 향하는 최단 경로를 열어 놓지는 않는다.

한편 양쪽 측면인 와이드 에어리어는 골대에서 가장 멀리 떨어져 있어 이곳에서 직접 득점을 노리기는 어렵다. 측면 통로를 따라 전진한다 해도, 중앙 쪽으로 볼을 보내기 위해서는 크로스라는 방법을 선택해야 한다. 그래도 중앙보다는 수비 강도가 높지 않은 영역이긴 하다.

하프 스페이스는 모든 특성이 적당히 포함된 중간 영역이다. 중앙보다 수비 강도는 낮고, 측면보다 골대로 향하기 쉬우므로 상대 진영 침투에 최적 경로라 할 수 있다.

## A매치에서 자주 듣는 '포켓'이란?

하프 스페이스와 페널티 에어리어가 겹치는 영역을 '포켓'이라고 한다. (30페이지 그림 참조) 축구 해설에서 "포켓을 노리고 있네요"라는 말을 자주 들을 수 있는데, 이는 포켓에서 시작하는 공격에 장점이 많기 때문이다. 그 장점을 세 가지로 정리해보자.

### 1 중앙보다 침투가 쉽다

상대 수비는 자연스럽게 중앙에 집중된다. 측면만큼 수비가 밀집하지 않아 비교적 자유롭게 플레이할 수 있는 영역이 '포켓'이다. 이 영역에서 볼을 받으면 득점과 직결되는 플레이가 가능해져 상대로서는 큰 위협이 된다. (31페이지 그림 참조)

### 2 수비 조직에 의해 생기는 공간

수비 선수는 '실점'을 가장 우려한다. 문전 수비에서는 중앙 영역을 가장 두

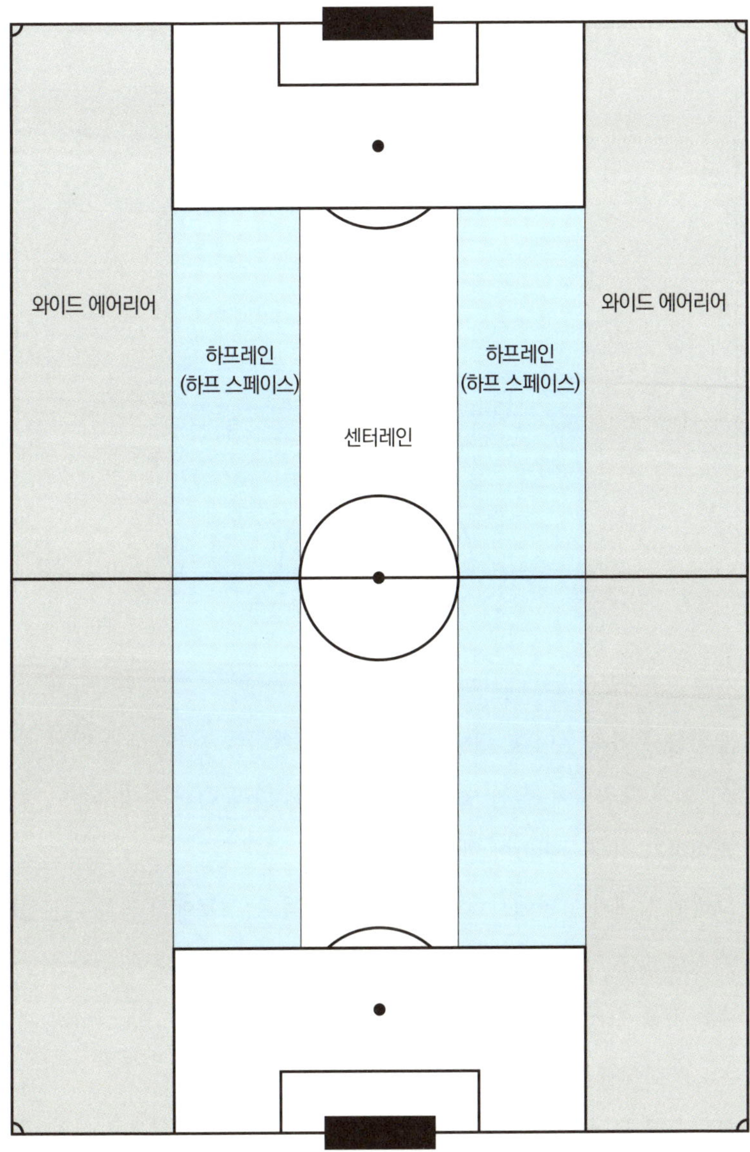



센터레인과 와이드 에어리어의 '중간에 있는 공간'이라는 뜻으로 '하프레인', 또는 '하프 스페이스'로 불린다.

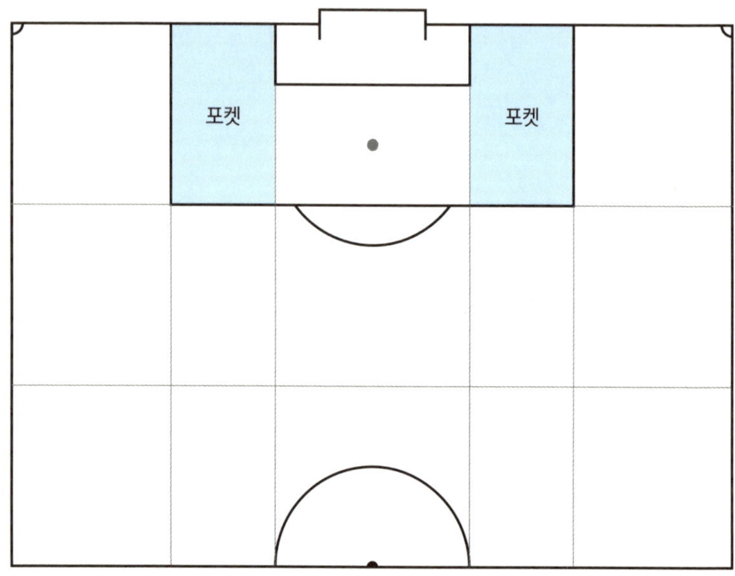



텁게 막는 것이 기본이다. 그렇다면 측면에 배치되는 수비수는 어떻게 해야 할까? 팀의 대원칙이 '실점 방지'이므로 상황에 따라 측면 수비수들도 중앙을 커버하기 위해 들어가야 한다.

그런데 상대가 측면에서 공격의 기점을 만들고, 그곳에서 볼을 배급한다고 가정해보자. 대응이 늦으면 드리블 돌파나 정확한 크로스에 의해 위험한 상황을 맞을 수 있다. 측면 수비수가 중앙보다는 볼을 소유한 선수에 대한 마크를 우선해야 하는 이유다.

중앙 수비수가 가운데 영역을 지키고 측면 수비수가 바깥으로 끌려 나가면 포켓에 공간이 생긴다. 수비수들의 관심이 중앙과 측면으로 분열되면, 포켓은 상대적인 무인 상태가 되므로 수비 팀으로서는 대단히 위험한 공간

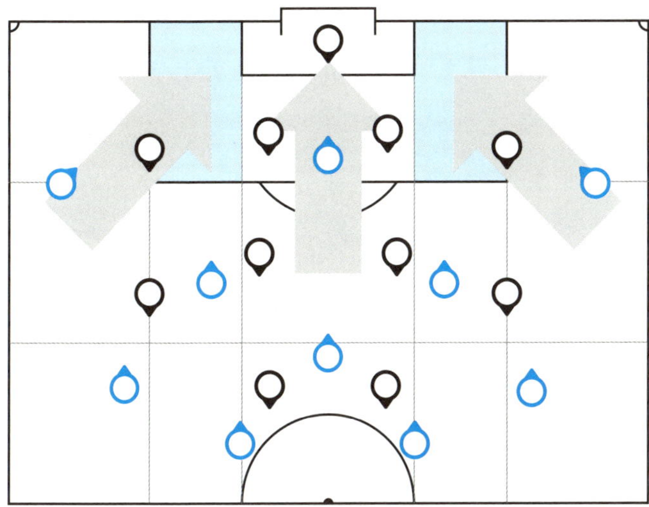

최단 거리인 중앙에는 수비수가 많은 상태. 중앙과 측면의 사이 공간을 노리면 수비수를 우회하기 쉽다.

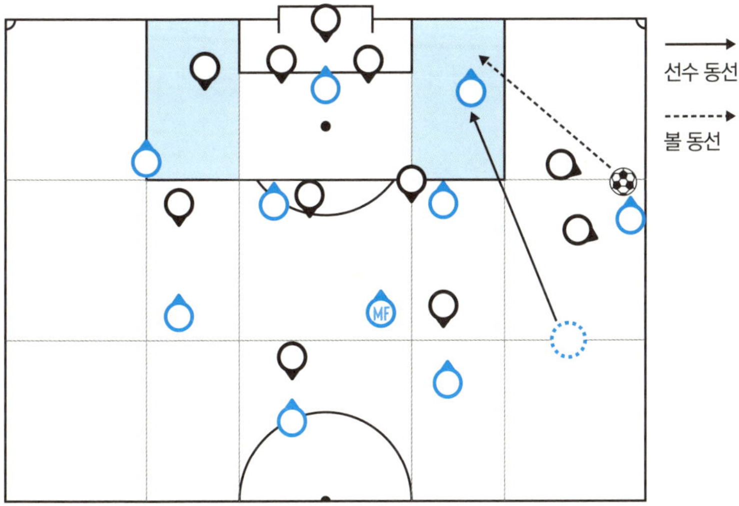


중앙 수비수는 문전을 지키고, 측면 수비수는 볼을 소유한 선수를 마크한다. 따라서 중앙과 측면 사이에 생기는 공간을 노리는 공격이 유효하다.

이라 할 수 있다.

　수비가 분산되면 공격 팀은 이를 영리하게 이용한다. 포워드가 중앙에 위치를 잡고, 윙어가 측면으로 벌림으로써 수비 라인을 늘리면, 그곳으로 미드필더나 후방에 있던 수비수가 침투를 시도한다. 이 움직임이 먹히면 득점으로 연결되는 결정적 기회를 창출할 수 있는 것이다. (31페이지 아래 그림 참조)

### ③ 선택지가 다양해진다

상대가 문전(중앙) 수비를 단단히 하면 측면을 지키는 선수들 사이에 넓은 공간이 생기기 때문에 침투한 선수는 포켓 위치에서 다양한 공격 패턴을 구사할 수 있다. 드리블에 이은 숏, 골키퍼와 수비수 사이를 날카롭게 찌르는 패스, 뒤에 있는 동료 쪽으로 빼는 패스, 반대편 측면을 향한 크로스 등 많은 선택지를 확보할 수 있다. 한편 수비 팀은 포켓 침투를 허용한 데다 어떤 공격이 들어올지 예상할 수 없어 허둥대다가 위기를 맞게 된다.

## 14번 존

영역 개념을 하나 더 소개하겠다!

　이번에는 하프 스페이스 방식의 분할이 아니라 옆의 그림처럼 하프웨이 라인을 중심으로 자기 진영과 상대 진영을 각각 3등분하고, 터치라인과 평행으로 선 2개를 그으면 18개의 영역이 만들어진다. 그중에서 상대 페널티 에어리어 부근에 생기는 공간을 '14번 존*Zone 14*'이라고 한다. 90년대부터 2000년대에 걸쳐 월드컵과 챔피언스리그 등에서 좋은 성적을 거둔 팀들은

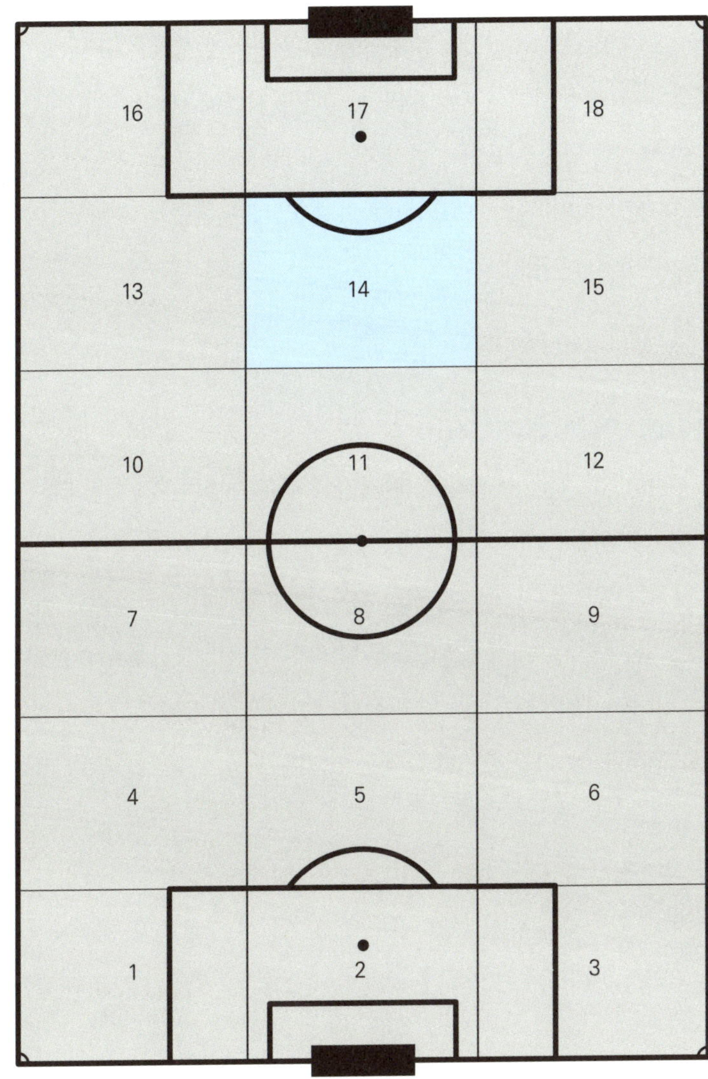16
17
18
13
14
15
10
11
12
7
8
9
4
5
6
1
2
3

'14번 존'에서 득점 기회를 양산했다.

앞서 소개한 하프 스페이스는 중앙과 측면 사이에 생기는 공간, 14번 존은 중앙 지역에서 상대의 수비수와 미드필더 사이에 생기는 공간이다. 둘 다 상대 선수들 사이로 들어가 결정적 플레이를 시도한다는 공통점이 있다. '어느 쪽 공간을 빼앗는 것이 더 효과적일까?'라는 질문에 대한 답은 '축구 트렌드에 따라 달라진다'이다.

## 라인 사이 (바이털 에어리어)

14번 존보다 더 애용되면서도 잘 알려지지 않은 개념이 '라인 사이'다. 보통 상대 수비수 라인과 미드필더 라인, 혹은 미드필더 라인과 공격 라인의 사이에 생기는 공간을 가리킨다. 최근 경기 중계에서 '라인 사이'라는 말을 들었다면, 대부분 수비수 라인과 미드필더 라인 사이의 공간을 뜻한다. 이 위치는 수비 블록의 안쪽에 있으면서 상대 골대에도 가까운 치명적 영역이고, 반대로 공격팀으로서는 중요한 공략 포인트다.

이 영역을 생명선, 급소를 의미하는 '바이털 에어리어*vital area*'라고도 한다. 수비팀 입장에서는 '침투당하면 굉장히 위험한 영역'이고, 공격팀으로서는 '창의력을 발휘하기 가장 쉬운 영역'인데, 그것은 세 가지 이유 때문이다.

- 상대 골대까지 거리가 짧다.
- 공격 선택지(슛, 스루패스, 전개)가 많다.

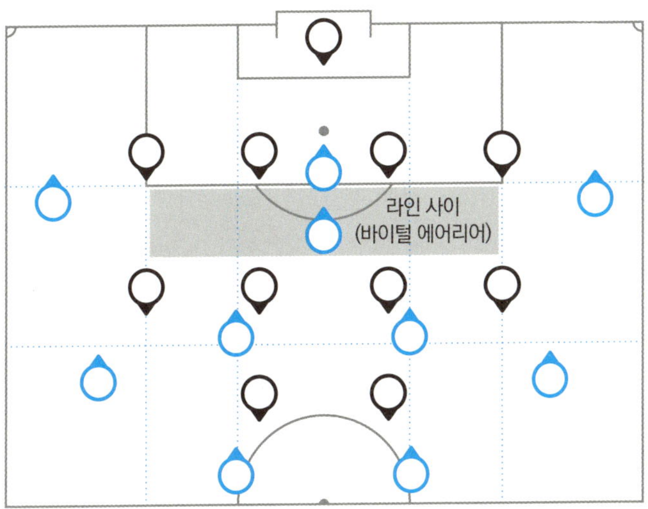


- 상대 수비수가 대응하기 어렵다.

예를 들어, 2선 선수가 라인 사이에서 볼을 받으면, 원터치로 수비 뒷공간을 노리는 패스를 보내거나 직접 슛을 때릴 수 있다. 라인 사이 공략이 성공했기에 이런 플레이가 가능해진다. 라인 사이를 잘 활용하려면 다음의 세 가지 움직임이 요구된다.

- 상대 미드필더 라인의 배후에 선다.
- 중원에서 종패스로 찌른다.
- 동료의 움직임으로 공간을 창출한다.

## 프런트 포켓

이 책 앞부분에서 최근 축구 관련한 전문 용어가 증가했다고 언급했는데, 지금 소개하는 용어는 필자가 고안한 것이다. 사실 '포켓'과 '하프 스페이스'도 오래되지 않은 용어다. 많은 전술 용어가 비교적 최근에 생겼다는 말은 아직 명명되지 않은 영역이 많다는 의미다. 그중 하나가 '하프 스페이스'와 '라인 사이'가 교차하는 지점이다. 아직 이렇다 할 명칭이 만들어지지 않았다.

수비팀이 자기 진영에서 수비 블록을 구축할 때, 센터백과 사이드백의 사이 또는 수비형 미드필더와 측면 미드필더의 4명 안에 갇힌 공간이 생긴다. 포켓 앞에 있기 때문에 '프런트 포켓'이라 부르기로 한다.

이 공간에 공격 팀의 선수가 침투했을 때, 수비팀은 누가 대응해야 할지 혼란에 빠진다. 공격 팀의 어떤 선수가 침투했을 때 누가 대응할지를 미리 정해 놓았더라도, 반복적으로 침투당하거나 수비 블록을 형성하기 전에 제3의 선수가 들어오면 수비 조직에 균열이 생기는 것이다.

포켓 침투는 득점과 직결되고, 프런트 포켓 침투는 상대 수비 진형을 파괴하는 역할을 한다. 중앙 수비수(센터백)와 측면 수비수(사이드백) 사이에 생기는 공간을 '채널'이라고 부른다는 점을 상기해보자. 프런트 포켓이 포켓 바로 앞에 생기는 고정 영역이라면, 채널은 선수의 움직임에 따라 변하는 유동적 영역이다.

# 03

# 영역을
# 차지하기 위한 공격

축구에서 득점을 하는 공격 패턴은 다양하지만, 페널티킥과 세트피스(코너킥, 프리킥)를 제외한 득점 장면만 따지면 대략 여섯 가지 정도의 패턴이 확인된다.

**1** **패스 연결, 점유** | 볼을 동료 전원이 소유하면서 천천히 상대를 밀어붙여 자신들의 영역을 확장해 상대 골문에 접근한다.

**2** **크로스 중심** | 중앙에 키가 큰 선수를 배치하고, 바깥쪽 영역을 돌파해서 측면으로부터 크로스를 공급해 아무도 닿을 수 없는 공중 영역을 활용한다.

**3** **드리블 공략** | 개인 돌파력으로 수비수를 제치거나, 돌파력이 있는 선수가 전진할 수 있도록 팀 전체가 통로를 만든다. 또는 돌파를 통해 골문에 접근한다.

**4 롱볼** | 상대 선수를 자기 진영으로 유인한 뒤에 상대 수비수 배후에 볼을 넣는다. 전방에 있는 선수가 넓은 공간으로 쇄도해서 단번에 기회를 만든다.

**5 역습; 쇼트 브레이크와 롱 브레이크** | 상대 진형이 갖춰지지 않았거나 지켜야 할 영역에서 대응이 이루어지지 않은 틈을 노려 단번에 상대 진영을 빼앗는다.

**6 포지셔널 플레이** | 진형 혹은 위치를 바꾸거나 선수 숫자나 연계, 위치 관계 또는 선수의 플레이스타일의 틈새를 노린다.

모든 팀이 같은 선수를 보유한 것이 아니므로, 자기 팀에 맞는 공격 패턴을 선택해야 한다. 190cm 이상 큰 키로 공중전에 강한 선수, 측면 크로스 공급 능력이 뛰어난 선수, 후방에서 롱볼을 공급하는 선수, 전방에서 움직이다가 흐른 볼을 잘 줍는 선수 등, 모든 선수를 조합하거나 일부 선수를 조합하는 식으로 효과적인 공격을 구상한다.

선수 숫자나 배치, 자기 팀의 능숙한 플레이와 상대 팀의 미숙한 플레이에 차이가 있다면, 그 부분을 공략하기도 한다. 또 볼을 소유하지 않은(오프 더 볼) 선수가 움직여 상대 수비수를 유인하는 방법으로 수비 진형을 허물 수도 있다.

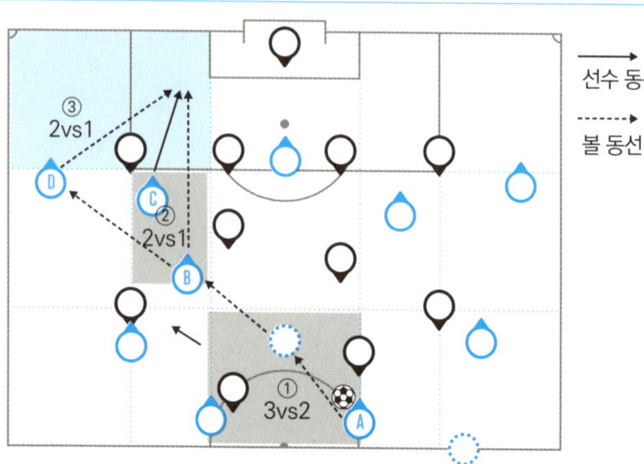



①영역에서 B가 상대 프런트2의 사이로 파고들어 수적 우위를 만들며, A로부터 패스를 받는다. 그런 다음에 B는 드리블로 ②영역인 프런트 포켓으로 볼을 몰아간다. C가 중간에 위치를 잡아 마크를 회피하면서 포켓으로 들어가면, B는 C에게 패스를 보낼 수 있다. 또는 B가 D에게 패스를 보내고, D가 C에게 다시 패스를 보낼 수도 있다.



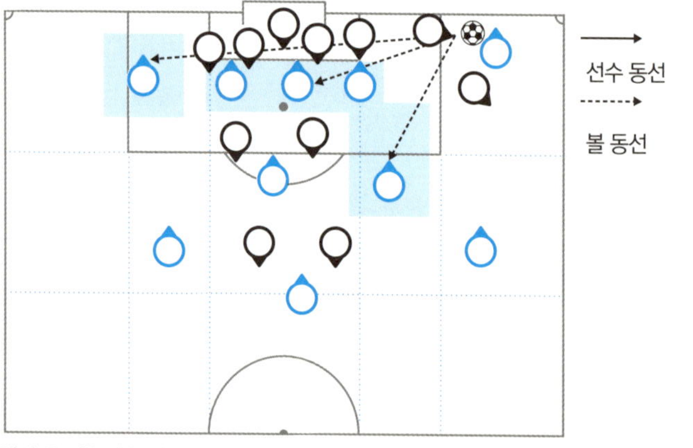



크로스에서 중요한 것은 킥 능력. 패스받는 선수가 원하는 곳으로 정확히 배달해야 한다. 그에 앞서 상대가 껄끄러워하는 영역마다 동료 선수들이 들어가 있어야 한다. 상대 수비진을 흔들기 위해 니어코너, 문전, 파코너 또는 상대 수비수가 부족한 외곽 영역으로 땅볼 패스를 시도할 수 있는 위치를 잡는다. 동료의 오프 더 볼 움직임이 가장 중요하다.

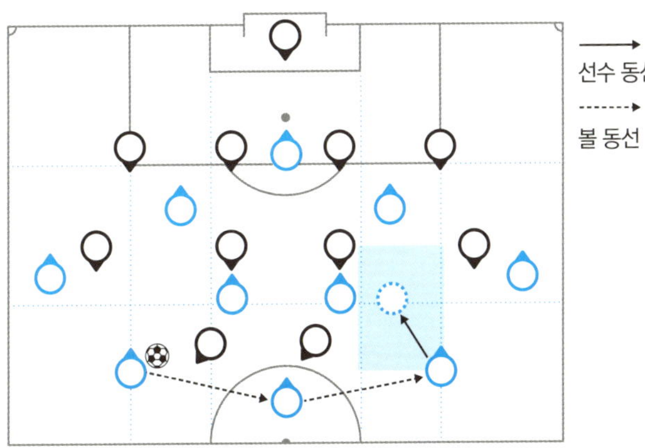



상대가 압박하는 숫자보다 공격하는 동료의 숫자를 많이 가져가면 상대 압박에도 남는 동료가 볼을 갖고 상대 진영으로 침투할 수 있다.

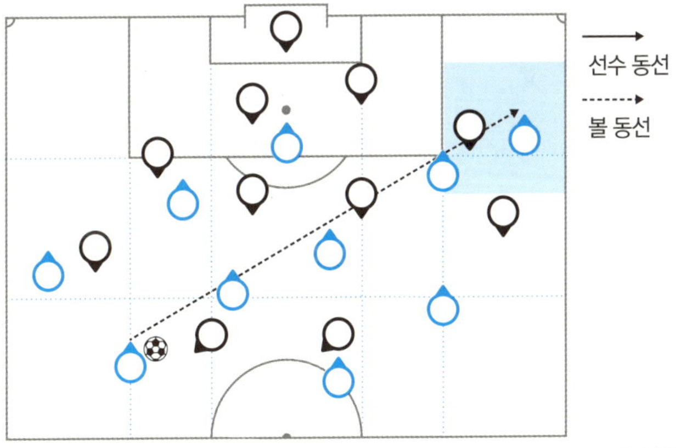



조금씩 패스로 전진하기보다 상대 수비의 배후 영역으로 단숨에 볼을 배달해 전진한 위치에서 공격을 개시한다.

상대 수비수(◎)가 측면에 있는 동료 선수(☆)에게 보내는 패스를 A가 가로챈다(인터셉트). 그대로 볼을 포켓까지 몰고 가서 상대 골키퍼를 공략하거나 B에게 연결해서 B가 슛을 때린다.

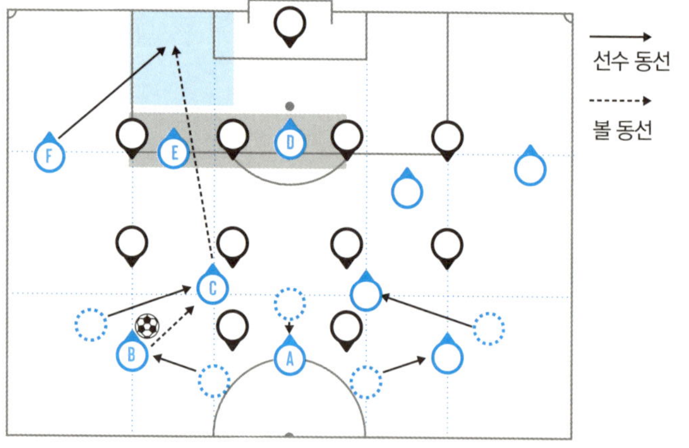


A가 뒤로 빠져서 진형을 바꾸면 새로운 패스 경로가 생긴다. B가 안쪽으로 침투한 C에게 패스를 넣으면, 전방에서는 D 또는 E가 상대 수비수를 위치 선정만으로 공략하는 동안, C가 포켓으로 스루패스를 보낸다. F가 외곽에서 쇄도하면 단숨에 상대 수비의 배후를 노릴 수 있다.

# 04

# 영역 게임이야말로 '탈취'가 중요하다

축구는 자기편만 볼을 소유할 수 있는 스포츠가 아니다. 아무리 패스 연결에 능한 팀이라도 슛이 빗나가면 상대의 볼인 상태로 경기가 재개된다. 골을 넣어도 센터서클에서 상대가 볼을 잡고 경기가 재개된다. 즉 상대로부터 볼을 빼앗지 않으면 공격이 불가능하다는 뜻이다.

현대 축구는 상대 진영으로 침투해 골을 노리는 방법에 대해 대단히 체계적으로 연구하고 있다. 따라서 볼을 탈취하는 방법도 진화 중인데, 주된 방법은 다음의 네 가지다.

**1 하이프레스 / 하이블록** | 상대 진영 안에서 볼을 빼앗으러 달려든다. / 패스 경로를 봉쇄한다.

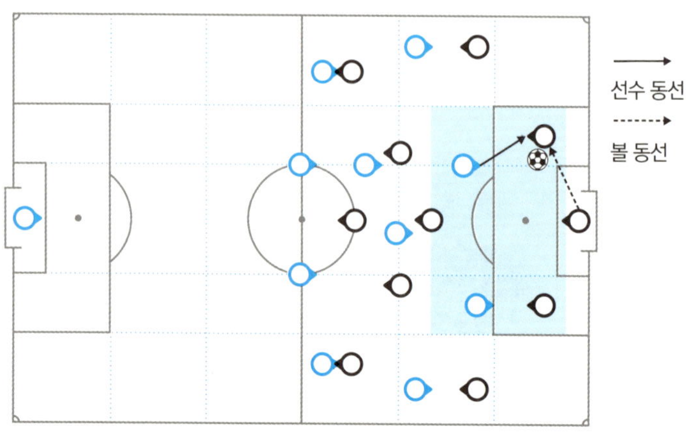


상대 진영 안에서 상대의 볼 소유자에게 압박을 가한다. 한 사람이 압박 시동 스위치를 넣으면 팀 전체가 한 몸이 되어 움직인다. 전체가 연동하지 않으면 포워드와 미드필더 또는 미드필더와 수비수의 라인 사이에 거리가 벌어지므로 상대 팀이 볼을 운반해 위기를 자초한다.

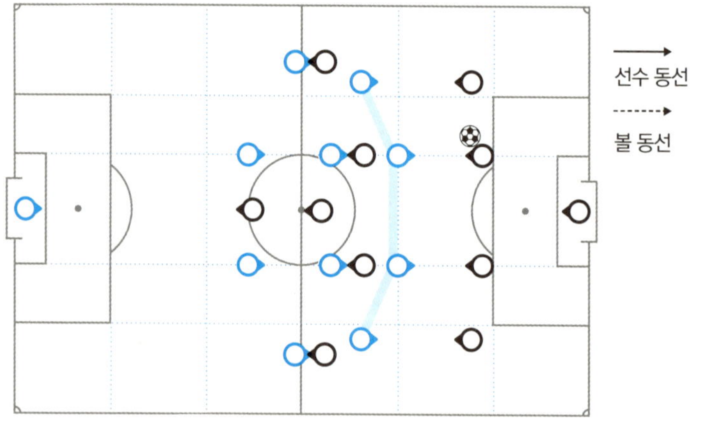


상대 진영 안에서 상대의 볼 소유자에게 볼을 빼앗는 동작을 하는 게 아니라, 패스 경로나 패스받을 선수를 막는 수비를 펼친다.

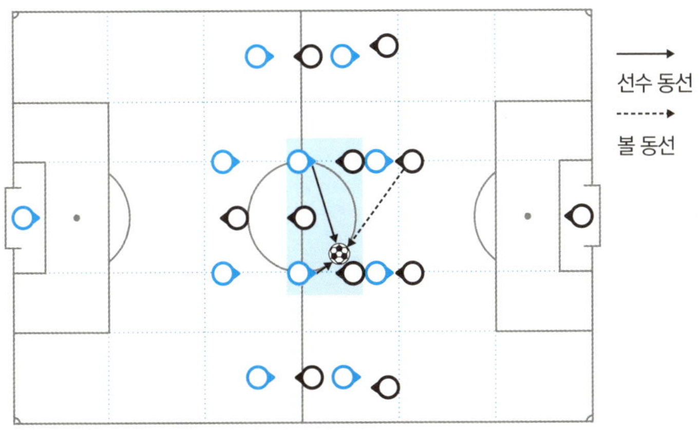



상대 진영과 자기 진영에 걸친 중원 영역에서 볼 탈취를 노린다. 특히 상대 팀이 중원의 가운데로 종패스를 보내는 타이밍을 노려 수적 우위를 만든다. 가능하다면 전방에 있는 선수가 패스 경로를 유도해 자기 팀의 볼 탈취에 능한 선수의 앞에서 소유권을 빼앗도록 하면 좋다.

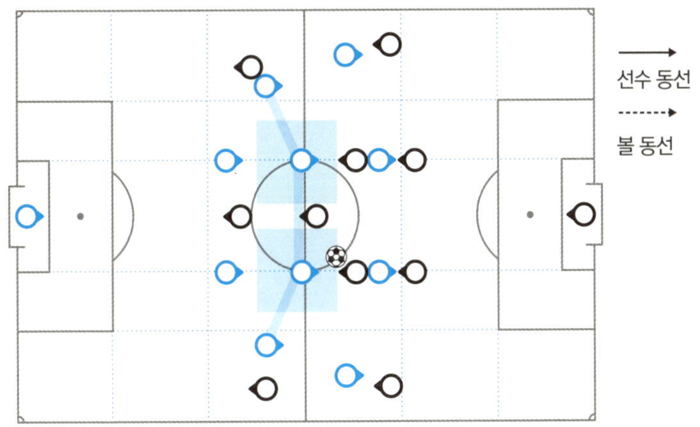



중원 영역에서 상대의 패스 경로를 봉쇄한다. 또는 전방에 있는 선수가 상대의 패스 경로를 없애서 패스로 전진하지 못하는 상황을 만들어 실수를 유발하거나 볼을 뒤로 돌리게 한다.

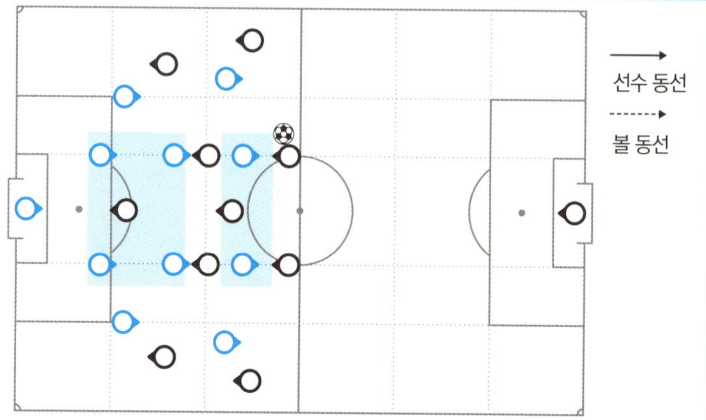



상대 팀을 자기 진영까지 끌어들여 볼을 빼앗는 전술. 가능한 한 상대 수비수를 자기 진영까지 들어오게 한 뒤에 상대가 볼을 전진하려는 순간에 중앙 또는 측면에서 볼을 빼앗아 국면을 뒤집는다. '역습' 상황이다. 참고로 상대 진영에서 볼을 빼앗은 즉시 역습하는 것을 '쇼트브레이크', 중원에서는 '미들브레이크', 자기 진영에서 출발하는 역습을 '롱브레이크'라고 한다.

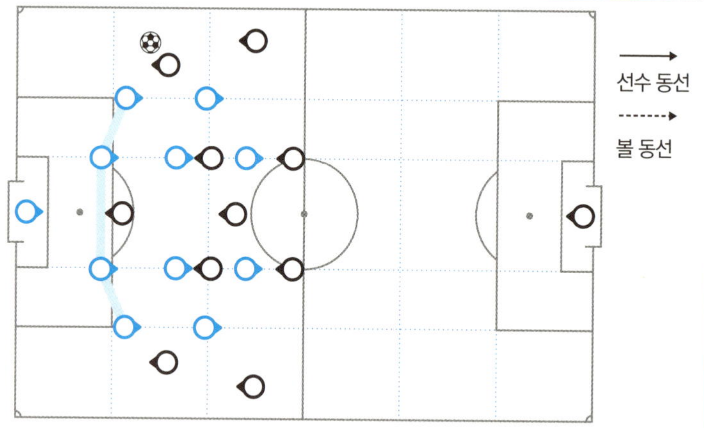



자기 진영에서 상대의 슛 경로나 전진하는 패스 경로를 봉쇄한다. 가능한 한 촘촘한 진형을 만들어 상대의 침투를 방지한다. 볼을 빼앗는 것이 이상적이겠지만, 상대가 공격을 재정비하려고 볼을 뒤로 돌리기만 해도 성공이다.

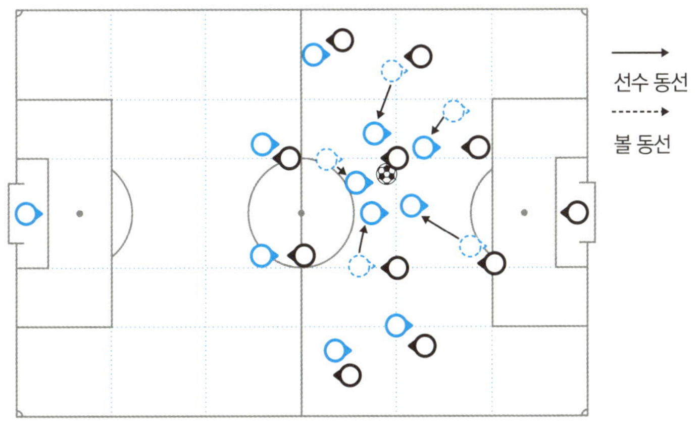


동료 선수가 볼을 빼앗겼을 때, 팀 전체가 강력한 즉시 압박을 통해 볼을 탈취하는 움직임. 일반적으로 '카운터프레스(역압박)'라고 하는데, 2010년경 위르겐 클롭 감독이 도르트문트에서 구사하면서 전 세계로 전파되었기에 독일어인 '게겐프레싱'이라 부르기도 한다.

**2 미들프레스 / 미들블록** | 중원에서 볼을 빼앗으러 달려든다. / 패스 경로를 봉쇄한다.

**3 로우프레스 / 로우블록** | 상대 선수를 끌어들인 상태에서 빼앗는다. / 자기 진영에서 슛을 시도하게 한다.

**4 카운터프레스** | 볼을 빼앗긴 즉시 다시 빼앗는 액션을 취한다.

어떤 팀의 볼을 빼앗는 방법이나 위치는 보유한 선수의 압박 스타일에 따라 달라진다. 2010년경의 도르트문트를 떠올려보자. 당시 클럽을 이끌던 위르겐 클롭 감독은 "볼을 빼앗기면 그 즉시 되찾는다"라는 '게겐프레싱'이라 불리는 볼 탈취법을 고안해 국내외 대회에서 좋은 성적을 거뒀다.

축구 경기에서 승리와 직결되는 득점이 무엇보다 중요하지만, 최근 들어

'볼 탈취법'이나 '탈취 지점'을 미리 정하는 팀이 승리를 거두는 경향이 높아지고 있다. 볼을 소유했을 때는 골을 노리고, 볼을 소유하지 않았을 때는 볼을 노리는 것이 대전제라 할 수 있다.

특히 상대 진영이나 상대 진영의 골문과 가까운 위치에서 볼을 빼앗거나 볼을 소유한 팀에 계속 압박을 가해 상대의 패스 실수나 볼 컨트롤 실수, 선수끼리의 연계 실수를 유도하는 팀의 성적이 좋은 것을 확인할 수 있다.

# 축구를 보며 감명받았던 순간

2013년 10월, 업무를 마치고 귀가해 별 생각 없이 TV를 켰더니 축구 중계가 나왔다. U17월드컵에서 일본과 러시아 대표팀이 경기를 하고 있었다. 당시 필자는 축구 일을 하지 않았다. 겨울 강좌와 수험 자료를 바탕으로 학생과 학부모 면담이 한창이었던 때라서 아침부터 밤늦게까지 일해야 했다.

축구에 대한 관심은 있었지만, 쉬지 않고 일하느라 경기를 관람할 여유 자체가 없었다. 가끔 온라인으로 축구 경기 결과를 확인할 뿐이었다. 그런 일상 속에서 어쩌다 본 것이 바로 그 경기였다.

전반 15분 우류 코세 선수의 미들숏이 들어가 선제에 성공했고, 결국 그 골이 결승골이 되어 일본이 승리했다. 우류 선수의 날카로운 숏은 당연히

멋졌지만, 내 눈길을 사로잡은 것은 다음의 두 가지 플레이였다. 러시아 선수가 일본의 공격을 자기 진영의 문전에서 막은 다음, 오른쪽 측면(일본의 왼쪽 측면)에서 볼을 전진하려 했다. 그런데 그 전진에 대응해서 중원 깊숙한 곳에서 재빠르게 달려들어 볼을 빼앗은 선수가 있었다. 미사오 켄토 선수다. 그는 볼을 빼앗아 약 5초 후에 패스를 연결했고, 이를 우류 선수가 드리블로 치고 들어가 그대로 슛을 때려 득점을 터트렸다.

다음날 아침 언론은 U17 대표팀의 승리 소식과 우류 선수의 골에 대해 다뤘지만, 미사오 선수의 볼 탈취는 어디에도 나오지 않았다. 필자가 축구를 업으로 삼아야겠다고 결심한 계기가 바로 그 장면이었다.


2022년 카타르월드컵에서 일본이 독일과 스페인을 꺾었을 때도 흥분했고, 개인적으로 응원하는 팀인 토트넘홋스퍼가 2018-19시즌에 UEFA챔피언스리그에서 맨체스터시티와 아약스를 상대로 드라마 같은 승리를 거뒀을 때도 정말 열광했다. 그러나 필자에게 단 하나의 플레이를 고르라면, 최고의 명장면은 미사오 켄토 선수의 인터셉트다.

득점 장면이나 골키퍼의 슈퍼세이브 등 문전 플레이는 대단히 흥미로우므로 큰 주목을 받는다. 반면 당시에는 볼을 탈취하는 수비 플레이가 주목받는 사례가 거의 없었다. 지금처럼 데이터가 갖춰져 있지 않았던 탓에 수비 플레이가 숫자로 평가될 기회도 적었던 시절이었다. 하지만 그 인터셉트는 필자의 기억에 또렷이 새겨져 있다. 그때부터 '축구를 보다 깊이 파고들어 대중에게 진짜 재미를 전달하는 일을 하고 싶다'라는 생각을 하게 된 듯하다.

축구가 아닌 다른 일도 그렇지 않을까? 대형 수주를 따낸 직원만 대단한게 아니라, 그 뒤에서 지원해준 동료도 똑같이 대단하다. 자료를 만든 동료, 마케팅이나 광고로 인지도를 올려준 팀의 역할도 있다. 광고를 만들어 어떤 플랫폼에 올릴지 고민하는 동료도 있었을 것이다.

마무리는 늘 중요하지만, 그 모든 과정에서 제 역할을 다하는 사람들이 조명되는 세상이 되었으면 좋겠다.

# CHAPTER 03

★

플레이어 업데이트 1

# 플레이스타일 파악하기

# 01

# 플레이스타일
# 38가지 탐구

　선수에게는 각자의 신체 특징이나 지금까지의 경험에 따른 플레이스타일이란 것이 있다. 예를 들어, 발이 빠른 선수라도 그 특징을 살리는 방법은 다양하다. 드리블 능력이 좋다면 스피드를 무기로 상대를 제치는 드리블러가 될 수 있다. 반면, 볼을 소유하기보다는 상대 수비를 다루는 플레이에 능한 선수도 있다.

　'발이 빠른 선수'라고 해도 플레이스타일은 다양할 수 있다. 속도가 떨어지지 않은 상태로 긴 거리를 끝까지 달릴 수 있는 선수가 있는가 하면, 순간 스피드가 좋으면서 키가 큰 선수도 있다. 각각의 특징에 최적화된 포지션이나 역할을 찾아야 하는 이유다.

　3장에서는 필드 플레이어의 대표적 플레이스타일을 31가지로 정리해서 소개한다. 골키퍼와 특수한 역할까지 합치면 총 38가지다. 물론 팀이 싸우는 방법이나 축구 자체가 계속 변하기 때문에 훨씬 다양한 플레이스타일이 등장하고 존재하게 될 것이다.

여러분이 응원하는 팀의 선수를 떠올리며 읽어주길 바란다. 이 책을 통해 "우리 팀의 이 선수는 이런 스타일에 가깝지만, 저런 스타일도 할 수 있을 것 같다"라고 판단하거나, 어떤 선수가 구체적으로 어떤 스타일에 해당하는지 파악할 수 있게 된다면 기쁘겠다.

참고로 90분간의 축구 경기에서 선수 한 사람이 볼을 다루는 시간은 2~3분에 불과하다. 특히 공격수는 선발 풀타임을 소화해도 볼터치 횟수가 10회 정도일 때가 드물지 않다. 거꾸로 말하면 대부분의 경기 시간은, 볼에 관여하지 않는 '오프 더 볼' 상태다.

관전하는 입장에서, 모든 선수가 볼에 관여하지 않을 때 어떤 움직임을 만드는지 파악할 수 있다면 경기 전개를 조금이라도 앞서 예측할 수 있다. 즉 '저 선수는 볼을 받기 전에 몇 번씩 상대 수비진의 뒤를 노리고 있네. 동료가 그 움직임을 파악해서 패스를 보낸 거구나!'라든가, '저 포워드는 동료가 자기 진영에서 볼을 확보하면 자기 진영까지 내려오고 있군. 그런데 상대 수비진도 유인되는 바람에 상대 진영에 공간이 생겼잖아. 아! 윙어가 그 공간으로 쇄도하면서 동시에 볼이 공급됐어!'라는 식이다.

그런데 여기에 선수의 플레이스타일까지 더해서 상황을 이해한다면 축구가 한층 더 재미있어질 것이다.

# 02

# 공격적
# 플레이스타일

## 스트라이커 *striker*

전형적인 골잡이를 말한다. 문전에서 볼을 받으면 대부분의 경우 직접 슛을 때리는 선수다.

그들은 자신이 어느 포지션에 서야 상대에게 볼을 빼앗기지 않을지, 슛 경로가 막히지 않을지, 동료의 패스를 받기 쉬울지를 정확히 판단한다. 또한 플레이의 흐름에서 다양한 정보를 순간적으로 캐치해서 논리적 또는 감각적으로 볼이 떨어질 곳을 예측하는 능력을 갖고 있다. 이를 '골 냄새를 잘 맡는다'라고 표현하기도 한다.

따라서 팀에서는 공격이 스트라이커의 슛으로 마무리되도록 연습한다. 골을 넣지 못하면 최소한 무승부가 될 수는 있지만 결코 승리할 수는 없다.

승리를 거두려면 득점과 슛에 대한 의욕이 큰 스트라이커에게 의식적으로 볼을 집중해야 한다.

### 포스트 플레이어 *post player*

상대 문전에서 동료의 공격을 지원하는 기점 역할을 하는 선수를 말한다.

상대 선수를 등진 상태로 볼을 받아 주위에 있는 동료에게 패스를 뿌려주거나 숏 기회를 만드는 역할을 하는 선수다. 강한 피지컬을 갖추고 볼 키핑 능력과 몸을 쓰는 데 능한 선수가 많다. 상대 선수를 자기 쪽으로 유인해서 빈 공간을 만들고, 동료가 그 공간을 활용해 공격을 시도하는 것은 포스트 플레이어라는 존재 덕분에 성립되는 전형적인 공격 패턴이다.

때로는 등진 상대 선수가 한 명이 아니라 다수일 수 있다. 한 사람이 여러 명을 상대하면 반드시 동료 중 누군가는 자유로운 상태에서 볼을 받을 수 있다. 이런 플레이는 포스트 플레이어가 얼마나 경이적인 능력을 지녔는지 알 수 있는 지표가 된다.

포스트 플레이어는 스스로 숏을 시도하기보다 동료를 활용하는 능력이 좋으므로, 팀 전체의 공격 리듬을 만드는 일부터 득점 장면의 숨은 도우미로서 꼭 필요한 존재라 할 수 있다.

### 박스 스트라이커 *box striker*

상대 페널티 에어리어 안에서 승부를 보고, 문전에서 찰나의 틈을 찌르는 승부 감각과 관찰력이 뛰어난 타입의 선수를 말한다.

볼의 낙구 지점이나 볼이 흐르는 곳에서 리바운드를 예측하는 능력, 세컨드볼 획득력이 뛰어나고 좁은 공간에서도 재빠르게 숏을 때리는 능력이

특징이다. 즉 포스트 플레이나 터닝숏, 문전에서의 영리한 위치 선정이 박
스 안에서의 결정력으로 연결된다. 숏 기회에 대한 후각이 뛰어나고 최소한
의 터치로 골을 노리는 선수는 팀 전체가 기댈 수 있는 피니셔가 된다.

## 라인 브레이커 *line breaker*

상대 수비 라인의 배후로 빠져들어가 스피드를 살려 골을 노리는 선수를 말
한다. 날카로운 스프린트 출발과 정확한 타이밍으로 쇄도함으로써 상대 수
비망을 찢어 단번에 달아난다. 배후로 쇄도하는 것뿐 아니라 오프사이드를
아슬아슬하게 파헤치거나 상대 수비진에서 발생하는 순간적인 균열과 틈을
놓치지 않는 날카로운 센스가 무기다. 동료가 볼을 소유한 순간에 가속해서
각종 패스나 크로스에 대응하는 유연성이 라인 브레이커의 진가라 하겠다.

이들은 최전선에서 포워드의 포지션에 배치될 때가 있는가 하면 그 뒤인
새도우 스트라이커 위치에 서기도 한다.

## 링크 포워드 *link forward*

최전방과 중원을 연결하는 역할을 담당하는 포워드를 일컫는다.

문전에서의 득점뿐 아니라 공격 빌드업에 관여하기 위해 미드필드까지
내려와 동료에게 볼을 떨구거나, 턴을 해서 골문을 향해 플레이를 전개해
공격 기점이 된다. 넓은 시야와 정확한 위치 선정으로 상대 수비를 유인하
고 동료에게 공간을 만들어준다. 공격 유도 역할로서 득점과 도움 양면에서
공헌하는 만능형 포워드다.

## 드리블러 *dribbler*

볼을 소유한 상태로 상대 선수를 일대일 승부로 돌파해 국면을 타개하거나 상대 진영 깊숙이 침투하는 선수를 지칭한다.

스피드는 물론 완급 조절, 섬세한 터치에 의한 볼 컨트롤 등 개인기로 상황을 타개하는 능력이 요구된다. 측면에서 빌드업으로 상대 진영 깊숙이 침투하거나 밀집한 상황에서 턴이나 발재간 등으로 '탈압박'할 수 있는 선수는 상대 수비진에게 늘 위협이 된다.

드리블러의 돌파는 상대 선수 한 사람을 지워버릴 뿐 아니라 그 선수를 커버하는 다른 상대 선수도 본래 포지션에서 떨어뜨린다. 이런 상황에서는 자기 팀 전체의 공격 선택지가 늘어난다. 이처럼 드리블러는 팀 공격에 큰 영향을 끼치는 포지션이다.

## 크로서 *crosser*

측면에서 정확한 크로스를 제공해 동료의 득점을 돕는 선수를 말한다.

상대 문전으로 날카로운 볼을 공급해 스트라이커나 포스트 플레이어가 장점을 살릴 수 있는 상황을 창출한다. 크로스의 정확도는 물론이고 타이밍을 간파하는 능력, 상대 선수들 사이에 생기는 틈이나 상대 수비수들과 골키퍼의 사이로 떨어지는 경로를 절묘하게 찾아내는 능력이 중요하다. 이때 동료 선수들은 니어코너*near corner*(크로서와 가까운 문전 지역)나 중앙, 파코너*far corner*(크로서의 반대쪽 측면 문전 지역)로 각각 쇄도해서 상대가 크로스의 목표 지점을 예측하기 어렵게 할 수 있다.

또한 크로스에 능한 선수가 안쪽으로 침투하는 드리블 능력과 침투 후에 직접 슛을 때리는 기술까지 있으면 상대 수비수의 대응을 흐트러뜨릴 수 있다. 이것이 바로 공격 다양화 전술이다. 동료의 움직임을 최대한 살릴 수 있도록 하는 상황판단 능력과 섬세한 킥 능력이 요구되는 포지션이다.

## 인버티드 윙어 *inverted winger*

측면에서 안쪽으로 꺾어 침투해 득점이나 도움을 노리는 선수를 가리킨다.

주발과 반대 측면(오른발잡이라면 왼쪽 측면, 왼발잡이라면 오른쪽 측면)에서 뛰는 사례가 많기에 상대 선수의 바깥쪽으로 돌파할 뿐 아니라 커트인한 뒤에 강렬한 미들슛이나 득점 창출 패스를 공급한다.

인버티드 윙어는 스피드, 드리블 기술은 기본이고 좁은 공간에서의 볼 컨트롤과 빠른 슛 판단력 등이 요구된다. 문전에서 위협으로 작용하기 때문에 상대 수비수들의 주의를 끌어 동료에게 공간을 만들어주는 역할도 담당한다. 특히 골대로부터 코너 끝 지점에서 볼을 소유했을 때, 상대 진영 깊숙이 침투할지, 커트인해서 슛을 때릴지 예측하기 어려울 정도의 선수가 되면, 상대 팀은 두 명 이상 마크를 붙이기도 하는데, 그 덕분에 수비진에 구멍이 생긴다.

최근 일본 국가대표팀을 예로 들자면 왼쪽 측면에 미토마 카오루, 오른쪽 측면에 도안 리츠나 쿠보 다케후사 등 많은 인버티드 윙어가 선발되고 있다. 이런 선수들은 드리블이나 슛의 정확도, 일대일 능력, 수비수들을 유인하면서도 정확도가 높은 패스를 제공하는 능력 등이 뛰어나다는 특징이 있다.

## 스트레이트 윙어 *straight winger*

측면 라인을 따라 전진해 상대 선수를 따돌리는 스피드형 선수를 말한다.

돌파력과 크로스의 정확도가 무기이며, 상대 진영의 골라인 부근까지 파고든 후에 골문을 향해 돌파하거나 반대편 측면으로 가는 핀포인트 크로스로 결정적 득점 기회를 만든다. 상대 선수의 배후를 노리는 움직임이나 순발력 있는 다이나믹한 돌파가 팀의 공격 리듬을 만든다. 수비 면에서도 끊임없는 왕복 움직임으로 사이드백 동료를 지원해야 하므로 공수 양면에서 하드 워크가 필요하다.

## 윙 스트라이커 *wing striker*

측면 선수가 주로 위치를 잡는 외곽에서 적극적으로 득점을 노리는 공격수를 의미한다.

물론 외곽에서 장거리 슛만 노리는 건 아니다. 기본적으로는 측면에 서서 스루패스나 크로스에 맞춰 안쪽으로 쇄도해 슛 기회를 노린다. 윙 스트라이커는 '오프 더 볼' 움직임이 영리해서 상대 수비 라인의 균열(선수들이 잡은 위치를 혼란스럽게 해 수비가 없는 공간이 생기는 상황)을 낚아채는 선수가 많다. 틈을 찌르는 결정적 슛을 때리는 장면도 자주 나온다. 커트인이나 배후 침투 등의 변주를 통해 팀 공격의 선택지를 늘리는 존재로서 대단히 중요한 역할을 한다.

## 폴스 나인 *false nine*

'가짜 9번'이란 겉보기에는 센터포워드 위치에 있지만, 실제로는 최전방뿐 아니라 미드필드 영역까지 빈번하게 내려와 볼을 받아 가는 선수를 말한다.

문전에서 득점을 노리기보다 최전방에서 미드필드를 연결하는 윤활유로서의 움직임이 강하다. 상대 팀 센터백이 '따라가야 할까, 내버려 둬야 할까'

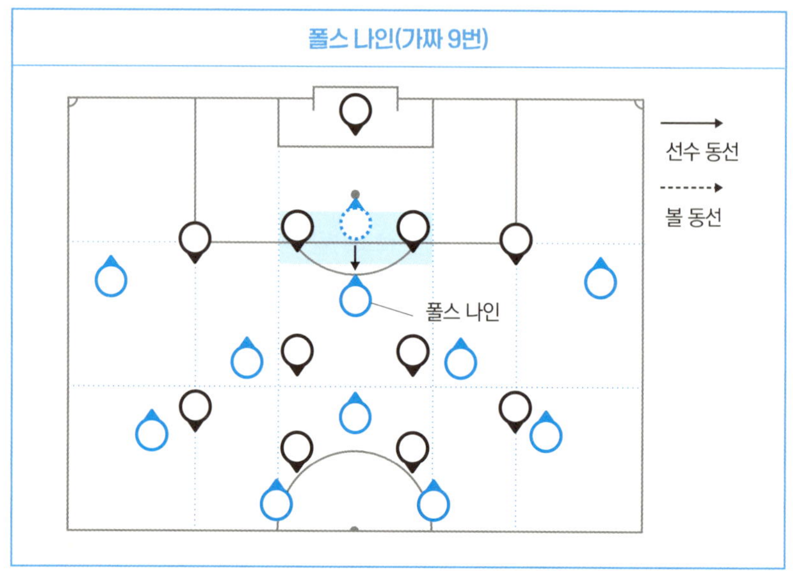


를 고민하게 함으로써 수비 조직을 붕괴하는 기점이 되는 것이다.

폴스 나인 타입의 선수가 미드필드까지 내려가면, 동료 윙어나 중앙 미드필더가 대각선 방향으로 침투할 공간이 생겨 득점 루트가 다양해지는 점도 큰 특징이라 할 수 있다. 리오넬 메시가 바르셀로나 시절에 이 역할을 선보이기 시작해 세계적으로 큰 주목을 받았지만, 고도의 전술 이해와 발기술, 넓은 시야가 필요하기에 아무나 할 수 있는 역할은 아니다. 득점에 관여하기 위해 거꾸로 골문에서 멀어진다는 이 역설적인 역할은 현대 축구의 고도화된 전술과 유연성을 상징하는 존재라고도 할 수 있다.

## 센트럴 윙어 *central winger*

중앙 포지션(최전방 공격수의 바로 뒤)에 배치되지만, 실제로는 측면으로 벌려

뛰는 스타일의 선수를 가리킨다.

이런 타입의 선수는 중앙의 밀집 지역에서 상대 수비 진형을 안쪽으로 쏠리게 한 다음 바깥쪽으로 흘러 나가는 움직임으로 국면을 타개한다. 측면에서 수적 우위를 만들 뿐 아니라 상대 마크의 혼선이나 수비 조직을 풀어낸다는 위치적 우위도 확보하는 점이 특징이다.

만약 마크맨이 그대로 따라온다면 선수 자신이 미끼가 되어 측면 쪽으로 유인하므로, 동료 선수가 중앙에 생긴 공간을 활용할 수 있는 상황이 만들어진다. 반대로 마크맨이 따라오지 않으면 자유로운 상태에서 측면 공간을 활용할 수 있다. 어떤 상황이 벌어져도 공격에 공헌할 수 있는 포지셔닝을 취하는 것이 센트럴 윙어의 역할이다.

일반적으로 예전에 윙어로 뛰었던 선수들이 이 역할을 하게 되는데, 일

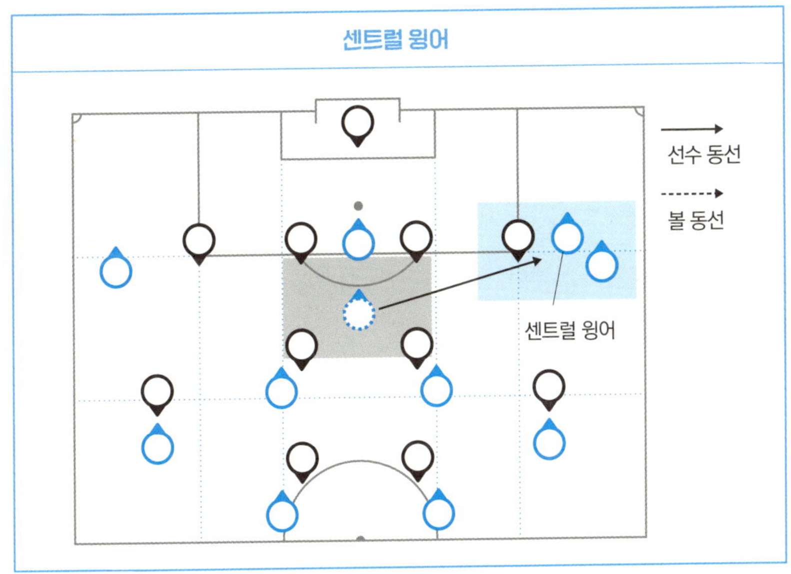

대일 능력, 측면 지역에서의 스프린트 능력, 드리블 돌파, 정확한 크로스 등이 뛰어나기 때문이다. 특히 상대 팀의 사이드백과 센터백 사이를 노리는 플레이에 능해 동료와의 연계를 통해 수비 블록을 무너뜨리는 능력을 발휘하기도 한다.

한편 중앙에서 멀어지는 움직임이 많으므로 그 중앙 공간을 누군가가 커버해야 한다. 따라서 팀 전체가 균형 있는 포지셔닝을 하는 것이 중요하다. 주위 동료들과의 연계 플레이와 전술 이해력이 요구되는 역할이라고 할 수 있다.

최근 윙어 타입 선수를 의도적으로 인사이드 하프(101페이지 참조)나 2선 스트라이커로 기용하는 팀이 증가하고 있는데, 향후 이런 경향은 계속될 것으로 판단된다.

## 찬스 메이커 *chance-maker*

마지막 패스와 스루패스로 득점 기회를 창출하는 선수를 말한다.

섬세한 터치와 창의력으로 상대 선수들 사이에 생기는 틈과 순간적으로 나타나는 균열을 찌르는 등 아이디어가 넘치는 플레이를 펼친다. 상대 진영의 좁은 공간에서도 차분하게 볼을 다뤄서 몇 수 앞의 전개를 예측한 패스로 동료를 문전으로 보낸다. 특히 상대의 블록을 무너뜨리는 역할이 요구되기 때문에 상황판단력과 뛰어난 기술을 지닌 선수가 많은 포지션이다.

# 03

# 중도적
# 플레이스타일

## 패서 *passer*

날카로운 스루패스, 국면을 단번에 바꾸는 롱패스, 상대 수비 라인을 찢는 마지막 패스, 경기 흐름을 조절하는 패스 등으로 공격을 직조하는 선수를 의미한다.

직접 득점을 노리기보다는 동료의 움직임에 맞춰 패스를 최적의 공간으로 배달하는 정밀한 킥 기술과 넓은 시야가 요구된다. 팀에 패서가 있으면 팀 전체의 공격이 원활하게 연결된다. 특히 공격을 빌드업할 때는 전면에서 볼을 빼앗으러 접근하는 상대 선수를 따돌리기 위해 패스를 돌리면서 공격의 기점으로서 기능한다. 공격 리듬을 조율하는 존재이기도 하다. 패서의 터치 하나, 상황판단 하나로 경기의 흐름이 결정되는 경우도 적지 않다.

## 게임메이커 *game-maker*

공격 빌드업과 템포를 조절하는 창조자 역할을 하는 선수를 일컫는다.

평소 위치는 미드필드의 중앙, 소위 최전방 스트라이커의 바로 뒤인 사례가 많은데, 미드필드 깊숙한 곳이나 측면 등에 배치될 때도 있다. 배치된 위치에 따라 공격 설계도를 그릴 수 있다. 날카로운 시야와 뛰어난 기술, 상황판단력, 좁은 공간에서도 볼을 받아 전개할 수 있는 패스 능력이 특징이다. 경기 흐름이나 국면에 따라 멈추거나 급가속하는 등 경기 자체의 리듬을 바꾸는 능력을 갖고 있다.

또한 세트피스 킥이나 스루패스 등 결정적 장면을 창출할 수 있어 직접 득점이나 도움에 관여하는 사례도 자주 보인다.

## 레지스타 *regista*

미드필드의 가장 뒤쪽에서 경기를 지배하고 빌드업과 경기 전체의 템포를 조정하는 '후방 사령탑'을 말한다.

공격 출발점이 될 때가 많다. 넓은 시야와 정확한 장거리 및 단거리 패스 능력을 앞세워 상대 수비 조직의 배후를 노리는 전개 능력을 발휘한다. 수비면에서 필요한 피지컬이나 몸싸움에서는 다소 떨어지는 선수도 있지만, 포지셔닝과 인터셉트, 커버링 등 경기를 읽는 눈으로 수비적 공헌도 한다.

공격에 리듬감을 부여하며 피치의 중심에서 조용히 경기 전체를 컨트롤하는 모습은 지휘관의 면모이기도 하다. 이들은 상대의 압박을 풀어내는 첫 번째 해결책을 제공한다. 공격 설계도를 그린다는 점에서는 게임메이커와 유사하지만, 후방으로부터 공격 전체를 관장하는 스타일이 레지스타이고, 최종적으로 득점 기회를 창출하는 역할을 하는 것이 게임메이커다.

## 메찰라 *mezzala*

이탈리아어로 '절반의 날개'를 뜻하며, 하프 스페이스를 주된 활동 지역으로 삼는 플레이스타일의 선수를 가리킨다.

박스투박스 *box-to-box*(69페이지 참조)와 같은 움직임을 보이면서 공격 면에서는 문전으로 쇄도하거나 동료와의 원투 패스나 기타 패스워크로써 상대 수비를 허무는 등, 창조성이 풍부하고 전술적으로 대단히 중요한 역할을 한다. 예를 들어, 볼을 소유한 윙어가 측면으로 벌리면 메찰라는 하프 스페이스로 진입해 공격 빌드업에 참여한다. 거꾸로 사이드백이 안쪽으로 들어온 경우에는 바깥으로 나가 패스의 중계자가 되기도 한다.

수비 면에서도 전방 압박 연동이나 세컨드볼 탈취에 능해서 공수의 연결고리 역할로 빼놓을 수 없는 존재다. 다시 말해 하프 스페이스 또는 라인 사이에서 활약하는 마술사 같은 존재다. 케빈 더브라위너, 일카이 귄도간이 대표적 사례다.

전형적인 메찰라는 주력과 전술 이해 능력, 볼 컨트롤의 삼박자를 갖추고 있다. 팀의 톱니바퀴로서 공수 양면에서 계속 등장하는 미드필더 장인이라고도 표현할 수 있다. 최근 이탈리아 국가대표팀이나 맨체스터시티 등에서 빌드업과 최종 공격 모두에 관여할 수 있는 선수가 이 역할을 맡고 있는 것을 볼 수 있다.

## 볼란치 *volante*

'밸런스 잡는 조타수'라는 의미의 이 역할은 주로 자기 진영이나 상대 진영의 경계선, 즉 '미드필드 깊숙한 곳'에 위치해서 팀을 지탱하는 선수를 가리킨다.

이들은 공수 전환이 발생하는 국면에 직접 관여한다. 후방에서 빌드업에 관여할 뿐 아니라, 수비 면에서는 최종 라인의 바로 앞에 서서 첫 번째 방어선을 구축하는 움직임도 수행한다. 이름 그대로 팀의 중심을 전후좌우로 자유롭게 조정하고 경기 전체 템포를 컨트롤하는 능력이 필요한 포지션이다.

공격하기 위해 자기 자리를 떠난 동료를 커버하거나 상대의 역습을 사전에 차단하는 판단력도 필요하다. 볼을 빼앗은 직후에 상황을 전환하는 일련의 흐름을 우아하게 실현하는 선수도 많다. 90분 내내 실수 없이 계속 뛸 수 있는 집중력과 스태미너도 필수 요건이다. 어떤 시스템에서도 볼란치가 없으면 전술이 작동하지 않는다고 할 정도로 팀의 대들보 같은 역할이다.

## 아웃사이드 볼란치 *out-side volante*

기본적으로는 볼란치와 같지만, 미드필드 중앙의 낮은 위치에서 피치를 넓게 사용하면서 플레이하는 타입으로, 특히 횡방향 움직임이 두드러진다.

터치라인 부근까지 넓게 벌려서 볼을 잡음으로써 팀플레이의 폭을 넓히면서 빌드업의 기점이 될 때가 많다. 공격을 만들어 갈 때는 사이드백 같은 역할도 해서, 상대의 압박을 회피하면서 경기를 조율한다. 또 바깥쪽에서 중앙으로 파고드는 패스나 단번에 상대 진영 깊숙한 곳으로 보내는 롱패스로 찬스를 만들어낸다.

수비 시에는 재빠르게 중앙 포지션으로 복귀해 수비 숫자를 채움으로써 자기 진영의 공간을 지키기 때문에 상황판단과 유연성이 핵심인 플레이스타일이다.

## 박스투박스 *box-to-box*

자기 진영의 페널티 에어리어에서 상대 진영의 페널티 에어리어까지 피치를 종방향으로 길고 넓게 커버하는 공수 양면의 미드필더를 말한다.

수비에서 상대를 무력화시켜 볼을 빼앗는가 하면 그대로 직접 전방으로 밀고 올라가 득점이나 도움에도 관여하는 등, 공격과 수비를 연결하는 역할로서 중요한 기능을 수행한다. 90분 내내 운동량을 떨어뜨리지 않고 계속 달리면서 팀의 공수 리듬을 유지시켜주는 존재이므로 주력과 피지컬, 전술 이해력이란 삼박자가 요구되는 어려운 역할이기도 하다.

뭐든지 잘해내는 만능형 선수라는 점에서 피치에 생기는 공간을 메우거나 상대의 노림수를 사전에 차단하는 플레이뿐 아니라 직접 문전의 득점 기회를 노릴 공격력도 필요하다.

## 볼헌터 *ball-hunter*

미드필드 영역을 중심으로 상대 선수로부터 볼을 빼앗아 공수 전환을 이끌어내는 선수를 가리킨다.

경기를 읽는 날카로운 시선으로 적극적인 압박과 몸싸움, 태클로 패스 경로를 차단한다. 태클과 인터셉트로 상대 공격을 봉쇄하기도 한다. 볼을 빼앗는 플레이에 그치지 않고 탈취한 뒤의 판단도 중요한 플레이스타일이다. 볼을 빼앗자마자 종패스를 보내 역습의 기점이 되는 장면, 볼 탈취 직후에 직접 상대 진영으로 운반해 전진하는 플레이로 공격에도 참여하는 장면도 목격된다. 상대 공격의 싹을 자르고 다음 공격을 시작하는 버튼을 누르는 존재로서, 현대 축구에서 대단히 중요한 역할로 부각되고 있다.

## 다이나모 *dynamo*

피치를 종횡무진 누비는 하드워크를 통해 팀 전체에 에너지와 추진력을 보태는 미드필드의 윤활유 역할을 하는 선수를 가리킨다.

포지션으로는 주로 인사이드 하프나 볼란치 자리에서 플레이한다. 볼을 줍거나 빼앗고, 수비를 커버하는 세밀한 역할을 고강도로 처리한다. 화려한 득점이나 어시스트는 적지만, 90분을 통틀어 흔들림 없는 강도와 운동량, 끈질긴 일대일 싸움으로 동료를 돕고 상대가 움직일 공간을 미리 지우는 존재다. 공격에서는 동료를 지원하거나 배후를 노리는 움직임을 반복하고, 수비에서는 세컨드볼을 줍거나 압박 기점으로서 팀플레이에 기세를 보태는 역할을 한다.

피치 전체를 누빈다는 점에서는 박스투박스와 같다. 다만 다이나모형 선수는 계속 달리면서 공간을 없애거나 상대 공격의 싹을 자르는 역할이 강조되는 반면, 박스투박스는 후방 수비에도 계속 참가하면서 직접 전진해 공격 장면에도 관여한다는 점이 다르다.


## 앵커 *anchor*

팀 수비와 공격의 밸런스를 조율하는 미드필드의 핵심이다.

6장에 나올 포메이션 항목을 미리 끌어와 설명하자면, 미드필드의 아래 라인을 혼자 담당하는 포지션을 의미한다고 할 수 있다. 이들은 최후방 라인의 바로 앞에서 뛴다. 상대의 역습을 봉쇄하는 방패로서 기능할 뿐 아니라, 공격 기점으로서 동료에게 정확한 패스를 공급하는 역할도 해낸다. 매 국면에서 상황판단이 중요하다. 상대의 압박 아래서도 냉정하게 볼을 다뤄 공격 리듬을 만들어내야 한다.

특히 현대 축구에서는 앵커의 퀄리티가 팀 전체의 완성도와 직결될 때가 많아, 경기 전체를 지휘하는 '보이지 않는 사령탑'이라 할 수 있다. 이렇게 수비적인 미드필더를 칭할 때는 앵커와 볼란치 외에도 피봇*pivot*이라는 용어를 사용한다. 각각의 차이점과 역할에 관해서는 109페이지에서 설명한다.

# 04

# 수비적
# 플레이스타일

## 하드마커 *hard marker*

이름 그대로 상대를 거칠게 마크하는 수비수다.

앞에서 축구는 땅따먹기 게임이라고 말하긴 했지만, 진영을 방어하기 위해서는 공간 커버뿐 아니라 상대의 에이스나 키플레이어를 확실하게 마크할 필요가 있다. 상대의 에이스를 묶을 수 있는 선수야말로 팀플레이에서 매우 소중한 존재다.

이들은 50-50 상황이나 끈질긴 몸싸움에 강하다. 상대가 볼을 받는 순간 격렬하게 접근해서 반칙성 압박을 가하는 방식으로 심리적으로 압박한다. 실제로 볼을 빼앗는 플레이도 중요하다. 한 번의 수비 플레이로 끝나는 게 아니라 몇 번이고 계속 시도해서 상대의 리듬을 무너뜨리는 능력이 필요한 것이다.

이 포지션에는 특히 강한 피지컬과 스태미너가 필수적이다. 경기가 끝날 때까지 집중력을 유지하면서 계속 상대에게 압박을 가할 수 있는 정신력도 요구된다. 다음에 나오는 맨마커*man-marker*가 특정 선수의 움직임을 제한한다는 명확한 목적성을 갖는 반면, 하드마커는 특정 선수가 아닌 맞닥뜨리는 모든 상대 선수들에 대해 강하게 일대일 몸싸움을 건다. 상대를 부수는 플레이스타일이라고 보면 된다.

## 맨마커 *man marker*

특정 선수에게 붙어 경기 내내 그림자처럼 쫓아다니면서 막는 스페셜리스트를 말한다.

상대의 에이스나 키플레이어, 스트라이커에게 밀착해 그들이 볼을 잡기 전에 달라붙어 플레이의 완성도를 떨어뜨린다. 포지셔닝 감각과 강한 몸싸움이 핵심 능력으로 상대 움직임을 예측하는 통찰력, 90분 내내 쉼 없이 상대의 움직임에 대응하는 터프함, 강한 정신력이 요구되는 플레이스타일이다. 상대의 특정 키플레이어를 성공적으로 무력화하면 자기 팀 전체의 수비 균형이 안정되어 승리로 향하는 문을 열 수 있다.

## 에어버틀러 *air butler*

공중볼 다툼에서 빛나는 플레이스타일로, 공수 양면의 세트피스 상황에서도 중요한 역할을 담당하는 선수를 에어버틀러(럭비나 미식축구에서 사용되는 용어-역주)라고 한다.

큰 키와 점프력 외에도 공중볼 다툼에서 몸끼리 부딪쳐도 밀리지 않는 강한 피지컬과 완력이 무기다. 수비할 때는 타깃맨(롱패스를 받는 선수)에게 대응하고, 공격할 때는 코너킥이나 프리킥에서 득점을 노리는 타깃이 됨으로써, 상대 수비수들을 유인해 동료들에게 자유로운 상황을 제공하는 보물 같은 존재다.

아시아에는 롱볼 전술을 구사하는 팀들이 많다. 2024년 1월 AFC아시안컵에서 이라크나 이란 같은 팀들은 일본의 측면 영역으로 끈질기게 롱볼을 보냈다. 실제로 '모리야스 2기'가 발족한 이후 일본은 독일과 튀르키예를 포함해 세계적 강호들을 상대로 다득점에 성공했지만, 아시안컵에서는 상대의 롱볼에 애를 먹었다. 최근 세트피스 득점 자체가 증가하고 있고, 공중전의 승부가 경기 흐름을 크게 좌우할 때가 많아 에어버틀러라는 존재가 점점 중요해지고 있다.

## 포인트 가드 *point guard*

농구의 포지션 용어. 축구에서는 수비수이면서 경기를 컨트롤하는 사령탑 타입이란 뜻으로 이해하면 된다.

현대 축구에서는 공격 빌드업을 미드필더가 아니라 최후방 수비수에게 맡기는 사례가 많아지고 있다. 이들은 피치 전체를 바라보면서 볼의 흐름을 조정하고 적절한 타이밍에 패스를 보낸다. 특히 공격 빌드업에서는 상대의 압박을 피할 수 있는 냉철한 판단력이 요구되며 볼을 잃지 않고 동료를 전진시키는 역할을 맡는다. 팀이 위기에 빠진 상황에서도 침착하게 볼을 소유하고 공격 활로를 발굴하는 등, 안정감과 창의력을 겸비한 존재다.

## 인버티드 풀백 *inverted full-back*

수비 시에는 통상의 사이드백(풀백)으로 플레이하지만, 공격 시에는 미드필더로 변신하는, 두 가지 역할을 유연하게 수행하는 선수를 말한다.

일본에서는 가짜 사이드백이라고도 부르는데, 중앙 침투로 수적 우위를 만들어 상대 수비 블록을 허무는 역할을 한다. 빌드업 과정에서는 수비적 미드필더와 나란히 서서 수비 안정감을 높이는 역할을 하고, 그대로 상대 진영으로 전진해 미들슛이나 결정적 라스트 패스를 시도할 때도 있다. 포지션 이해력과 뛰어난 기술이 필요하며, 자기 팀에 전술적 다양성을 선사하는 존재다.

폴스 나인, 센트럴 윙어처럼 사이드백이 다른 포지션으로 변신해 대응하

팀이 볼을 소유한 상태에서 사이드백이 측면으로 벌리지 않고 볼란치, 앵커 또는 2선 스트라이커나 인사이드 하프 등 미드필드 포지션으로 변신해 최전방으로 침투하는 경우가 있다.

인버티드 풀백의 변주도 가능한데 그중 하나가 가짜 센터백이다. 백3의 좌우 어디든 기본 포지션으로 삼으면서 미드필드 뒤쪽이나 전방 쪽으로 이동해 각 영역에서 수적 우위를 획득한다.

는 플레이스타일이다. 전술에 따라 선수 한 사람이 복수 포지션을 소화하는 사례는 이 밖에도 '가짜 센터백'이나 최후방까지 내려와서 위치를 잡는 미드필더 등이 있다.

## 리베로 *libero*

최후방 라인에 머물며 공격 기점이 되거나 수비뿐 아니라 공격 빌드업이나 중원 연결에도 적극적으로 관여하는 선수를 가리킨다.

리베로는 수비 국면에서 자기의 배후 공간을 책임진다. 볼을 빼앗은 직후에는 직접 볼을 갖고 전진해 정확한 패스나 볼 배급을 통해 팀의 리듬을 만들어낸다. 수비 시에는 커버링과 경기 흐름을 읽어내는 능력이, 공격 시에는 넓은 시야와 전술 수행 능력이 중요하다. 리베로가 효과적으로 기능하면 상대의 압박을 회피하면서 수적 우위를 만들기 때문에 팀 전체의 공격이 부드럽게 전개된다. 최근에는 가짜 센터백 같은 형태로 재해석되기도 한다. 수비와 공격을 스무스하게 연결하는 존재라고 이해하면 쉽다.

## 스위퍼 *sweeper*

필드 플레이어 중 가장 뒤쪽에서 수비 라인의 배후 공간을 철저히 관리하면서 상대의 침투 시도나 흐르는 볼에 재빨리 대응하는 수비 전문 역할을 담당하는 선수를 말한다.

스위퍼는 라인 컨트롤이나 커버링에 특화된 선수이며 정확한 포지셔닝과 날카로운 경기 이해력으로 상대의 결정적 찬스를 미연에 방지하는 존재다. 공격 가담에는 제한적이지만, 수비 시 안정감은 팀 전체의 안정감과 직결된다. 특히 하이라인 전술에서는 스위퍼의 대응력이 중요하다. 최후방의 벽으로서 팀을 구하는 장면도 드물지 않게 목격된다. 다만, 현대 축구에서는 수비 라인의 배후 공간 관리를 골키퍼가 담당하는 경우가 많다.

## 하프 디펜더 *half defender*

최근 자주 보이기 시작한 플레이스타일로, 수비수로 명단에 기재되면서도 미드필드나 빌드업에 관여하고, 백3와 백4의 가변 운용에도 대응하는 현대적인 플레이어를 가리킨다.

주로 백3의 좌우 센터백이나 백4의 사이드백에 해당한다. 공격 시에는 미드필드나 높은 위치까지 진출해서 수적 우위를 만든다. 미드필더의 일원으로서 볼 연결이나 전진에도 관여한다. 특히 앵커의 옆이나 하프 스페이스에도 진입해서 수적 우위를 만드는 움직임은 현대적 빌드업의 한 축이라고 할 수 있다.

단순하게 전진하는 수비수라고 보기는 어렵다. 상대의 압박 강도나 동료의 위치를 파악해 리스크를 최소화하면서 공격에 악센트를 첨가하는 판단력, 그리고 볼 소유권을 잃은 즉시 자기 진영으로 복귀할 수 있는 운동량과 커버 의식도 요구된다. 수비수와 미드필더, 센터백과 사이드백처럼 두 가지 포지션 감각을 겸비함으로써 팀 전술에 유연성을 보태는 플레이어라고 이해하면 된다.

# 05
# 골키퍼의 플레이스타일

## 숏스토퍼형 *shoot stopper* 골키퍼

'골을 막는 최후의 벽'으로서의 역할을 철저히 실천하는 것이 숏스토퍼 타입의 골키퍼다. 수비 라인을 높게 유지하거나 빌드업 관여와 같은 플레이보다 문전에서 숏을 막는 플레이에 특화된 선수를 말한다. 일대일 맞대결에서 상대의 결정적 찬스를 막아내고, 순발력을 앞세워 짧은 거리의 숏에 반응하고, 승부차기 방어에도 강점을 갖는 등, 그야말로 수호신이라고 부를 만한 스킬을 갖추고 있다. 특히 페널티 에어리어 안에서의 포지셔닝과 신체 활용, 예측 능력이 뛰어난 덕분에 동료가 위협을 느끼는 전개에서도 희망의 빛이 되어준다.

반대로 발기술이나 볼 배급의 정확도에서는 다른 타입의 선수보다 부족

할 수 있지만, 그런 단점을 메울 수 있는 반사신경과 정신적 안정감이 팀 전체의 분위기에 기여한다.

## 스위퍼형 *sweeper* 골키퍼

최후방 라인의 배후를 커버하는 스위퍼(청소부)로서도 기능하는 골키퍼로, 현대 축구에서 중요도가 커지고 있다.

상대가 높은 수비 라인의 배후를 노려 들어오면, 페널티 에어리어 바깥까지 튀어 나가 볼을 처리한다. 기존 골키퍼의 수비 범위를 뛰어넘는 움직임을 보이는 타입이기에 팀 전체를 높은 위치까지 밀어 올리는 키맨이기도 하다. 독일 국가대표 마누엘 노이어가 대표적 사례다. 스위퍼형 골키퍼가 되려면 수비 범위가 넓고 판단이 빠른 데다 필드플레이어 수준의 발기술이 필요하다. 수비와 공격을 겸하는 역할이다 보니 작은 실수가 위기를 초래할 수도 있지만, 성공적으로 기능하면 상대에게 공격의 작은 빌미조차 허용하지 않는 높은 지배력을 발휘한다.

## 빌드업형 *build-up* 골키퍼

단순한 수비수에서 벗어나 '첫 번째 게임메이커'로서 팀 공격을 출발시키는 것이 빌드업형 골키퍼다.

뛰어난 발기술을 앞세워 정확한 숏패스와 롱패스를 두루 사용하는 덕분에, 후방부터 수적 우위를 만들어 상대의 압박을 회피하는 역할을 수행한다. 센터백의 사이에 들어가 동료 간의 패스 연결에 참여하고 상대를 유인해 공간을 창출하는 등, 필드 플레이어와 크게 다르지 않을 정도로 움직인다. 펩 과르디올라 감독의 팀이 운용하는 골키퍼가 대표적으로, 공격 설계도의 기점이 되는 포지션이다.

다만, 리스크는 크다. 실수 하나가 곧바로 실점으로 연결되기 때문에 고도의 판단력과 냉정함이 필수 조건이다. 축구 전술의 진화와 함께 골키퍼에게도 지성과 정확성이 강하게 요구되는 시대가 되었다.

### 하이볼형 *high ball* 골키퍼

크로스나 세트피스에서 날아오는 공중 볼 처리에 강해, 공중전에서 발군의 존재감을 발휘하는 타입의 골키퍼다.

큰 키와 점프력, 뜬 상태에서의 보디 밸런스, 정확한 타이밍에 튀어 나가는 판단력, 펀칭과 캐칭을 정확히 구분할 줄 아는 능력 등, 공중전에 관련된 종합 능력이 필요하다. 혼전 상황에서 볼을 냉정하게 처리해내는 강한 집중력도 포인트다. 상대가 크로스를 올리기 어렵다고 판단하게 만들어 팀의 수비에 안정감을 제공한다.

특히 잉글랜드의 일부 클럽처럼 롱스로우나 크로스를 자주 사용하는 팀을 상대할 때는 이런 타입의 골키퍼가 진가를 발휘한다. 키가 커서 유리하다는 단순한 논리가 아니라, 공중전 방어의 퀄리티와 판단력이 뛰어난 골키퍼가 이런 타입이라 할 수 있다.

# 06

# 비정형적
# 플레이스타일

## 조커 *joker*

플레이스타일이 아니라 역할로 설명하는 것이 쉽다. 조커는 경기 흐름을 단번에 바꾸는 회심의 카드다. 교체로 들어가 제한된 시간 안에 결정적 임무를 해내는 플레이어를 말한다.

강한 피지컬과 스피드, 탁월한 테크닉 등으로 짧은 시간에도 상대에게 효과적인 대미지를 입힐 수 있고, 이미 지친 상대 수비진과의 격차를 만들어낸다.

감독이 조커를 투입하는 것은 경기 상황 분석을 통해 알아낸 상대의 약점을 공략하기 위해서다. 득점이 필요한 국면에서는 스트라이커 타입, 상대의 추격을 뿌리쳐야 할 때는 수비수 타입, 상대가 롱볼이나 공중전을 걸어올 때는 에어버틀러 타입의 조커를 기용한다.

선발진으로 투입되는 게 아니므로 어느 정도 특수한 임무 수행이 요구된다. 선수 본인이 교체로 들어간 의도를 잘 이해하고 짧은 출전 시간 안에 집중력을 잃지 않는 능력이 중요하다. 플레이 하나로 경기의 기세를 전환시킬 수 있는 존재라고 보면 된다.

## 동기부여자 *motivator*

플레이 자체의 퀄리티가 아니라 팀 전체의 분위기를 띄우는 정신적 지주다.

동료들을 끊임없이 독려해 열세에서도 팀원 전체가 신념을 갖고 전진하게 하는 존재감을 발휘한다. 피치 위에서 진가를 발휘할 때도 있고, 벤치에서 계속 응원함으로써 경기장 안팎에 에너지를 전달해 선수들의 경기력을 끌어올리는 역할도 한다. 리더십과 강한 멘털리티가 요구되지만, 동기부여자라는 존재 자체로 팀이 하나로 뭉쳐 역경을 헤쳐 나갈 힘을 얻을 수 있다.

## 만능형 플레이어 *versatile player*

여러 포지션을 소화해 팀의 구멍을 메우는 다재다능한 선수를 말한다.

공격과 수비 양면에서 뛰어난 기술을 가지고 있고 팀 전체의 전술, 팀메이트와 각 포지션 역할을 파악할 수 있는 두뇌를 지녔다. 부상자가 발생한 상황이나 상대 포메이션에 대응해 역할을 바꿀 경우에도 안정적으로 경기력을 발휘하므로 전술적 유연성을 보장하는 중요한 존재다.

셀틱에서 활약하는 하타테 레오가 대표적이다. 기본적으로는 중앙 미드필더로 뛰지만, 가와사키 프론탈레 시절에는 2선 스트라이커와 오른쪽 사이드백 포지션도 소화했다. 프로 데뷔 전인 대학 시절과 연령대 국가대표팀에서는 포워드로서 최전방 포지션에서도 활약했다.

경기 중이나 시즌 중에 복수 포지션을 소화하는 선수를 여러 명 보유하면 팀이 전술을 세울 때 유연하게 대처할 수 있다. 또, 경기 중에 긴박한 포지션 변화를 시도해 상대 팀의 마크맨을 일시적으로 혼란스럽게 할 수 있다는 장점도 있다.

# CHAPTER 04

★

플레이어 업데이트 2

# 포지션 이해하기

# 01

# 포지션이란?

축구에서 선수의 포지션은 팀 전술과 포메이션을 바탕으로 결정되며 각각 다른 역할을 수행한다. 포지션은 크게 나눠 공격수(포워드), 미드필더, 수비수(디펜더), 골키퍼의 네 종류로 분류된다.

포워드의 주요 임무는 상대 골문과 가장 가까운 위치에서 플레이하면서 득점을 올리는 것이다. 상대 수비를 돌파해 골을 터뜨리는 플레이는 기본이고, 상대가 볼을 소유한 상황에서는 최전방부터 수비를 펼치는 역할도 요구된다. 배치가 중앙이냐 측면이냐에 따라 요구되는 움직임도 달라진다.

미드필더는 필드 중앙에 위치하면서 공격과 수비 모두 담당하는 선수다. 공격 시에는 볼을 전방으로 운반하고 수비 시에는 상대 패스를 끊는 등 다양한 플레이를 수행한다. 미드필드(중원)는 플레이어가 가장 밀집한 영역이

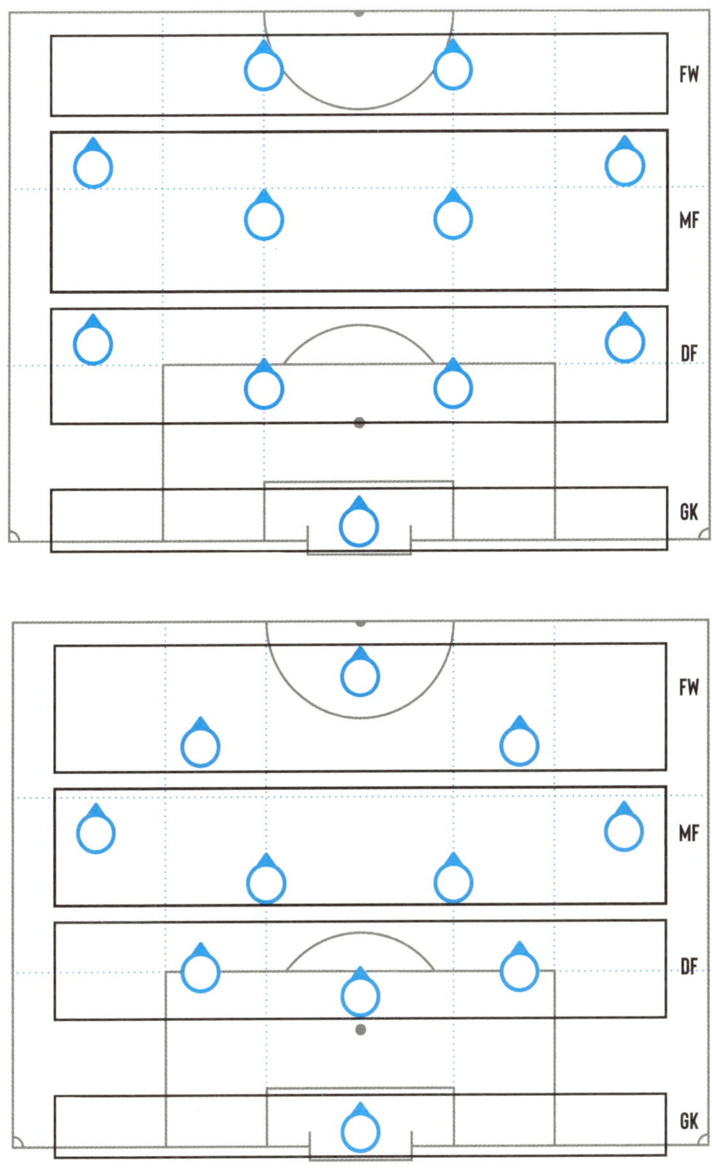
FW
MF
DF
GK
FW
MF
DF
GK

기에 선수끼리 역할을 세밀하게 분담한다.

디펜더는 자기 진영의 골문을 지키는 역할이므로, 상대 공격을 막는 것이 주된 임무다. 볼을 빼앗은 직후는 공격 기점으로서 패스를 전개하는 플레이도 수행한다. 중앙 또는 측면 등 위치에 따라 담당 범위가 달라진다.

골키퍼는 유일하게 손을 사용할 수 있는 선수로서 상대의 슛을 막는 최종 방어선이다. 최근에는 공격 기점으로서의 역할이 부각되면서 패스 능력과 넓은 시야, 정확한 지시 능력 등이 요구된다.

# 02

# 포워드
# FW

## 센터포워드 CF

### 중앙에 위치를 잡는 포워드

센터포워드는 최전방 중앙에 배치되는 포지션이다. 센터포워드에게 요구되는 것은 무엇보다 득점이지만, 골을 넣는 플레이뿐 아니라 미끼가 되어 상대 선수 여러 명의 주의를 끌어 동료 선수들을 자유롭게 만들어주는 움직임도 필요하다. 플레이스타일에 따라 자기 진영의 빌드업까지 관여하거나 공간을 만드는 움직임으로 동료의 득점을 지원하는 등 역할이 다양하다.

90분 동안 팀의 최전방 선수에게 볼이 연결되는 기회는 많지 않다. 볼을 직접 다루는 시간은 몇 분밖에 되지 않을 수도 있다. 센터포워드는 볼과 무

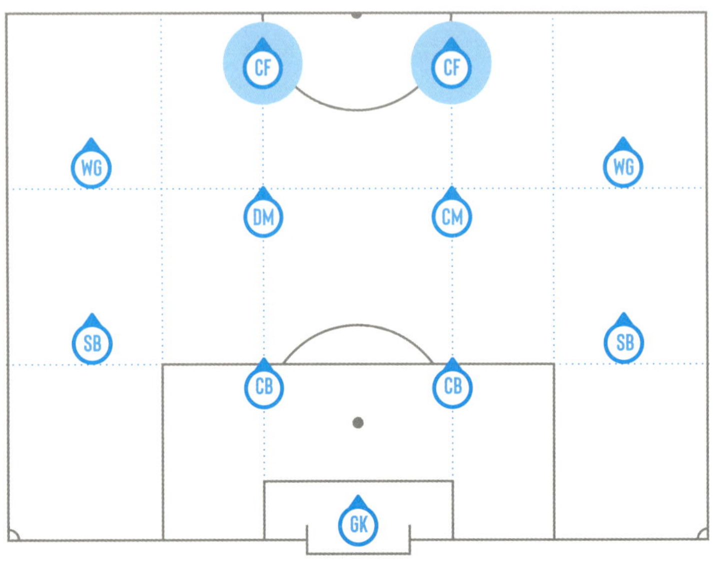

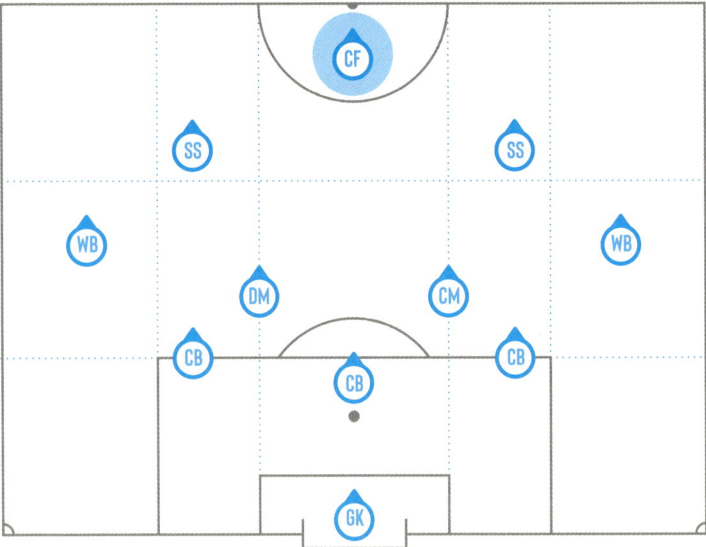

관한 시간에 자기 주변에 있는 상대 수비진과 계속 엉키면서 세밀한 움직임으로 상대에게 정신적, 육체적 대미지를 입힌다. 경기장에서 직관하면, TV 중계 카메라에는 잡히지 않거나 화면 끄트머리에 겨우 잡히는 센터포워드의 공헌을 직접 확인하는 재미가 있다.

축구는 골을 넣지 않으면 이길 수 없는 스포츠이기에, 최전방 선수의 플레이스타일을 기점으로 팀 전체의 계획을 세우는 감독이 드물지 않다.

## 센터포워드를 맡는 선수의 주된 플레이스타일

스트라이커, 포스트 플레이어, 박스 스트라이커, 라인 브레이커, 링크 포워드, 폴스 나인

## 공격 시의 역할

- **피니셔**: 최전방 선수에게 요구되는 임무는 득점이다. 득점을 양산하는 플레이나 슛 기술, 문전 포지셔닝이 중요하다.
- **포스트 플레이**: 문전 혼전 상황에서의 경쟁력이 필요하다. 상대 선수를 등진 상태로 제압해 롱볼이나 크로스를 받는 플레이로 동료의 공격을 활성화한다.
- **공간 이용**: 상대 수비진의 주의를 끌거나 직접 미끼가 되는 플레이로 직접 슛을 하거나 동료가 쇄도할 공간을 창출해 득점 기회를 만든다.

## 수비 시의 역할

- **최전방 압박**: 최전방에서부터 상대의 볼을 빼앗으려고 압박을 가한다.
- **상대 선택지 줄이기**: 본인의 뒤에 있는 동료들이 볼을 빼앗을 수 있도록

상대의 행동이나 패스 방향의 선택지를 제한하는 움직임이나 포지셔닝을
취한다.

- **무한 추적**: 볼을 빼앗는 게 최선이다. 빼앗지 못하더라도 볼 소유자의 여
유를 없애기 위해 쉼 없이 쫓아다니며 실수를 유도한다.


## 윙어 *WG*

### 측면에서 공격하는 포워드

윙어는 포워드의 기본 포지션 중 하나로서 피치 좌우로 벌려서 플레이한다.
이 포지션의 선수들은 측면에서 드리블이나 패스로 상대 수비를 허물고 문
전까지 침투하는 플레이를 펼친다. 이 외에도 정확한 크로스로 기회를 만들
거나 직접 골을 노리는 적극성이 특징이다.

윙어는 종방향 돌파로 상대 사이드백이나 윙백을 공략할 뿐 아니라 안쪽
으로 파고들어 직접 슛을 시도하는 경우도 많아서 플레이스타일에 따라 역
할이 크게 바뀐다. 본인이 직접 공격할지, 동료를 활용할지를 경기 흐름에
따라 판단하는 능력이 필요한 것이다. 센터포워드처럼 볼을 직접 다루는 시
간은 적지만, 볼이 없는 오프 더 볼 시간대에 얼마나 상대를 괴롭힐 수 있는
지가 중요하다. 예를 들어 보자.

일부러 자기 진영 쪽으로 내려와 포지션을 잡아두면, 동료가 볼을 빼앗
자마자 패스를 받는 빛나는 플레이를 할 수 있다. 또 반대편 측면에서 공방
이 이어지면 양쪽 선수들이 그쪽 측면으로 쏠리게 되는데, 이때 윙어가 본
인이 있는 측면에서 크게 벌려 있으면 아이솔레이션(148페이지 참조)이라 부

르는 형태를 만들어 공격 방향을 바꾸는 패스를 유도할 수 있다. 이렇게 해서 실제로 볼을 건네받으면 단번에 상대 진영 깊숙한 곳까지 전진이 가능하다.

TV 중계가 아니라 경기를 직관하면, 터치라인 바로 앞에 포지셔닝해서 상대 선수와의 거리를 확보한 다음에 기회를 노리는 윙어의 움직임을 쉽게 확인할 수 있다.

## 윙어를 맡는 선수의 주된 플레이스타일

드리블러, 크로서, 커트인 윙어, 스트레이트 윙어, 윙 스트라이커

## 공격 시 역할

- **측면 돌파**: 스피드와 테크닉을 구사해 일대일 장면에서 상대 수비수를 제치고 크로스를 노린다. 상대 수비진을 밀어붙이는 효과도 있다.
- **커트인**: 인버티드(왼쪽 측면에서 뛰는 오른발잡이 또는 오른쪽 측면에서 뛰는 왼발잡이) 형태로 뛸 때는 중앙으로 파고들어 중거리 슛이나 스루패스를 시도한다.
- **공간 창출**: 좌우로 크게 벌려서 상대 수비진의 횡방향 간격을 넓혀 중앙 공간이나 하프 스페이스를 확보한다.

## 수비 시 역할

- **패스 경로 차단**: 상대가 공격을 만들 때 우선적으로 패스 경로를 지우는 포지셔닝을 취하면서 전방에 있는 동료가 상대의 볼 소유자를 압박한다.
- **수비 가담**: 상대 수비진의 공격 참여에 대응하기 위해 자기 진영까지 내

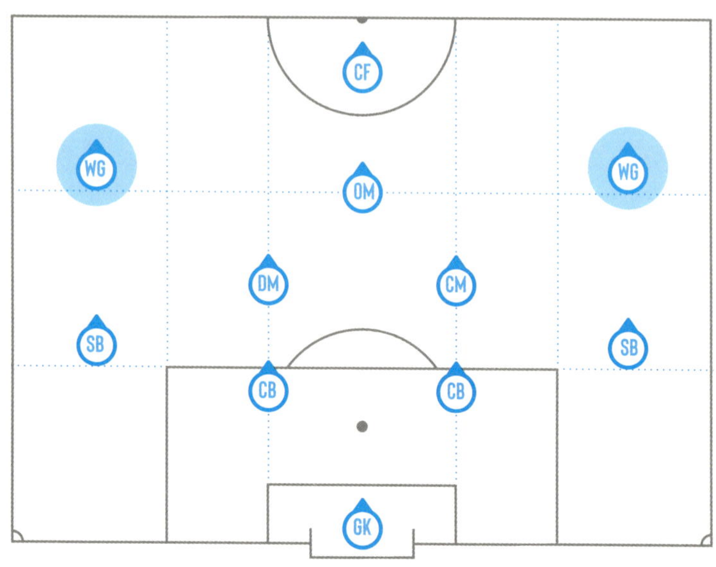

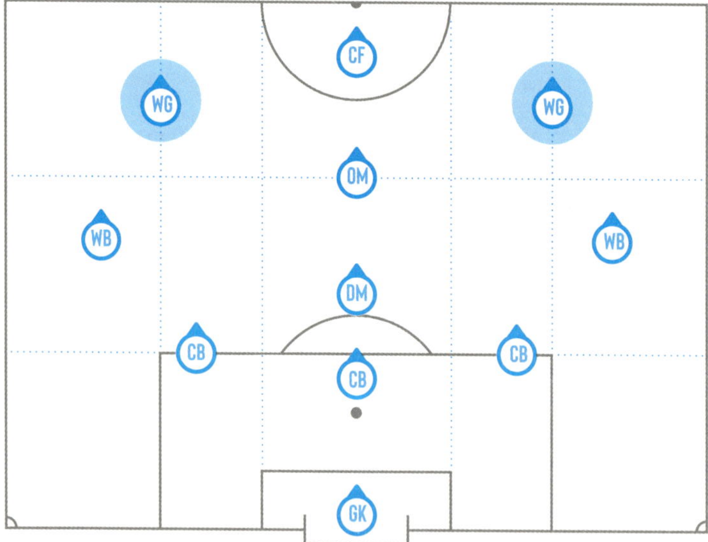

려와 수비에 가담하는 움직임을 취한다. 이때 스피드의 완급을 조절해 상대를 곁에서 견제하면서 볼을 빼앗는 것이 최선이다.

- **역습 기점**: 볼 탈취 직후에 신속한 포지셔닝으로 역습 공격의 출발점 역할을 하는 경우가 많다.

## 섀도우 스트라이커 *SS*

### 센터포워드 주변에서 움직이는 포워드

섀도우 스트라이커는 센터포워드의 바로 뒤에서 플레이하는 공격적 포지션의 선수다. 줄여서 '섀도우'라고 하거나 '세컨드 스트라이커'라는 별칭으로 불릴 때도 있다. 이름 그대로 문전에 드리운 그림자 같은 존재다. 상대 수비진의 사각에 숨어 있다가 문전으로 뛰어들어 득점을 노리는 선수란 의미다. 이들은 센터포워드만큼 최전방에 배치되지는 않으므로, 미드필드와 최전방 사이에서 패스를 받아 득점 기회를 살리는 능력이 요구된다. 또는 센터포워드의 주위를 맴돌며 세컨드볼을 회수하거나, 센터포워드가 상대 수비진을 유인했을 때 그 공간으로 파고들어 골을 노리는 플레이를 실행한다. 이 포지션의 움직임은 매우 유연해서 볼을 받은 후에 스스로 슛을 노릴 수도 있고 동료에게 득점 기회를 만들어주는 패스를 공급할 때도 있다.

이 포지션에 필요한 능력은 고도의 오프 더 볼 움직임과 날카로운 판단력이다. 수비수의 배후로 빠져들어가는 타이밍, 동료의 움직임과 연동해 공간을 만드는 움직임이 중요한 것이다. 또 드리블 시도나 중거리 슛이 정확하면 보다 위협적인 존재가 된다.

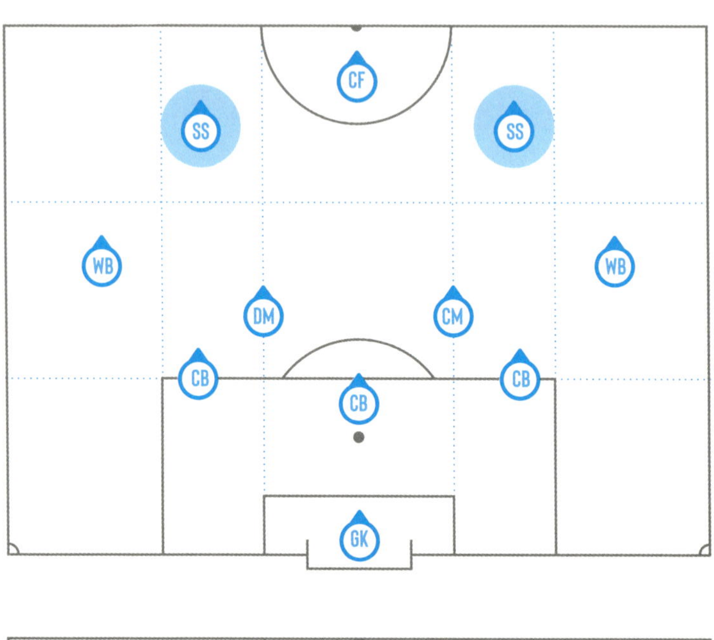

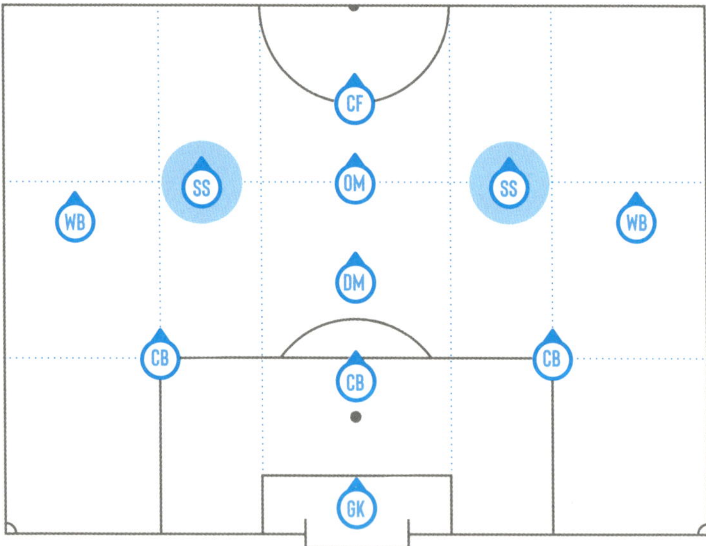

새도우 스트라이커는 스트라이커이면서 때로는 동료에게 득점 기회를 만들어주는 경우도 있어 소위 '스트라이커 겸 찬스메이커'라 할 수 있다.

## 공격 시 역할

- **상대 배후 공략**: 센터포워드가 상대 수비진과 싸우는 동안 구축한 공간이나 상대 진영의 배후 공간으로 쇄도해, 흐르는 볼이나 배급된 패스에 반응해 기습적으로 득점을 노린다.
- **키패스 공급**: 최전방에서 볼을 받아 동료 공격수에게 결정적 패스를 제공한다.
- **공간 창출**: 센터포워드의 주위를 배회하면서 상대 선수를 유인해 동료가 쇄도할 수 있는 공간을 만든다.

## 수비 시 역할

- **전방 압박**: 센터포워드와 동일 선상까지 포지션을 올려 상대 수비에게 적극적인 압박을 건다.
- **경계형 수비 가담**: 미드필드로 내려와 상대가 공격을 빌드업할 때는 패스 경로를 차단한다.
- **수비 블록 대응**: 자기 진영까지 내려와서 수비에 가담하고, 역습의 기점 역할을 담당할 때도 있다.

# 03

# 미드필더
# MF

## 공격형 미드필더 *OM*

### 공격적인 찬스메이커

공격형 미드필더는 최전방과 미드필드를 연결하는 포지션으로, 공격 기점의 역할을 한다. 이 포지션의 선수에게는 창의력, 득점에 대한 명확한 비전, 그리고 상대 수비 라인을 무너뜨리는 기술이 요구된다. 득점과 직결되는 키 패스나 중거리 슛이 정확한 선수가 이 포지션을 맡을 때가 많아 상황에 따라 직접 슛을 때리는 경우도 드물지 않다.

공격형 미드필더는 경기 흐름을 파악해 상황에 맞춰 공수 균형을 조정해야 한다. 이들은 승부를 결정하는 소위 킬패스나 상대 수비진을 무력화하는

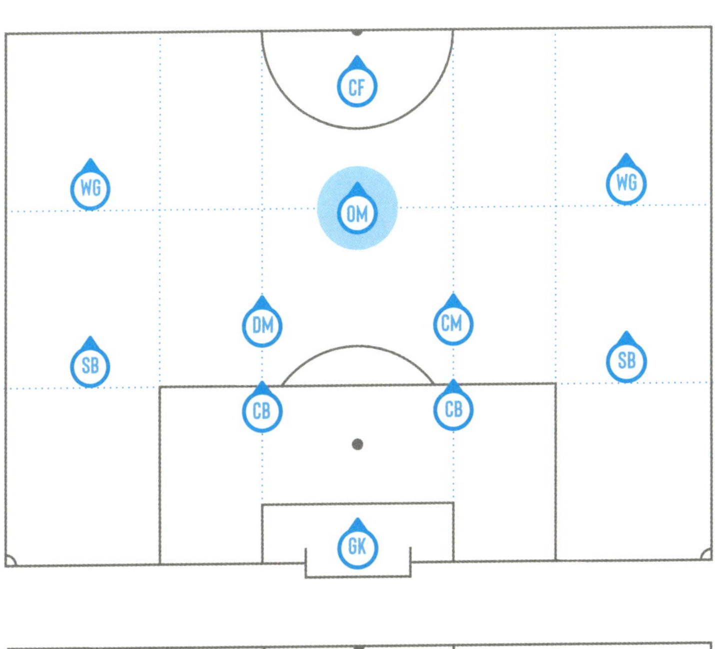

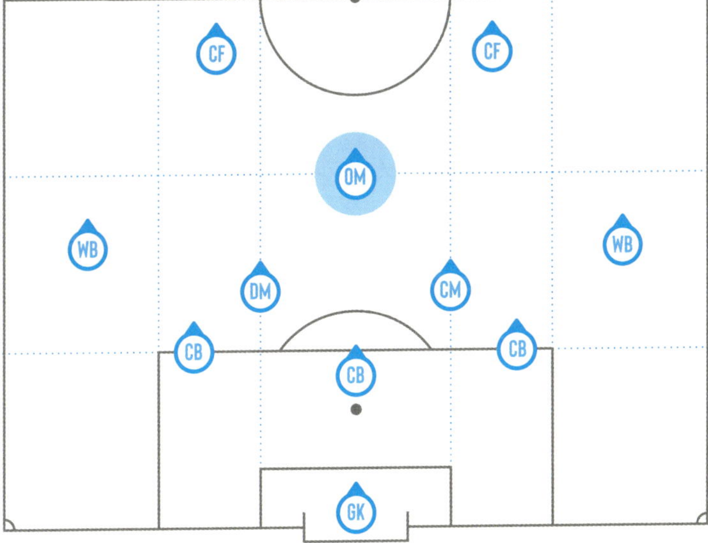

드리블 돌파 등 관객을 열광시키는 플레이를 해주리라는 기대를 받는다. 한편 공격 시에 동료가 연동해서 전방을 향하지 않거나 효과적인 포지션을 잡지 못한 상황이라면 전방에서 볼을 소유하면서 공격 형태를 재정비하는 역할을 해야 한다.

이 포지션의 선수는 필드의 중앙에 설 때가 많아서, 경기장에서도 중계 화면에서도 눈에 잘 띈다. 오프 더 볼 상황에 어떤 움직임을 보이는지 주목하면 경기가 더 흥미로워진다.

## 공격형 미드필더를 맡는 선수의 주요 플레이스타일

드리블러, 센트럴 윙어, 찬스메이커, 패서, 게임메이커

## 공격 시 역할

- **기회 창출**: 상대 수비진의 배후로 빠져들어가는 동료에게 패스를 공급하거나 배후나 측면에 생긴 공간으로 볼을 공급한다. 상대 수비진의 배후나 공간에 볼을 넣을 때, 패스를 보내는 선수와 받는 선수의 의도가 일치하면 상대보다 빠르게 플레이를 전개해 기회를 만들 수 있다. 게다가 패스를 보내는 쪽이 동료에게 '이 공간으로 뛰어 들어가'라는 의도를 전달하고, 그것에 호응하는 움직임을 확인한 상태에서 패스를 보낸다는 점에서 공격의 지휘관 역할이라고도 할 수 있다.
- **공간 침투**: 상대 수비수들의 사이, 수비수와 미드필더 사이, 하프 스페이스 등에서 포지셔닝을 취해 상대 수비의 균열을 유도하도록 움직인다.
- **중거리 슛**: 페널티 에어리어 바깥에서 적극적으로 슛을 때리고, 흐른 볼이나 세컨드볼을 회수한다.

## 수비 시 역할

- **전방 압박**: 섀도우 스트라이커처럼 센터포워드와 동일선상에서 압박을 가해 상대 공격의 빌드업 속도를 늦춘다.
- **커버링**: 자기 팀이 최전방에서 압박할 때 미드필드에서 흐른 볼을 줍거나 상대의 역습 기회를 사전에 차단한다.
- **선택지 제한**: 센터포워드와 함께 상대 수비수의 공격 옵션을 줄이거나 측면으로 몰아가 볼을 빼앗는 플레이를 한다.

## 인사이드 하프 *IH*

### 공격과 수비를 연결하는 인사이드 리시버

인사이드 하프는 중원에서 공격과 수비를 연결하는 포지션이다. 공격형 미드필더와 다른 점은 공수 양면에서 다양한 역할을 수행한다는 것이다. 이 포지션의 선수에게는 풍부한 운동량과 정확한 상황판단이 요구된다.

공격 빌드업에 있어서 후방에서부터 연결되어 올라온 볼을 받는 출구 역할을 하고, 기회를 창출하는 임무도 수행한다. 수비 시에는 전방 압박에 가담하거나 후방에서 수비 블록을 형성하는 등, 피치 전반에 걸쳐 움직여야 하는 포지션이다. 공격형 미드필더처럼 공수 양면에 관여해 경기 흐름을 조율한다. 뒤에 나오는 수비형 미드필더와 마찬가지로, 이들의 위치나 활약 여부에 따라 팀의 의도와 플레이의 강약 리듬을 알 수 있다.

## 인사이드 하프를 맡는 선수의 주요 플레이스타일

찬스메이커, 게임메이커, 아웃사이드 볼란치, 박스투박스, 만능형 플레이어

## 공격 시 역할

- **기회 창출**: 전방과 후방을 연결하는 링커로서 패스워크나 드리블로 수적 우위를 만들 뿐 아니라 절묘한 볼 배급이나 포지셔닝으로 상대 진형의 틈새를 활용한다.
- **공간 침투**: 동료 포워드의 움직임에 맞춰 빈 곳으로 쇄도해 2선 득점 기회를 노리거나 공간을 활용해 기회 창출에 관여한다.
- **빌드업**: 자기 진영에서 공격을 만드는 과정에 관여해 볼을 전방으로 공급하는 역할을 수행한다.

## 수비 시 역할

- **압박**: 상대의 공격 빌드업에 대해 중원에서부터 전진해 상대 수비수에게 압박을 가하거나 상대의 중원에서 재빠르게 압력을 가해 볼 탈취를 노린다.
- **커버링**: 동료 포워드의 뒤에서 상대 공격에 대비하거나 사이드백, 앵커의 배후를 커버해 수비 안정화를 도모한다.
- **트랜지션**: 공수 전환 시에 재빠르게 포지션을 바꿔 팀 전체의 진형을 재편한다. 본인이 책임지는 영역뿐 아니라 전방과 측면에서도 동료를 지원한다.

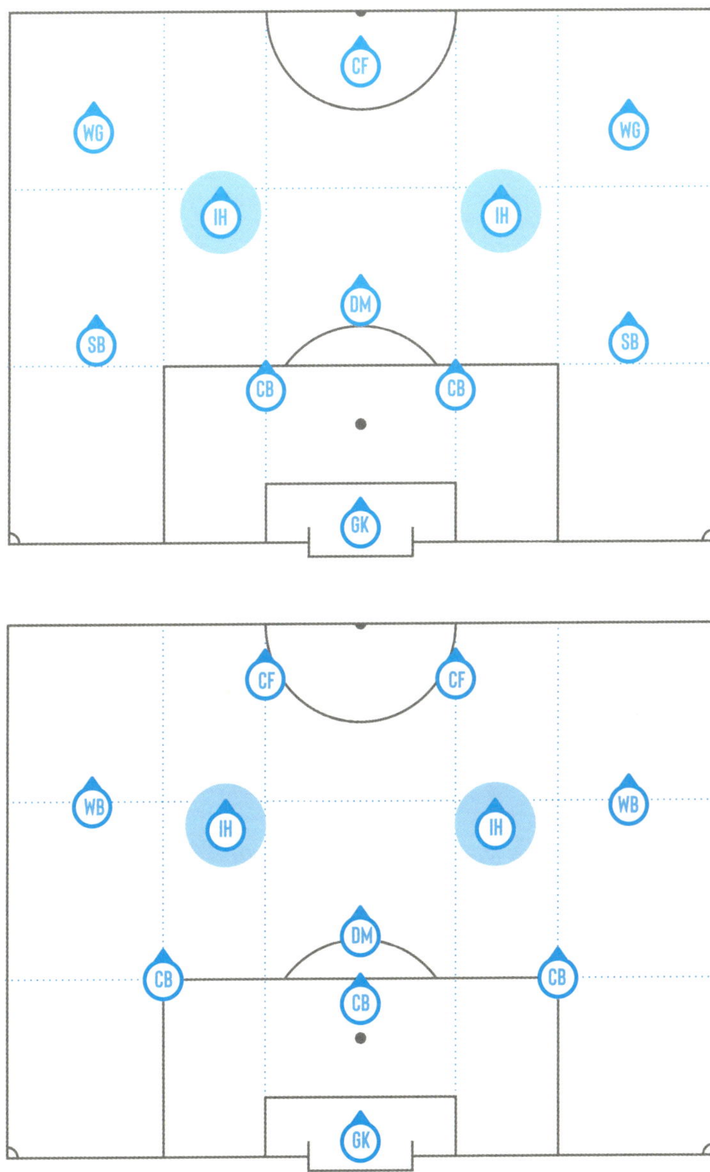

CF
WG
WG
IH
IH
DM
SB
SB
CB
CB
GK
CF
CF
WB
IH
IH
WB
DM
CB
CB
CB
GK

## 중원의 심장 격인 중앙 미드필더

중앙 미드필더는 공격과 수비 양면에서 팀의 균형을 지탱하는 중요한 포지션이다. 인사이드 하프와 비교하면 좀 더 중앙에서 위치를 잡을 때가 많고, 최전방과 미드필드를 연결한다기보다는 미드필드 전체를 통솔하는 역할이라 볼 수 있다.

피치 중앙에 포지셔닝해서 모든 국면에 관여한다. 공격 빌드업이나 수비에서는 미드필드를 봉쇄하는 팀플레이에도 참여한다. 플레이스타일에 따라 역할이 크게 바뀐다. 패서로서 게임메이킹에 치중하는 선수라면, 박스투박스 형태로 쉼 없이 상하 왕복을 하기도 한다.

경기 전반의 리듬을 컨트롤하는 역할을 맡을 때가 많으며, 2선에서 구성하는 미드필드의 벽이 되는 경우도 흔하다. 자기 팀의 전술 이해도는 물론, 상대 팀의 전술이나 현재 진형 등을 파악하거나 해결 능력을 제시하는 상황 판단력이 강하게 요구된다.

## 중앙 미드필더를 맡는 선수의 주요 플레이스타일

게임메이커, 레지스타, 메찰라, 박스투박스, 만능형 플레이어

## 공격 시 역할

- **게임 메이킹**: 동료 포지션을 확인하면서 공격 기점이 된다. 패스로 리듬을 만들어 상대 수비 진형을 흩뜨린다.
- **전방 공급**: 공간을 찾아내 종패스를 보내거나 측면으로 전개해서 공격을

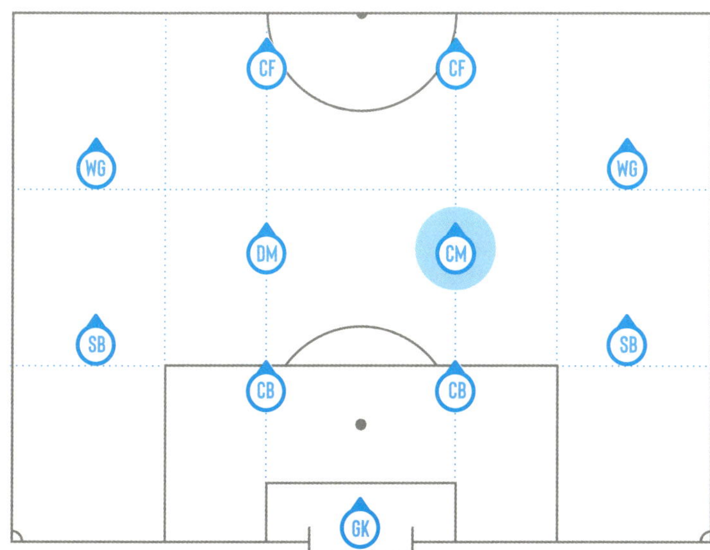

※ CM과 DM의 위치는 바뀌어도 괜찮다

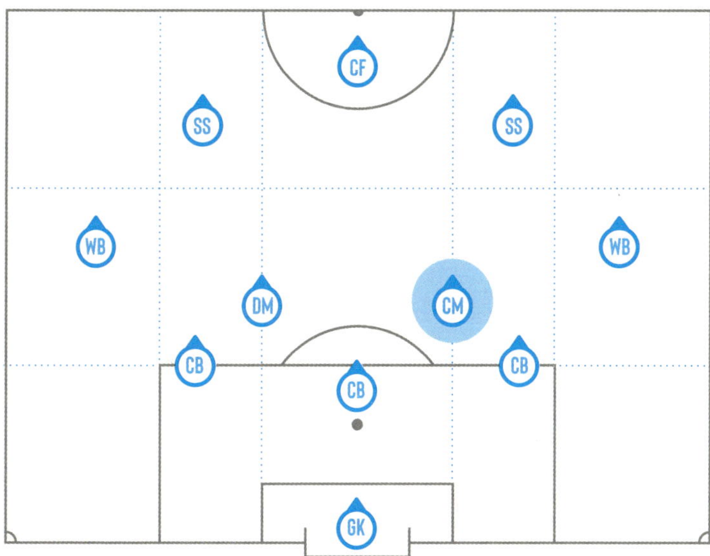

※ CM과 DM의 위치는 바뀌어도 괜찮다

가속한다.

- **넓은 시야와 문제 해결 능력**: 상황에 따라서 공격 빌드업을 위해 수비수 사이로 들어갈 때가 있는가 하면 슛 기회를 만드는 과정을 설계할 때도 있다. 항상 상대 팀의 약점을 발굴하고 공격하는 능력이 필요하다.

## 수비 시 역할

- **공간 관리**: 수비 시에는 미드필드 공간을 채워 상대 공격을 늦춘다.
- **커버링**: 동료가 전진하면 커버하고, 상대의 역습을 먼저 읽어 미리 움직이는 등 즉각적으로 반응한다.
- **볼 탈취 및 패스 연결**: 볼을 빼앗은 직후 재빨리 안전한 패스를 동료에게 연결해 공격을 재개하는 역할을 수행한다.

## 수비형 미드필더 *DM*

### 수비 핵심이 되는 미드필더

수비형 미드필더는 팀 수비의 핵심이 되는 포지션으로 주로 자기 진영의 문전 공간을 커버하는 역할을 수행한다. 볼 탈취나 패스 차단, 최후방 라인의 바로 앞에서 상대와 맞서는 플레이로 공격의 빌미를 허용하지 않는 존재다.

이 포지션의 선수에게는 뛰어난 수비력은 물론 공격 기점이 되는 빌드업 능력도 요구된다. 현대 축구에서는 상대와 일대일 경쟁(듀얼)에 강한 선수라면 단순히 볼을 빼앗는 임무에 그치지 않고 이후 정확한 플레이와 판단력을 중요하게 본다. 빼앗은 볼을 얼마나 직접 처리할 수 있는지에 따라, 보다 수준 높은 리그에서 활약할 기회가 늘고 시장 가치도 상승한다. 빼앗은 볼을 곧바로 전방에 정확하게 연결하고 경기 전체를 지배하는 선수는 앵커 같은 역할을 겸비할 때도 많기에, 공수 양면에서 공헌도가 높은 보물이라 할 수 있다.

## 수비형 미드필더를 맡는 선수의 주요 플레이스타일

게임메이커, 볼란치, 박스투박스, 볼헌터, 다이나모, 앵커, 만능형 플레이어

## 공격 시 역할

- **빌드업 지원**: 미드필드에서 볼을 빼낼 뿐 아니라 최후방 라인에서 수적 우위를 만들고 후방 빌드업을 안정화한다.
- **라인 유지 지원**: 전방과 후방 사이에서, 종패스의 중계 지점으로서 공격 리듬을 만든다.
- **리듬 조정**: 볼을 돌리는 템포를 조절해 상황에 맞춘 공수 스위치 버튼 역할을 한다.

## 수비 시 역할

- **커버링**: 최후방 라인의 앞 공간을 커버해 동료의 수비 실수를 만회한다.
- **인터셉트**: 상대의 패스 경로를 읽고 차단해 공격의 싹을 자른다.
- **일대일 대결**: 미드필드에서 격렬한 몸싸움을 벌여 상대 공격을 끊는다.

선수의 플레이스타일 부분에서도 설명했듯이, 수비형 미드필더는 볼란치나 앵커, 피봇이라고도 불린다.

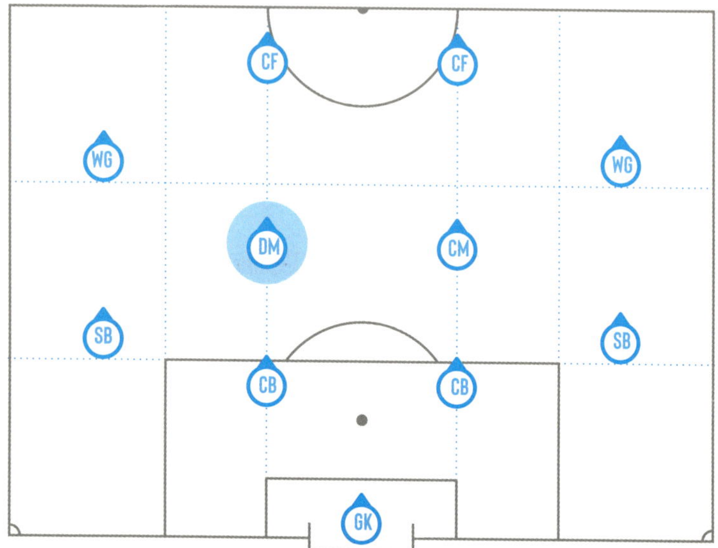


※ CM과 DM의 위치는 바뀌어도 괜찮다

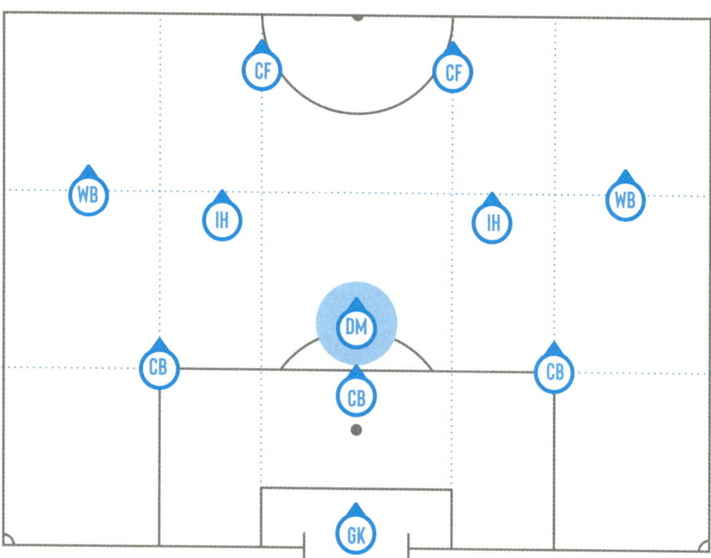

## 볼란치

포르투갈어 'volante'에서 유래했으며 '조타 장치' 또는 '운전대'라는 뜻을 갖고 있다. 팀의 중앙 지점에 포지셔닝해 전체를 통괄하는 역할을 맡는 경우가 많다. 팀 전체를 컨트롤하고 조타 장치로 기능한다는 의미에서 이런 명칭이 사용되기 시작했다. 선수 한 명을 호칭할 때는 볼란치, 수비형 미드필더 두 명을 합쳐서 부를 때는 더블 볼란치, 세 명일 때는 트리플 볼란치라고 한다.

## 앵커

영어 'anchor'는 '닻', '정신적 지주'란 뜻이다. 닻을 내려 배를 안정화하는 것처럼 앵커는 팀의 중앙이나 미드필드 후방에 배치되어 수비 안정감을 확보한다는 의미를 담고 있다. 기본적으로 미드필드의 아래쪽에 단독으로 배치된다.

## 피봇

스페인어 'pivote'의 의미는 '회전축'이다. 미드필드 중앙에 자리 잡아 압박이나 마크를 견디면서 패스를 받아 좌우로 볼을 전개한다. 공격에서는 기점이 되고 수비에서는 바이털 에어리어를 책임져 상대 공격의 빌미를 허용하지 않으면서 팀의 균형을 잡는다.

수비형 미드필더와 관련해 각기 다른 언어권에서 용어들이 파생되었다는 점에서, 이런 용어는 각국의 축구를 상징한다고 보면 된다. 명칭을 간단히 정리하자면 다음과 같다.

- **볼란치**: 전체 균형과 중계 플레이 전체를 관리하는 에너자이저 타입

- **앵커**: 수비를 중시하겠다는 의도를 품은 수비 집중형

- **피봇**: 피치 전체에서 볼이 순환되게 하는 배급자 타입

# 04

# 수비수
# DF

## 사이드백 *SB*

### 숨은 능력자 & 빠르게 진화하는 포지션

사이드백은 수비 포지션 중에서 피치의 양쪽 끝에 해당하는 위치를 잡는다. 수비 시에는 최후방 라인을 돕고 공격 시에는 측면으로 치고 올라가는 임무를 수행한다. 과거에 비해 비약적으로 커진 운동량이 필수 조건이다.

현대 축구에서는 중앙으로 들어와 플레이메이커 역할을 수행하는, 즉 '가짜 사이드백'으로서 미드필드를 지원하는 하이브리드 움직임이 요구되는 상황도 늘고 있다. 또한 백4와 백3의 포메이션 전환에서 센터백과 사이드백을 겸업하는 선수, 윙백과 사이드백을 겸업하는 선수도 있다.

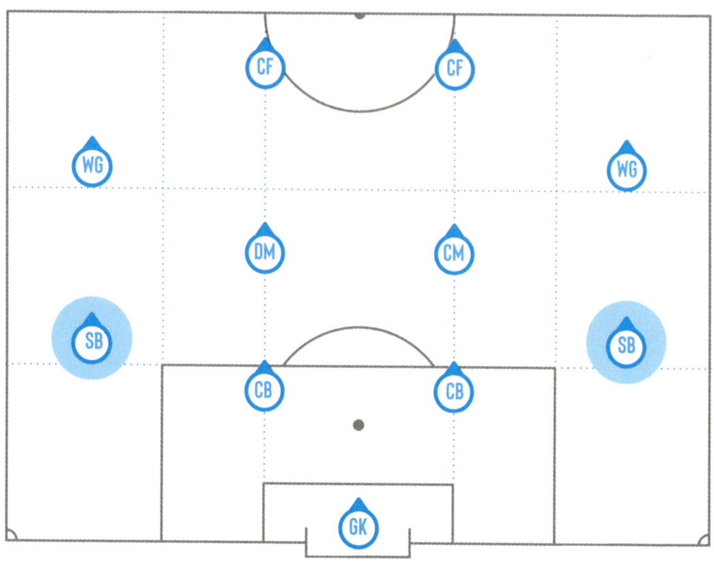

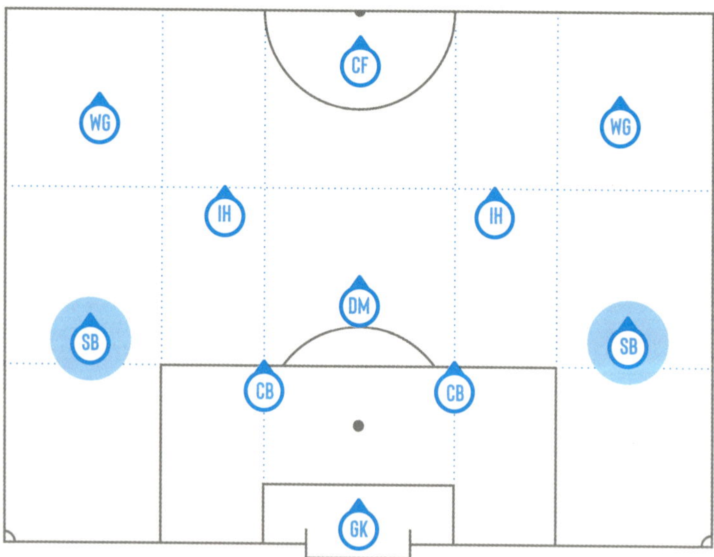

사이드백의 기본 위치를 보면 팀 전술을 엿볼 수 있다. 높은 위치에 있으면 공격 빌드업에 적극적으로 관여하고, 낮은 위치에 있으면 수비를 강화하는 역할이 커진다. 사이드백의 위치로 그 팀이 공격적인지 수비적인지, 어떤 전술을 구사하는지 알 수 있는 것이다.

## 사이드백을 맡는 선수의 주된 플레이스타일

드리블러, 크로서, 박스투박스, 에어버틀러, 인버티드 풀백(가짜 사이드백), 만능형 플레이어

## 공격 시 역할

- **오버랩**: 터치라인을 따라 전진해 볼을 받고 크로스 등으로 기회를 창출한다. 외곽을 그대로 내달려 상대 수비진 안에서 미끼 역할을 수행하기도 한다.
- **중앙 침투**: 미드필드 안쪽으로 파고들어 상대 마크맨이나 기본 포지션에 변화를 일으켜 공격 빌드업과 볼 소유 상황을 돕는다.
- **공간 창출**: 높은 위치를 취해 상대의 측면 선수들을 유인해 동료에게 공간을 만들어준다.

## 수비 시 역할

- **일대일 대응**: 측면에 있는 드리블러나 윙어에 맞서 공간을 보호한다. 현대 축구에서는 윙어의 퀄리티가 좋아지고 있어, 다른 수비 역할보다 윙어를 막는 플레이에 집중하는 팀도 있다.
- **수비 공조**: 센터백을 돕기 위해 일시적으로 센터백이 되어 수비망을 펼

친다.

- **후방 공간 보호**: 사이드백의 배후 공간으로 윙어가 침투하는 팀이 많으므로 상대의 롱볼, 스루패스의 목표점이 되는 공간을 지킨다.

## 윙백 *WB*

### 터치라인을 지배하는 공수의 열쇠

윙백은 측면의 넓은 영역을 커버하면서 공수 양면에서 중요한 역할을 수행하는 포지션으로, 최근 축구의 백3 시스템에서 특히 중요도가 높아지고 있다. 공격 시에는 윙어처럼 최전방까지 전진하고, 수비 시에는 사이드백처럼 최후방 라인으로 편입된다. 따라서 스프린트 능력과 스태미너는 물론 공격 센스와 수비 의식을 겸비해야 하는 포지션이다.

윙백은 측면의 심장이다. 상하 왕복 운동이 팀 전체의 리듬을 만들어낸다. 측면에서 반복되는 윙백의 움직임은 측면 공격의 역동성을 창출해 경기 흐름을 결정한다.

### 윙백을 맡는 선수의 주된 플레이스타일

크로서, 스트레이트 윙어, 하드마커, 에어버틀러

공격형 윙백과 수비형 윙백으로 구분할 때가 있는데, 팀 전술과 경기 전개에 따라 유연하게 역할을 바꿀 수 있다.

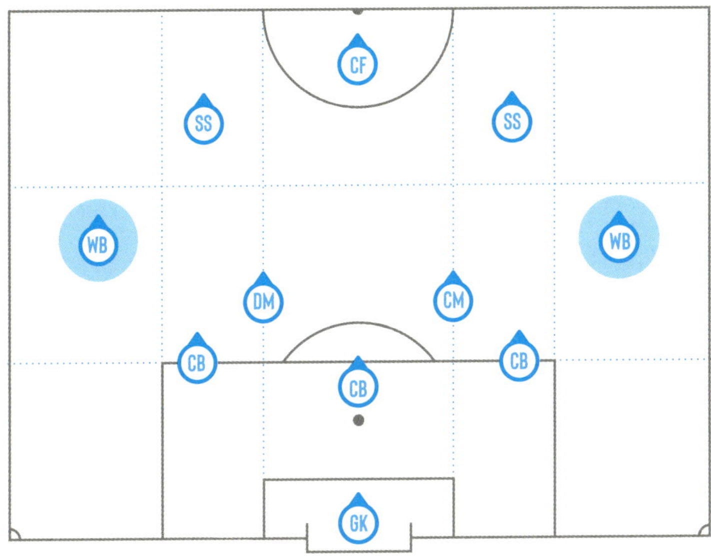

CF
SS
SS
WB
WB
DM
CM
CB
CB
CB
GK


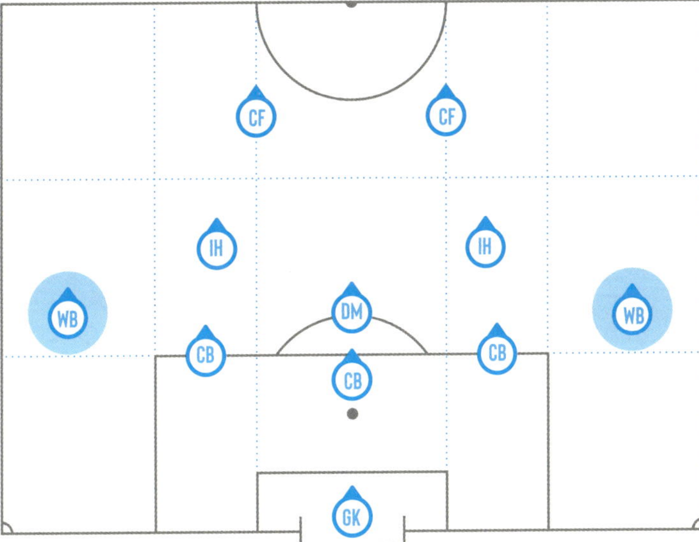

CF
CF
IH
IH
WB
DM
WB
CB
CB
CB
GK

## 공격 시 역할

- **폭 확보**: 터치라인을 따라 포지션을 취함으로써, 경기장의 폭을 넓혀 상대 수비진의 간격을 양옆으로 늘인다.

- **크로스 공급**: 최전방까지 전진해 페널티 에어리어 안으로 정확한 크로스를 보내 기회를 만든다. 기본적으로 외곽 채널 또는 커트인을 통해 페널티 에어리어 중앙으로 보내는 크로스가 자주 사용된다. 전술이 발달한 요즘, 중앙 영역이 과밀집 상태가 된다는 점을 역으로 이용해, 그 공간을 미끼로 활용하는 패턴도 늘고 있다. 상대 선수가 가장 희박한 반대편 측면의 윙백에게 크로스볼을 공급하면 상대의 경계가 순간적으로 느슨해질 때가 있다. 잘 먹히면 높은 확률로 슛 기회를 만들 수 있다.

- **커트인**: 동료 선수와 연계하면서 안쪽으로 파고들어 슛이나 키패스를 노리는 등 변화무쌍한 공격 패턴을 창출한다.

## 수비 시 역할

- **측면 봉쇄**: 상대 팀 윙어 등 측면 선수와 일대일로 맞서, 드리블 돌파나 크로스를 막는다.

- **최후방 라인 구성**: 상황에 대응해 최후방 라인까지 내려가 백5 형태로 수비 블록을 강화한다.

- **머리와 발의 전환 속도**: 반대편 측면에서 공방이 벌어지고 있을 때, 상대 진형과 맞상대 선수의 기본 위치를 파악해 어떻게 대응할지를 판단한다. 구체적으로는 자기 진영 깊숙한 곳까지 복귀할지, 맞상대를 쫓으면서 조금 안쪽으로 이동해 포지셔닝할지, 동료가 볼을 빼앗았을 때 출구가 되기 위해 측면 에어리어 쪽에 그대로 자리를 잡고 있을지 등을 선택하는 것이

다. 경기 전개를 읽는 능력과 팀의 약속된 플레이를 종합적으로 검토해 임무를 수행하는 능력이 중요해진다.

## 

### 최후방 라인을 지키는 수비 핵심

센터백은 수비 라인의 한가운데에 기본 위치를 잡는 포지션으로, 수비진의 중심 존재라 할 수 있다. 문전에서 최후의 방어선으로서 상대 공격을 막아야 하는 것은 물론 공격 기점으로서 공격의 첫 번째 단추 역할을 하는 장면도 드물지 않다.

센터백에게는 공중 볼 다툼 능력, 일대일 방어력, 포지셔닝 능력이 요구된다. 또한 수비 라인의 통솔자로서 오프사이드 트랩을 걸거나 동료에게 지시하는(커뮤니케이션) 능력도 중요하다. 최근에는 볼을 다루는 기술까지 강력하게 요구되어 리베로 같은 움직임을 선보이는 선수가 늘고 있다.

센터백은 수비 심장부로서 팀의 안정감을 지탱하는 존재다. 공격과 수비의 각 국면에서 최후방 라인에 동료가 몇 명인지, 전체적으로 어떤 진형을 취하고 있는지 등을 파악해 자기 팀의 공격 기점이나 수비 액션을 결정한다.

### 센터백을 맡는 선수의 주된 플레이스타일

하드마커, 맨마커, 에어버틀러, 포인트가드, 리베로, 스위퍼, 동기부여자

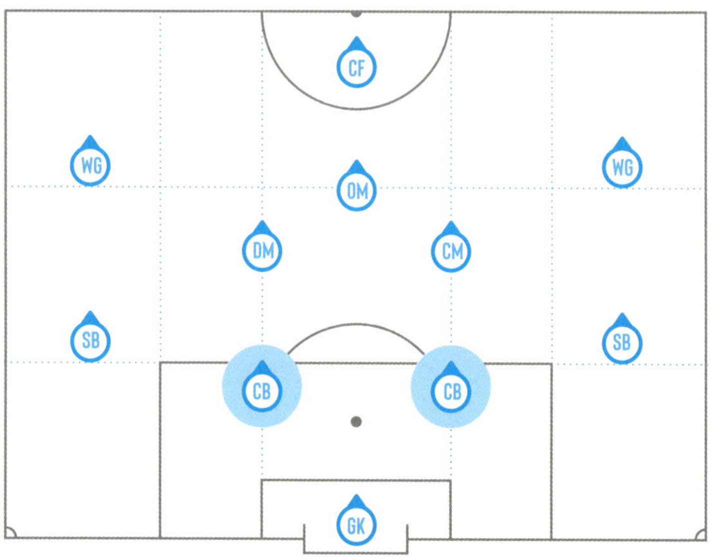

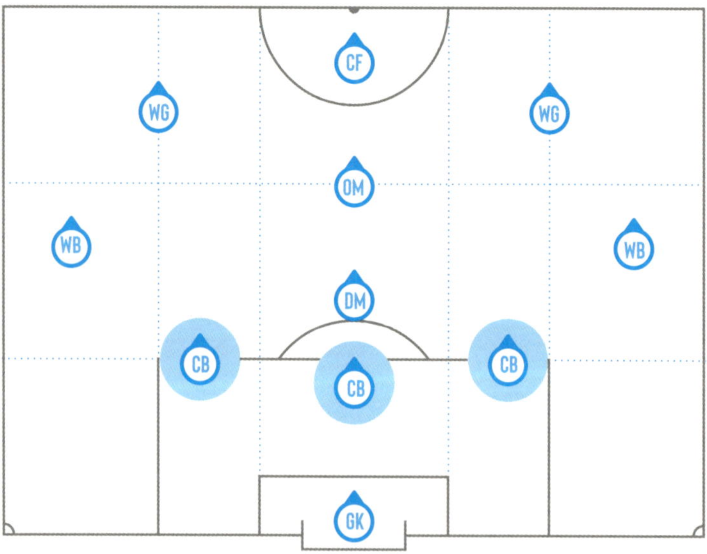

## 공격 시 역할

- **빌드업**: 골키퍼나 볼란치와 연계해 후방에서 패스를 연결하면서 상대를 피해 볼을 전진시킨다.
- **롱패스 공급**: 전방에서 속공을 시도할 때, 정확한 롱패스를 보내 공격 기점이 된다. 의도적으로 볼을 수비 진영까지 끌고 내려와 상대 팀을 자기 진영까지 유인한 다음에 역습을 노리는(포워드를 향한 롱패스 시도) 방법도 있다.
- **세트피스 참가**: 공중 볼 다툼 능력을 갖춘 장신 선수도 많아서 코너킥, 프리킥이라는 세트피스 장면에서는 높이를 활용해 문전에서 득점을 노리기도 한다.

## 수비 시 역할

- **대인 방어**: 일대일 능력을 살려 상대 포워드의 돌파나 침투를 막아내 자기 진영을 지킨다.
- **라인 컨트롤**: 수비진 전체를 컨트롤해서 조직적인 수비를 완성한다. 또 상대 선수의 오프사이드를 유도하는 플레이를 주도한다.
- **숏 블록**: 때로는 몸을 내던져 실점을 막는다. 크로스나 롱볼을 처리한다.

# 05

# 골키퍼
# GK

## 골문을 지키는 수호신

골키퍼는 수비의 최후방 라인에서 유일하게 손을 사용하는 포지션이다. 팀 전체의 수비 중심이자 숏스토핑, 냉정한 판단력, 민첩한 반응, 동료를 이끄는 리더십이 필요하다. 최근에는 '스위퍼-키퍼'로서 최후방 라인의 배후를 커버하는 적극적인 전진 플레이도 요구되고 있어 공수 양면에서 테크닉이 필요하다. 단순히 숏을 막는 선수가 아니라 공격의 출발점을 만드는 중요한 포지션이 되고 있는 셈이다.

## 골키퍼를 맡는 선수의 주된 플레이스타일

숏스토퍼형, 스위퍼형, 빌드업형, 하이볼형

## 공격 시 역할

- **빌드업 기점**: 발기술이 좋은 골키퍼는 후방에서 정확한 패스를 공급해 빌드업의 첫 번째 단추가 된다.
- **경기 리듬 조절**: 상대의 압박이 강할 때는 일단 볼을 침착하게 다뤄 동료의 기본 위치를 조정한다.
- **롱피드**: 속공을 노릴 때는 정확한 패스 공급으로 단숨에 최전방에서 기회를 만든다.

## 수비 시 역할

- **슛스토핑**: 골문을 지키는 세이브는 골키퍼의 최우선적 임무다.
- **배후 공간 대응**: 최후방 라인의 배후로 들어오는 볼에 재빨리 대응해 위험 요소를 차단한다.
- **코칭**: 필드 전체를 파악할 수 있는 포지션이기에 수비진에게 적절한 지시를 내려 수비 조직력을 유지하게 만든다.

# CHAPTER 05



# 경기는 국면의 연속

# 01

# 공격이란 무엇인가?

공격에 필요한 요소는 다음과 같다.

- 전진하기
- 볼 빼앗기지 않기
- 틈새(상대 수비 균열) 찾아내기
- 틈새 공략하기
- 슛 때리기

축구 경기의 공격 국면에서 가장 인상적인 것은 슛이나 득점이지만, 꼭 그것만 있는 게 아니다.

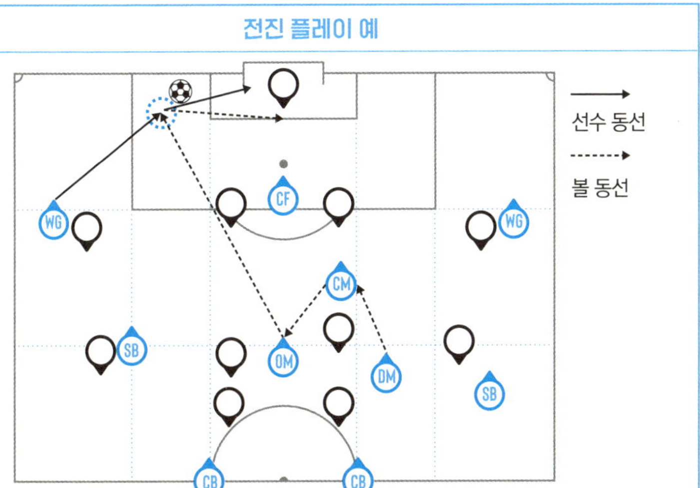


DM이 라인 사이에 있는 CM에게 종패스를 보낸다. 상대 수비진이 CM에게 마크를 집중한 상태여서 OM이 한번 내려와 CM으로부터 패스를 받는다. OM이 왼쪽 전방으로 패스를 보내 WG가 포켓을 차지한다. 다른 영역을 거쳐 상대 진영 안에 공간을 만드는 사례.

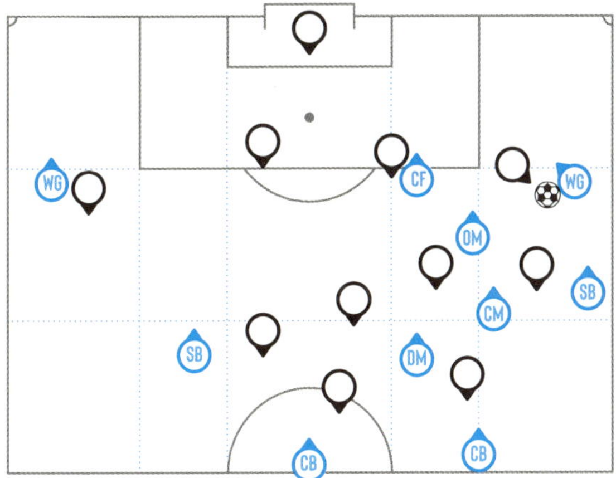


볼을 가진 WG가 플레이하기 쉽도록 CF, OM, SB 등이 패스 경로를 만든다. WG가 드리블로 안쪽 침투를 노릴 때도 상대 수비수는 패스 가능성을 무시할 수 없으므로 함부로 덤벼들지 못한다.

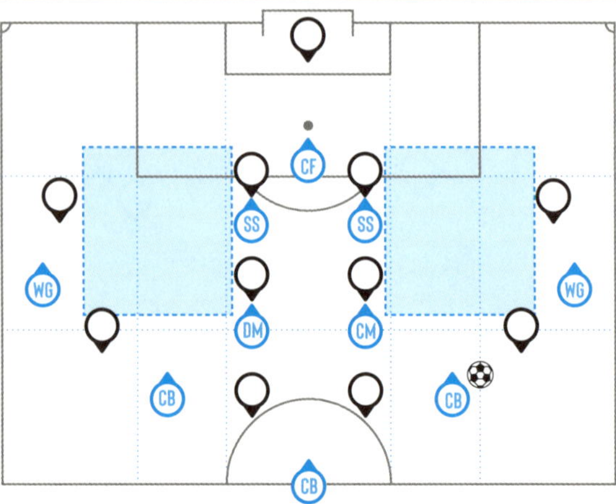


양쪽 WG가 바깥으로 벌리고 CF나 SS가 안쪽에 위치를 잡으면 상대 수비의 좌우 간격이 벌어진다. 수비 측은 가능한 한 콤팩트한 포지셔닝을 해야 하지만, 공격 측 선수들이 각각 공간을 만드는 움직임으로 틈새를 만드는 것이다.

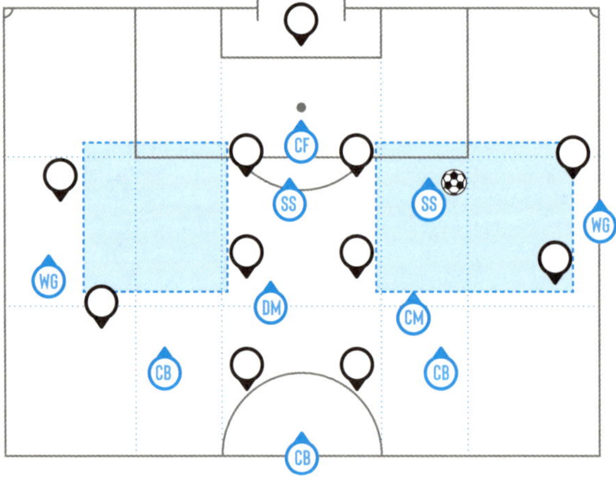


위 그림에서 이어지는 상황. 오른쪽 프런트 포켓에 SS가 침투해 CB로부터 패스를 받는 형태다. 이때 상대 수비수들은 바깥으로 벌린 WG와 중원 선수들을 마크해야 한다. 따라서 틈새로 침입한 SS를 누가 마크할지가 애매해진다.

- 슛 장면에 도달하기 위해 상대 진영 깊숙이 침투하기
- 자기 진영에서 상대 진영 안까지 볼을 전방으로 운반하기
- 자기 진영에서부터 슛까지 도달하는 과정에서 상대의 틈새를 찾아내거나 직접 흔들어서 틈새 만들어내기
- 일단 상대에게 볼을 빼앗기지 않기

위에서 설명한 모든 것이 공격이다. 득점에서 가장 중요한 것이 골이지만, 슛 장면을 만들지 못하면 골을 넣을 기회 자체가 없다. 확실하게 이기려면 득점이 필요하고 일정 횟수의 슛이 필요하다. 그러므로 슛 기회를 만드는 플레이, 슛을 때릴 수 있는 영역까지 볼을 운반하는 플레이는 너무나 중요하다.

단, 빌드업에서 숏패스로 연결하는 방법도 있지만, 롱패스로 단번에 상대 수비의 배후를 노리는 방법도 있다. 어느 쪽이 최선인지는 쉽게 결정할 수 없다. 자기 팀이 잘하는 공격 형태나 상대 팀의 수비 약점에 따라 달라지기 때문이다. 최선의 공격이란 것은 정해져 있지 않다. 상황에 따라 최적의 공격 플레이를 선택해야 한다.

당장 해야 할 일은 팀 전체가 연동해 능동적으로 상대 진형에서 틈새를 만드는 플레이다. 개인, 그룹, 팀 전체가 함께 고민하면서 볼을 빼앗기지 않은 상태로 상대 수비망을 돌파하는 것이 핵심이다. 상대의 압박을 풀고 수비 블록을 돌파해가는 과정에 주목하면 축구가 한층 흥미진진해진다.

# 02

# 수비란
# 무엇인가?

수비에 필요한 요소는 다음과 같다.


- 봉쇄해서 볼 탈취하기

- 자기 진영으로 복귀하기

- 틈새(자기 팀 수비에 생긴 균열) 만들지 않기

- 상대의 틈새 공략 허용하지 않기

- 슛 허용하지 않기


    수비라고 하면 떠오르는 가장 강력한 이미지는 볼을 빼앗는 장면일 텐데, 축구 경기에서 그것만 있는 것은 아니다.

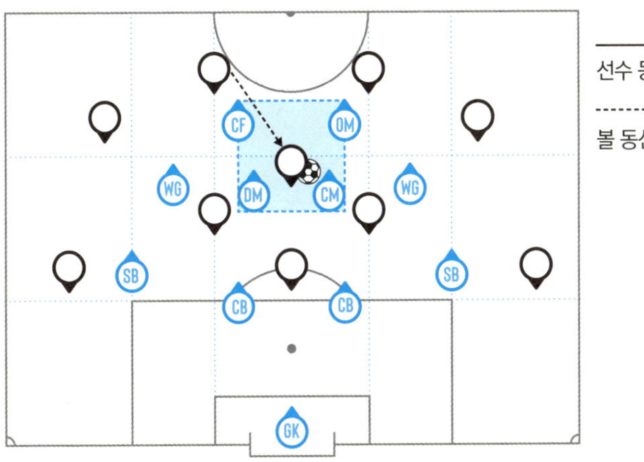


'패스 경로가 있다'라고 상대가 믿게 만든다. 패스받을 선수가 전진하려고 전방으로 향하면 막상 다음 패스 경로가 사라진 상태. 당황하는 사이에 순간적 틈을 노리는 게 베스트.

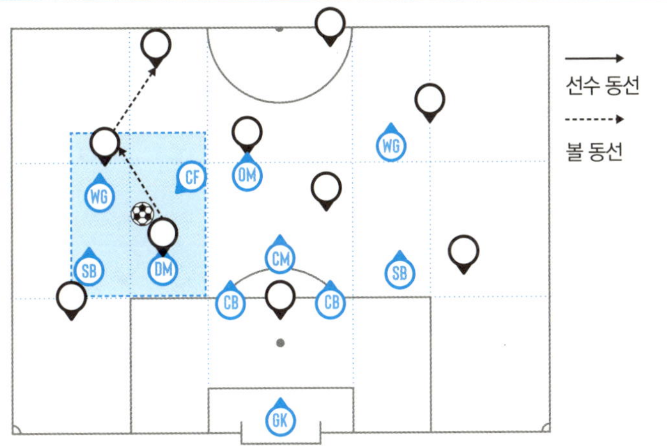


상대가 공격하려고 볼을 전진해서 들어올 때, 패스 경로나 드리블 침입 경로를 차단해버리면 공격이 무산된다. 볼을 빼앗는 게 최선이지만, 볼을 밀어내서 상대가 공격을 처음부터 다시 하게 만드는 것도 수비 방법의 하나.

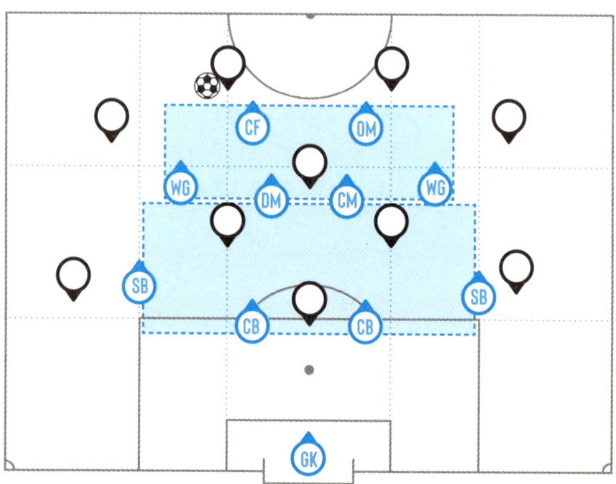


수비 진형을 콤팩트하게 유지해 라인 사이로 볼이 들어오지 못하도록 한다. 이 그림에서도 수비 측의 WG나 SB이 전진해버리면 상대의 미드필더나 전방 바깥쪽 선수에게 패스를 허용할 수 있어 위험하다.



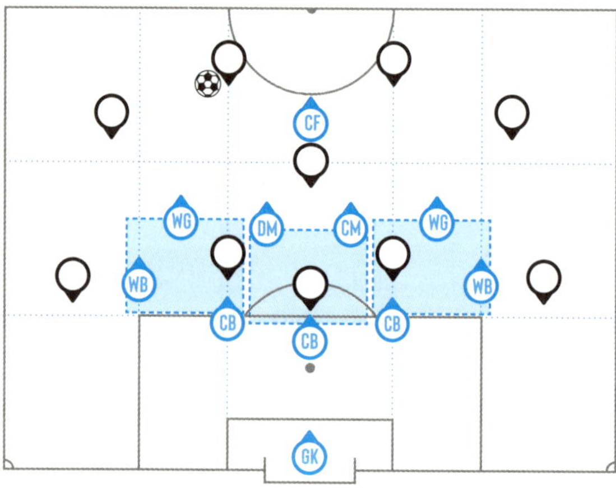


상대가 공세적으로 밀고 들어올 때는 자기 진영으로 내려앉는다. 상대에게 휘둘리지 않고 최전방 선수를 향한 패스를 차단하는 포지셔닝을 유지한다. 공격을 무산시켜 반격 기회를 노린다.

- 볼이나 선수의 경로를 봉쇄해 볼이 자기 진영으로 침투하지 못하도록 하기
- 상대 침투를 막기 위해 상대 진영이나 중앙 영역에서 압력을 가해 볼을 밀어내기
- 상대가 숏 체제로 전환하는 상황을 방지하고 압박을 가해 바깥쪽으로 밀어내기
- 포지셔닝 실수로 상대에게 자유로운 공간을 허용하지 않도록 집중해서 버텨내기

위에서 설명한 모든 것이 수비다.

숏을 여러 번 허용하거나 자기 진영으로 반복적으로 침투하게 둔다면, 강한 패스나 크로스가 문전 부근으로 날아들었을 때 볼이 엉뚱한 쪽으로 구르거나 누군가에게 맞고 굴절되어 자책골이 발생할 수도 있다. 수비진이 열심히 막더라도, 축구에서는 우연한 해프닝이 승패를 결정할 수 있다.

그렇기에 숏을 방어하는 것은 기본이고, 박스 안으로 볼이 들어오지 못하도록 숏을 때리는 선수의 앞쪽으로 다가가 압박해야 하는 것이다.

숏 기회를 내주지 않으려면 그에 상응하는 플레이를 해야 한다. 숏을 때릴 수 있는 영역에 상대가 침입하지 못하도록 하는 플레이, 볼의 전진을 제어하는 플레이가 중요하다. 상대 진영의 최대한 가까운 위치에서 볼을 빼앗을 수 있다면, 위험한 상황 없이 기회를 얻을 확률이 높아진다.

어떻게 볼을 빼앗을지는 선수의 배치와 전술에 따라 달라진다. 전방부터 팀 전체가 압박할 것인지, 미드필드까지 유인해 볼을 빼앗을지, 의도적으로

상대에게 공격을 허용해 수비 능력이 좋은 최후방 선수가 볼을 빼앗은 뒤 역습으로 전환할지, 그 선택은 팀 전체에 공유된 원칙이 준비되어야 한다. 상대의 전진을 막기 위해 팀 전체가 진형을 콤팩트하게 유지하고 상대의 패스와 침입 경로를 막는 플레이가 중요하다. 즉 자기 진영에 틈새가 생기지 않도록 수비 조직을 촘촘히 설계해야 한다.

수비에서 상대의 볼을 빼앗거나 상대의 패스 연결을 밀어냄으로써 공격이 활성화되는 상황도 드물지 않다. 볼을 빼앗는 상황이나 팀 전체가 활성화되는 과정에 집중해도 축구를 보는 재미가 커진다.

# 03

# 축구에 존재하는 여덟 개의 국면

축구 경기에서 공격과 수비 장면은 몇 가지 국면으로 나눌 수 있다. 예를 들어 공격 중에서도 자기 진영에서부터 볼을 빌드업하는 국면, 롱볼을 시도하려는 국면, 슛을 때리기 위한 국면 등이다. 공격과 수비, 그리고 볼을 다투는 장면을 8개 국면으로 설명해보겠다.

## 1 수비 국면

- 압박 국면 (프레스)
- 봉쇄 국면 (리트리트)
- 방어 국면 (블록)

수비 국면은 세 가지로 나눠진다. 상대의 볼을 빼앗기 위해 압박(프레스)

을 행하는 국면, 상대 선수나 볼이 전진하는 경로를 봉쇄해서 자기 팀의 수비 진형을 갖추는 국면, 전원이 자기 진영으로 내려와 상대 공격에 대응하는 국면이다. 어느 국면에서 볼을 빼앗고 라인을 분담해 공격으로 전환할지가 중요하다.

## 2 공격 국면

- 빌드업 국면
- 전진 국면 (프로그레션)
- 마무리 국면 (피니시)

공격 국면도 세 가지로 나뉜다. 자기 진영에서 공격을 만들어 전진을 시작하는 국면, 자기 진영에서 중원을 돌파해 상대 진영으로 진입해 가는 국면, 상대 진영에 침투해 슛까지 마무리하는 국면이다. 상대에게 볼을 빼앗기지 않고 가능한 한 빠르게 득점까지 마무리해야 한다. 그러기 위해서는 장애물인 수비수들을 어떻게 볼에 접근하지 못하도록 하느냐가 관건이다.

## 3 수비와 공격의 전환 국면

- 공격에서 수비로 전환하는 국면 (네거티브 트랜지션)
- 수비에서 공격으로 전환하는 국면 (포지티브 트랜지션)

상대 팀에 볼을 빼앗겼을 때는 볼 소유권을 되찾기 위해 어떻게 해야 할지를, 반대로 상대로부터 볼을 빼앗은 뒤에는 볼을 빼앗기지 않고 전진하기 위해 무엇을 해야 할지 순간적으로 판단하는 능력이 요구되는 국면이다.

# 04

# 수비 국면

이제부터 각각의 국면에 대해 좀 더 상세히 알아보자.


### 압박 국면 (프레스)

압박 국면이란 상대가 볼을 가졌을 때 팀 전체가 재빨리 상대 팀 볼 소유자와의 거리를 좁혀 볼 탈취를 노리는 국면을 말한다.

상대에게 시간과 공간을 허용하지 않고 볼을 소유한 선수와 패스를 받을 선수를 철저히 마크함으로써 패스와 드리블의 선택지를 줄여 볼을 빼앗는 것이 목표다. 이 국면에서의 구체적 작전은 다음과 같다.


### 전방 압박 (하이프레스)

팀 전체가 연동해서 상대 진영 쪽으로 전진한다. 상대 수비진이 공격을 빌드업하려고 할 때, 동료 포워드와 미드필더가 패스를 주고받으려는 선수에게 접근해서 패스 경로를 제한해 볼을 빼앗는다. (44페이지 그림 참조) 전방 압박을 변형한 '측면 압박' 유형도 있다. 이는 상대 팀의 패스 목표점을 측면으로 몰아간 뒤에 그쪽 영역에 선수를 집중해 볼을 빼앗는 방법이다.

## 중원 압박 (미들프레스)

전방이 조금 후퇴하거나 상대의 볼 소유자를 여러 명이 추격해 상대가 전진하도록 유도한다. 다음, 상대의 전진 경로를 제한하면서 전진해 들어오는 것에 대비한다. 볼이 특정 영역에 들어온 순간, 단숨에 압박하는 전술이다. (45페이지 그림 참조)

2023년 일본 국가대표팀이 자주 선보인 수비 방법이다. 중원에서 압박해 오른쪽 하프 스페이스와 하프라인 부근으로 상대를 유도하면, 그곳에 미드필더인 엔도 와타루가 기다리고 있다가 볼을 빼앗은 직후 재빨리 역습으로 전환하는 방식이었다.

## 대인 압박 (맨투맨프레스)

각 선수가 일대일로 상대에게 대응해 어느 곳에서나 자유를 허용하지 않는 형태로 압박하는 전술이다. 모든 선수의 능력이 뛰어나야 가능한 작전이지만, 성공하면 상대에게 압도적 위력을 발휘한다.

이런 방법은 양날의 검이라 할 수 있다. 선수 한 명만 마크에 실패해도 팀 전체가 한꺼번에 무너질 수 있기 때문이다. 상대 팀은 개인기나 선수 간 연계로 이 상황을 벗어나려 하므로, 모든 선수가 본인이 맡은 상대 선수를 끝까지 봉쇄하는 게 중요하다. 피치 전체에서 맨투맨을 펼치려면 모든 선수

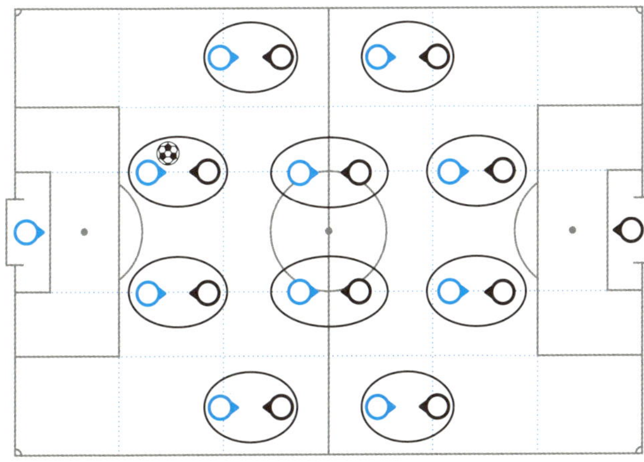


팀이 진형을 바꾸지 않으면서 일대일을 만드는 형태. 최근 축구에서는 패스를 돌리는 방법이 체계화되어 있지만, 일대일 국면의 중요성은 변함이 없다. 맹렬히 압박하는, 그래서 체력 소모가 큰 초공격적 수비 전술이라 할 수 있다.

가 엄청난 지구력을 갖춰야 한다.

상대로부터 볼을 탈취하려는 국면이지만, 무조건 상대에게 달려드는 게 최선은 아니다. 팀의 의사소통과 사전에 준비한 전술 수행이 얼마나 잘 이루어지느냐에 따라 성공 확률이 달라진다. 선수의 압박 스타일에 따라서, 볼 소유자를 계속 쫓아 다니거나 역압박으로 볼 탈취를 시도하기도 한다. 기본적으로는 동료 중 누군가가 볼을 빼앗으려는 움직임을 보였을 때 동료 전원이 그 선수에 연동해 움직여야 한다.

각각의 작전을 시작하기까지의 포인트를 알아보자.

- 누가 압박 개시 스위치를 넣을 것인가? (어느 곳을 압박 기점으로 삼을 것인가?)
- 볼을 빼앗을까, 아니면 특정 영역으로 몰아갈까?
- 실패했을 때의 리스크 관리 (배후 공간을 커버할 수 있을까?)

## 봉쇄 국면 (리트리트)

봉쇄 국면은 압박이 먹히지 않는다고 판단했을 때, 혹은 상대 팀이 영리하게 압박에서 빠져나왔을 때 대응하는 국면을 말한다.

전방 동료가 상대의 진행 경로를 제한해서 봉쇄 대응하는 동안, 수비적 포지션에 있는 동료는 기본 위치 등을 수정할 수 있다. 강도 높은 진형을 유지해서 상대 팀이 전진 시도를 포기하도록 한다. 이렇게 상대가 전진 과정을 반복하게 만드는 것도 중요한 국면이다. 이 국면에서의 구체적 작전은 다음과 같다.

### 전방 블록 (하이블록)

상대의 전방에 해당하는 위치에 블록을 쌓는다. 볼을 빼앗으러 가는 게 아니라 진행을 멈추게 해서 자기 진영의 후방 수비진에게 시간을 벌어준다. (44페이지 그림 참조)

### 측면 유도

자기 진형을 콤팩트하게 만들어 중앙 영역을 철저히 막으면 상대 팀은 측면

138

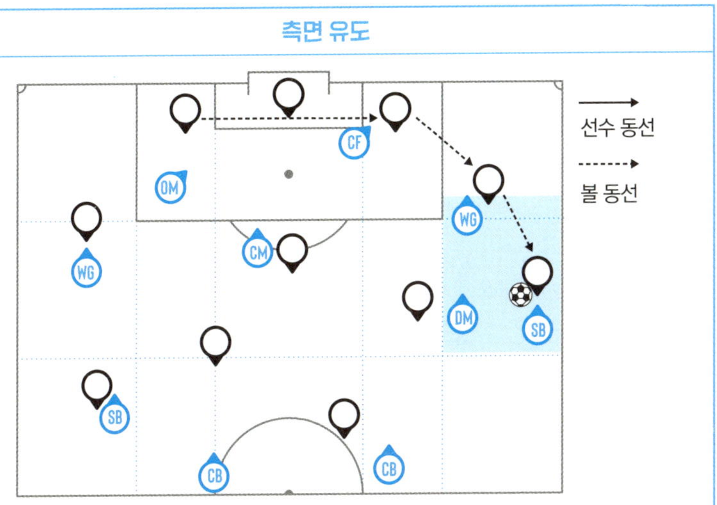


상대의 전진을 막아 패스나 진행 방향을 측면으로 유도한다. 선수와 터치라인으로 공간을 좁혀 볼을 빼앗는다.



상대의 볼을 직접 빼앗지 않고, 일단 자기 진영으로 복귀해 골문으로 향하는 모든 길목을 차단한다. 상대의 공격 진형이 바뀌지 않으면 선수 한 사람에 의한 타개는 어렵기 때문에 상대가 볼을 뒤로 돌리게 할 수 있다.

으로 유도된다. 이때 터치라인을 자기 팀의 수비수처럼 활용하는 방법이다. 중앙에 선수들이 뭉쳐 있어서 상대가 중앙으로 패스를 보내지 못하도록 하는 게 중요하다.

## 리트리트

상대 팀의 전진에 대응해, 수비진이 자기 진영 깊숙이 후퇴해서 문전 공간을 완전히 봉쇄하는 작전이다. 압박으로 볼을 빼앗지 못했을 때, 자기 진영 쪽으로 물러나면서 상대의 패스나 진행 경로를 봉쇄한다. 터치라인을 활용하는 것도 좋은 방법이지만, 측면으로 유도하거나 패스 경로를 지운다고 해도 자기 진영으로 후퇴해야 할 타이밍이 있다.

이 국면에서 가장 중요한 것은 볼을 어느 영역으로 유도할 것인지, 또는 팀 전체가 볼을 빼앗으러 갈 것인지, 자기 진영으로 후퇴할 것인지에 대한 팀 전체의 의사결정이다. 한편 전진을 한 번 늦춰서 상대 팀이 볼을 뒤로 돌리는 순간을 노려 압박을 가하기 위한 포석도 된다.

각 작전을 시작하기까지의 포인트는 다음과 같다.

• 어느 영역에서 봉쇄할 것인가? (측면 또는 중앙)
• 리트리트 시점 (너무 아래로 내려서면 공격이 단조로워진다)
• 볼을 빼앗을 것인가, 블록을 형성할 것인가?

방벽 국면이란 공격팀이 수비팀의 골에어리어 앞으로 침투하려고 할 때, 수비 측이 최후의 방어벽을 쌓는 단계를 말한다. 여기서는 각 수비 기술(태클, 인터셉트, 위기 감지 능력)과 조직적인 대응(라인 조정, 공간 관리)이 중요하다. 이 국면에서의 구체적인 작전은 다음과 같다.

## 미들블록

전방에서 극단적으로 압박하지 않고, 미드필더들이 연계해서 공간을 채우는 형태로 수비하는 작전이다. 전체가 연동해서 볼을 탈취하러 가는 하이프레스 등은 지양하고, 중원에서 콤팩트한 수비망을 구축한다. (45페이지 그림 참조)

## 로우블록

낮은 위치에서 블록을 만든다는 뜻으로, 자기 진영의 페널티 에어리어 부근에 많은 선수를 배치해서 슛 경로를 철저히 지우는 작전이다. (46페이지 그림 참조)

## 센터백과 골키퍼 연계 (최후의 방어)

단순하면서 합리적인 작전이라 할 수 있다. 상대가 크로스를 넣으면 센터백이 볼을 걷어내거나(클리어링) 골키퍼가 세이브로 마지막 대응하는 형태다. 클리어링과 대인 방어에 능한 선수를 보유한 팀만 선택할 수 있는 방법이다.

자기 진영 쪽으로 내려와 수비 블록을 형성해 볼을 탈취해야 하는데, 수비 라인을 지나치게 내려서 상대 공격 시간이 길어지면 실점하거나 심리적으로 공격 전환을 시도하기 어려워질 수 있다. 블록을 쌓으면서 슛을 막고 패스 경로를 차단하거나 단순히 볼을 걷어내는 플레이만으로는 공격으로 전환할 수 없다.

이 국면에서 중요한 포인트는 다음과 같다.

**Point!**

- 블록을 형성하는 라인의 위치 (로우블록 또는 미들블록)
- 상대의 강점을 지우는 수비 (공중전에 강하면 크로스를 차단하고, 드리블러가 있으면 중앙 영역을 잠그는 방식)
- 적절한 클리어링 방법 (단순한 롱클리어링이 아니라 동료에게 연결하려는 의식)

# 05

# 공격 국면

## 빌드업 국면

빌드업 국면이란 자기 진영의 낮은 위치부터 볼을 전방으로 운반해 공격의 기반을 만드는 단계를 의미한다.

이 국면은 수비수와 수비형 미드필더가 중심이 되어 포지션을 유지하면서(볼을 지키면서) 상대의 압박을 회피해 전진하는 것이 목표다. 팀의 전체 포지셔닝과 패스 경로 확보가 핵심이라는 뜻이다. 공격 빌드업이라고 해도, 숏패스가 유일한 연결 방법은 아니다. 롱볼을 이용해 상대 배후로 볼을 공급하는 방법도 쓸 수 있다. 이 국면에서 사용하는 구체적인 작전은 다음과 같다.

## 살리다 라볼피아나 *Salida Lavolpiana*

수비형 미드필더가 센터백의 사이(또는 센터백의 옆)로 내려가 백3를 형성한다. 양쪽 사이드백이 상대 진영 쪽으로 전진한 포지션을 잡아 중원에서 수적 우위를 만들면서 압박을 회피하는 빌드업을 수행한다. 후방 빌드업을 강화하기 위한 것으로, 멕시코 출신 감독 리카르도 라볼페*Ricardo La Volpe*가 처음 도입해 이런 이름이 붙었다.

이는 일종의 가변 시스템으로 상대의 압박 숫자보다 수적으로 우위를 점하고, 상대 진형의 빈 영역에 대해서도 위치적 우위를 점할 수 있을 때 이용된다.


## 인버티드 풀백

사이드백(풀백)이 수비형 미드필더와 앵커의 위치까지 올라가 미드필드에서

MF가 중원에서 CB 라인으로 내려와 빌드업에서 수적 우위를 만드는 플레이

수적 우위를 만들면, 빌드업의 선택지가 늘어난다. 앞에서 설명한 살리다 라볼피아나처럼 빌드업 상황에서 인원수에 변화를 줘서 상대의 압박 인원이나 포지셔닝에 틈새를 만드는 것이 목표다. (75페이지 그림 참조)

볼을 전방으로 운반하려는 동료 숫자와 그런 움직임을 막으려는 상대 선수의 숫자가 같아지면 전진에 실패할 위험이 크기 때문에 상대 숫자와 위치에 대응해 빌드업 인원수와 포지션을 바꾸는 게 핵심이다. 빌드업에서 가장 중요한 것이 수적 우위란 의미다. 상대의 압박 인원수, 맞대응하는 포지션에 따라 빌드업 방법도 바꾸어야 한다. 대표적 사례를 소개해보겠다.

### 3-2 빌드업

후방에 센터백 3인과 미드필더 2인(주로 앵커와 인사이드 하프 또는 미드필드로 이동한 사이드백)을 배치해 볼을 소유한다. 특히 상대가 2인 스트라이커로 볼을 빼앗으러 다가설 때, 수적 우위를 만들 수 있다.

### 4-1 빌드업

사이드백을 높게 올리지 않고 나란히 선 백4와 앵커 1명으로 구성한다. 밸런스는 좋지만, 앵커가 압박받기 쉽고, 탈압박 경로가 제한적이라는 위험도 있다.

### 2-3 빌드업

센터백 2인과 미드필더 3인(인사이드 하프와 안으로 이동한 사이드백이 참가하는 형태)으로 구성한다. 중앙 지배력과 양쪽 측면의 가변성을 동시에 확보할 수 있다. 특히 상대 스트라이커 1명만 전방 압박해올 때, 수적 우위를 만들어 미드필드부터 안정적으로 전진할 수 있다는 것이 장점이다.

### 2-2 빌드업

센터백 2인과 미드필더 2인이 구성하는 최소 구성이자 기본 패턴. 가변성이 적고 상대 스트라이커가 2명이라면 전진이 막힐 수도 있지만, 상대가 프런트1 또는 프런트3 형태에서는 중앙 영역에서 수적 우위를 만들기 쉽다.

### 3-1 빌드업

골키퍼와 센터백 2인, 미드필더 1인으로 만드는 형태. 상대 스트라이커가 2인일 때도 센터백 2인이 대응하면서 골키퍼가 미드필더에게 보내는 종패스로 단번에 전진할 수 있다. 패스 경로는 제한적이지만, 전방 공격 숫자를 늘리고 싶을 때 사용한다.

축구를 보다 전략적으로 즐기고 싶다면 특히 빌드업을 잘 관찰해야 한다. 자기 진영에서 상대 진영으로 어떻게 볼을 운반할 것인가? 볼을 빼앗으러 오는 상대 팀으로부터 어떻게 볼을 돌리고 압박을 회피하면서 전진할 것인가? 누가 미끼가 될 것인지, 누가 누구와 패스를 주고받을 때 수적 우위를 확보할 수 있는지, 누가 새로운 패스 경로를 창출하는 위치로 이동할 수 있는지가 모두 중요하다. 미드필드뿐 아니라 전방에 있는 선수들도 볼을 운반하는 동료를 도와준다는 의식이 필요하다.

공격 국면의 포인트는 다음과 같다.

- 수적 우위 확보 (후방에서 수적 우위를 만들어 압박 회피)
- 적절한 포지셔닝 (하프 스페이스 활용)
- 리스크 관리 (빌드업 실패 직후 역습 대응)

## 전진 국면

전진 국면(프로그레션)이란 볼을 미드필드에서 상대 진영으로 운반하는 과정을 말한다.

이 국면에서는 상대팀의 수비형 미드필더와 수비수 사이, 또는 측면 공간을 활용해 수비 블록을 허물어 간다. 선수의 기술과 능력 위에 '미드필드를 어떻게 돌파해 상대 진영을 공략해 들어갈 것인가'에 대한 전술과 팀플레이의 연계가 중요하다.

빌드업 단계에서는 선택지가 무수히 많지만, 일단 자기 진영에서 벗어나 미드필드에 진입하면 기본 위치에 의해 공략 영역이 결정된다. 따라서 볼을 소유한 선수는 어떤 플레이가 가장 효과적인지 재빨리 판단하고 선택해야 한다. 한편 볼을 갖지 않은 선수들은 오프 더 볼 움직임에 따라 상대의 배후나 공간을 노려 볼을 빼내는 움직임이나 의사소통이 중요하다. 이 국면에서 이루어지는 구체적 작전은 다음과 같다.

### 포지셔널 플레이 (우위를 구축하는 움직임)

볼을 소유한 팀의 선수는 피치 안에서 다섯 개의 레인*lane*을 의식해 포지셔닝함으로써, 패스 경로의 선택지를 최대화하면서 상대 블록을 흔드는 움직임을 시도한다. 동료 선수는 틈새(공간과 선수 배치 사이에 생기는 균열)를 만들어 그곳을 찌르듯 움직인다. (162페이지 참조)

## 오버로드 투 아이솔레이트 (일대일 시도)

볼을 소유한 쪽의 측면에는 동료와 상대 선수가 밀집해 있다. 반대편 측면으로 벌려 있는 윙어에게 볼을 보내서 일대일 능력을 살려 상대 진영 깊숙이 돌파하는 움직임이다.

## 롱볼 (미드필드 회피)

이름 그대로 장거리 패스를 공급해 상대 진영에서 공격을 시작하는 작전으

사이드 체인지에 전술적 의도를 담은 형태. 한쪽 측면으로 전진하거나 패스 연결을 수행해 상대 수비수들을 측면으로 쏠리게 하는 동시에 WG 한 명이 반대편 측면에 남는다. 상대 수비의 밸런스가 깨지는 틈새를 찔러 반대편 측면에 있는 WG에게 패스를 연결, 단번에 상대 진영을 깬다.

로, 이 역시 우위를 획득하는 움직임 중 하나다. 예를 들어, 측면에 있는 동료가 키가 크거나 공중 볼 다툼 능력이 좋은데 해당 영역에 있는 상대 선수가 상대적으로 불리한 상황이라면, 그쪽을 향해 롱볼을 보내 연결한 뒤에 상대 진영에서 공격을 시작할 수 있어 매우 효과적이다.

2024년 1월, AFC아시안컵에서 일본 대표팀은 이란과 이라크에 이 방법으로 공략당하면서 고전했다. 이후 아시아 무대의 연령대 대표팀 경기에서도 이런 공격 패턴을 일본 공략법으로 애용했다.

롱볼 작전에서는 윙어를 필두로, 선수를 다양하게 활용해 볼을 전방으로 운반할 수 있다. 선수가 단독으로 전진할 수도 있고 팀 전체가 움직일 수도 있다. 그런데 오프 더 볼 상태인 선수들까지 한꺼번에 전진해버리면 볼을 빼앗긴 직후 역습을 허용할 수 있다. 따라서 어떤 선수가 전진하고 어떤 선수가 뒤에서 지원할 것인가에 대한 세부적인 사전 조율이 필요하다.

이 국면의 포인트는 다음과 같다.

- 전진 의식 (단순한 볼 소유가 아닌, 상대 골문을 향하려는 의식)
- 지원을 위한 거리감 (패스 경로 확보와 끊이지 않는 연계)
- 트랜지션 위기 (볼을 빼앗긴 즉시 자기 진영으로 리트리트할 수 있는 준비)

## 마무리 국면

마무리 국면(피니시)은 상대 진영 깊숙한 지점, 특히 페널티 에어리어 안이나 그 부근에서 득점을 노리는 단계를 말한다.

크로스와 스루패스, 약간의 거리가 있는 상황에서의 중거리슛 등, 다양한 방법으로 득점을 노리는 플레이가 펼쳐진다. 정확성과 판단력이 필요한 국면이라 할 수 있다. 다음은 이 국면에서 이루어지는 구체적 작전이다.

## 포켓 활용

소위 페널티 에어리어 안의 하프 스페이스에 해당하는 영역인 포켓에 동료 선수를 침투시키는 움직임이다. 다섯 개의 레인에 선수들을 배치한 상태에서 한쪽 하프 스페이스에서 반대편 하프 스페이스에 있는 선수에게 패스를 보낸다. 원투 패스 연결을 통해 포켓에서 볼을 받은 선수가 직접 숏을 노리거나 크로스를 올려 다른 동료가 숏하도록 한다.

## 커트인 & 숏

바깥으로 벌린 윙어가 안쪽으로 침투한 뒤에 숏을 시도하는 형태. 단독으로 돌파하는 방법도 있지만, 기본적으로는 미드필더나 사이드백이 미끼가 되어 상대 수비진을 유인해서 윙어가 쇄도할 수 있는 통로를 만든다.

## 오버로드 & 스위치

오버로드란 과부하 상태란 뜻으로, 축구에서는 일정 영역에 선수가 밀집한 상태를 말한다. 이런 밀집 상태를 활용한 작전이다. 전진 국면에서 나왔던 '오버로드 투 아이솔레이트'처럼 다른 전술로 빠르게 전환하는 플레이를 스위치라고 한다.

최근 급증하는 포켓 활용법. 예를 들어 볼을 소유한 WB에게 상대 선수가 압박을 가할 때, WB이 포켓으로 패스를 보내고 SS가 쇄도해 골대로 접근한다. 볼을 빼앗기는 상황을 대비해 CM가 공간을 커버한다.

윙어가 바깥에서 안쪽으로 파고들어 슛을 시도한다. 상대 수비진이 문전에 밀집해 있어 라인 사이가 비는 상황이 자주 생긴다.

## 제3의 움직임

패스를 통해 골에어리어로 볼을 공급하고, 포워드(특히 센터포워드)는 그 패스를 받으려는 것처럼 움직인 뒤에 원터치로 배후 또는 옆으로 볼을 공급한다. 그곳에 제3의 선수가 나타나 상대 진형을 교란시켜 득점을 노리는 움직임이다.

## 세트피스 공격

최근 축구에서는 득점의 30% 정도가 세트피스에서 나온다. 프리킥, 코너킥 외에도 롱스로인에서 득점 및 슛 기회를 만드는 장면이 증가하고 있어 모든 팀이 공격과 수비 양면에서 세트피스 전략을 중시하고 있다.

직접 프리킥은 별개로 하고, 문전에 양 팀이 밀집한 일반적인 세트피스 상황에서의 공격 전술은 다양하게 펼칠 수 있다. 예를 들어 보자. 상대 골키퍼 앞에 서는 공격팀 선수는 키커가 볼을 차는 순간에 그 방향으로 이동해서 문전의 수비수를 끌어내고, 그 공간으로 다른 동료가 돌아 들어가 볼에 맞춰 슛을 노리는 형태를 생각할 수 있다.

공격 팀 선수들이 모두 키커 쪽으로 볼을 받으러 나갈 듯한 제스처를 보이지만, 실제로는 일부 선수가 반대편으로 달려가 상대 수비를 혼란스럽게 하는 형태도 있다. 파코너로 달려간 선수가 헤더로 볼을 중앙으로 다시 집어넣고, 그 볼이 수비수들 배후에 떨어지면, 키커 쪽에서 기다리던 동료가 슛을 시도하는 흐름이다.

문전에 양 팀 선수들이 밀집한 상태에서 공중전이 될 것 같은 분위기를 의도적으로 연출하기도 한다. 실제로는 키커가 페널티 에어리어 바깥 중앙에 있는 동료에게 땅볼 패스를 보내고, 후방에서 그곳으로 쇄도한 선수가

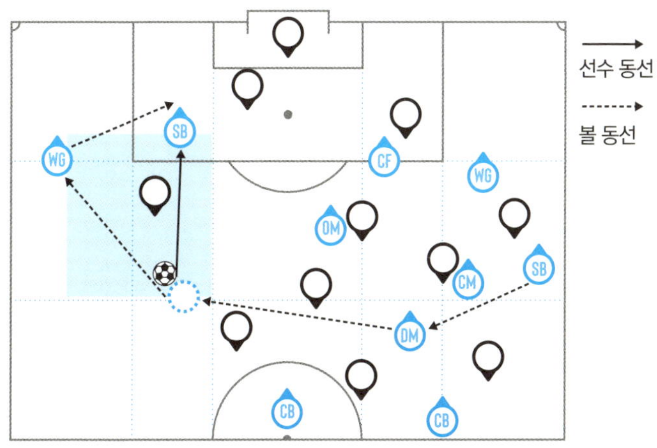

오버로드란 특정 영역에 선수들이 밀집한 상태. 위 그림에서 오른쪽 측면에서 오버로드가 발생했다. 이 상태에서 반대편으로 볼을 보내 다른 전술로 전환하는 플레이를 '스위치'라고 한다.



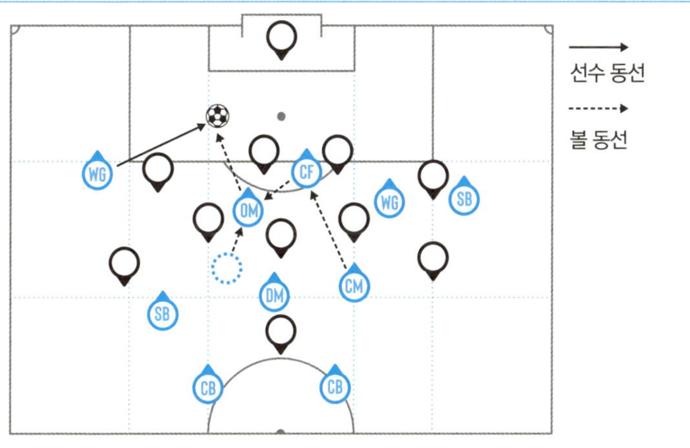

CM(첫 번째)가 CF(두 번째)에게 패스를 보내는 동안, CF로부터 패스를 받기 쉬운 위치로 OM(세 번째)가 이동하는 움직임. 또는 CF(첫 번째)가 OM(두 번째)에게 보낼 때, OM의 의도를 간파한 WG(세 번째)가 오프 더 볼 움직임으로 상대 수비 배후로 쇄도하는 움직임이다.

페이스를 살려 슛을 때린다. 이처럼 상대의 의표를 찌르는 트릭도 효과적이다.

이렇게 여러 가지의 변형 모드를 준비함으로써 세트피스에서의 득점 가능성을 높일 수 있다. 마무리 국면에서 중요한 것은 볼을 소유한 선수보다 오프 더 볼 상태에 있는 동료의 움직임이다. 상대 수비수와의 '밀당'을 통해 배후 영역으로 침입하는 선수, 크로스에 맞춰 문전에서 각각 다른 방향으로 쇄도하는 선수 등, 팀의 장점을 살리기 위해 선수들이 각자 어떻게 볼을 받아 슛 기회를 만드는지 정리해보겠다.

여기서도 포인트는 다음과 같다.

**Point!**

- 페널티 에어리어 내 선수의 수 (크로스에 맞춰 뛰어드는 타이밍)
- 피니시 선택지 (강하게 때릴지, 상대의 의표를 찌를지 판단)
- 흐르는 볼 대응 (세컨드볼 반응 속도)

# 06

# 전진과 탈취의 교차점

## 공격에서 수비 전환 국면 (네거티브 트랜지션)

공격에서 수비 전환 국면이란 볼을 잃은 직후를 의미하는데, 시간적으로는 수초에 불과하다.

볼을 빼앗은 상대가 공격을 개시하려고 할 때, 소유권을 잃은 팀의 목표는 즉시 볼을 되찾는 것이다. 팀의 수비 의식과 포지셔닝 능력이 드러나는 중요한 순간이라 할 수 있다. 여기서 구체적인 작전은 다음과 같다.

## 역압박 (게겐프레싱)

도르트문트와 리버풀에서 지휘봉을 잡았던 위르겐 클롭 감독이 선보였던 전법. 영어로는 '카운터프레싱'이다. 볼을 잃은 직후 밀집 지역을 만들어 상대의 플레이 선택지를 빼앗는다는 방법론이다. 즉시 회수에 성공하면 무너진 상대 진형을 돌파해 단숨에 피니시 국면까지 몰아갈 수 있다. (47페이지 그림 참조)

맨체스터시티와 바르셀로나를 중심으로 제시된 '5초 룰'이란 방법도 있다. 볼 소유권을 잃은 순간, 주위에 있던 선수들이 일제히 압박해 5초 이내에 볼을 회수하는 전술이다. 이 시간 내에 볼을 되찾지 못하면 자기 진영으로 후퇴하는 봉쇄 국면으로 가게 된다. 소유권 재탈취에 인원과 시간을 투입해야 하므로, 실패하면 상대에게 역습 기회를 허용한다. 따라서 압박 연속성과 리스크 관리가 꼭 필요한 전술이다.

측면에서의 재탈취는 골라인과 터치라인이 '추가적인 수비수' 역할을 해주는 덕분에 회수가 용이하다. 볼을 빼앗지 못했을 때에도 팀 전체가 역습 리스크를 염두에 두어야 한다.

볼을 빼앗긴 즉시 다시 빼앗는 전략이라고 해도, 선수에 따라서는 위험하다고 판단해 바로 자기 진영으로 돌아가겠다고 판단할 수도 있다. 여기서 중요한 것은 곧바로 볼을 회수하려는 마인드로 얼마나 빨리 전환하느냐에 있다. 모든 선수가 그 상황을 파악해 팀 전체가 재탈취 태세를 공유하는 것

**Point!**

- 볼을 빼앗긴 직후에 몇 명이 즉시 반응할 수 있는가? (게겐프레싱)
- 수초 간의 볼 재탈취에 집중할 수 있는가? (빼앗기, 공격하기, 역습 위험도의 판단 능력)
- 빼앗지 못했을 때의 대응 (팀 공통의 인식)

이 바람직하다. 또한 짧은 네거티브 트랜지션에서 볼을 되찾지 못했을 때에는 누가 어느 지점까지 돌아갈 것인지에 대해 미리 고민해두어야 한다.

## 수비에서 공격 전환 국면 (포지티브 트랜지션)

수비에서 공격 전환 국면이란 볼을 빼앗은 순간, 공격으로 전환하는 몇 초의 국면을 가리킨다.

이 국면에서는 얼마나 빠르고 효과적으로 공격으로 이행할 수 있는지, 또 볼을 다시 빼앗기지 않는지가 승부를 가른다. 볼을 빼앗은 즉시 숏패스로 연결해가는 플레이는 상대가 가까운 거리에 밀집해 있기에 아무리 볼컨트롤에 능해도 누군가에게 빼앗길 위험이 있다.

따라서 단독으로 밀집 상태에서 빠져나가는 형태나 곧바로 상대 진영으로 롱볼을 보내 진형을 회복하는 방법, 그리고 단순하게 클리어링하는 방법도 있다. 다음은 이 국면에서 실행되는 구체적 작전이다.

### 역습 (숏/미들/롱 브레이크)

빼앗은 위치가 상대 진영이라면, 볼을 빼앗은 선수가 드리블로 전진해 숏으로 연결하는 숏브레이크 형태가 된다. 미드필드나 자기 진영에서 볼을 빼앗았을 때는 반대 측면이나 상대 진영으로 롱볼을 공급함으로써 진형을 회복하거나 상대 진형의 틈새를 공략할 수 있다.

롱브레이크를 채택한 팀에서는 볼 탈취와 동시에 공격수가 재빨리 전진하고, 그곳으로 볼을 공급해서 단번에 상대 골대에 접근한다. 공격에 가담했던 상대의 진형이 무너져 수비가 정비되지 않은 틈에 속공을 시도해 득점 기회를 노리는 방법이다.

## 클리어링

터치라인 밖으로 차내면 다시 상대 팀이 볼을 소유한다. 사실은 가능한 한 멀리 있는 동료에게 볼을 연결하고 싶지만, 동료가 전원 자기 진영으로 돌아온 상태에서는 팀 전체가 공격으로 전환하기 어려운 상황도 발생할 수 있다. 그럴 때는 자기 진영에서 수비 블록을 구축하고 다시 볼을 빼앗을 상황을 정비할 시간을 벌기 위해 볼을 멀리 클리어링하는 선택지도 있다.

멀리 볼을 차내지 못하거나, 팀 전체의 플레이 목적이 통일되지 않아 일단 클리어링하고 보자는 거라면, 실점 리스크를 피하기 어렵다.

이 국면의 핵심은 볼 탈취 직후의 2~3초다. 팀 전체에 '빼앗은 즉시 공격 전환'이라는 인식이 공유된 팀일수록 득점으로 연결될 확률이 높다. 전환이 늦어지면, 상대에게 수비 진형을 재정비할 시간을 허용해 어렵사리 생긴 기회를 낭비하게 된다.

**Point!**

- 빼앗은 직후에 몇 명이 즉각 반응할 수 있는가? (역습, 브레이크)
- 어느 영역에서 어떻게 볼을 빼앗으면 무엇을 할지에 대한 약속이 있는가? (팀 공통의 의식)
- 롱볼이 없는 롱브레이크 (준비한 대로 전진하는 팀플레이)

# 07

# 각 국면의 관계성

축구에서 공격 시에는 자기 진영에서 공격을 조립해 상대 진영으로 진입하고(빌드업 국면), 전진하고(전진 국면), 슛으로 연결한다(마무리 국면).

수비 시에는 상대 진영 안에서 팀 전체가 연동해 볼을 빼앗기 위해 움직이고(압박 국면), 빼앗지 못했을 때는 상대의 전진 속도를 늦추거나 동료가 후퇴할 시간을 벌고(봉쇄 국면), 상대가 자기 진영까지 밀고 들어왔다면 득점을 저지하는 행동(방벽 국면)을 취한다.

이 과정에서 볼을 빼앗고 빼앗기는 상황이 바뀌는 '교차의 순간'이 존재한다. 소위 트랜지션, 즉 수비에서 공격 전환, 공격에서 수비 전환이라는 속도감 있는 국면이라고 할 수 있다.

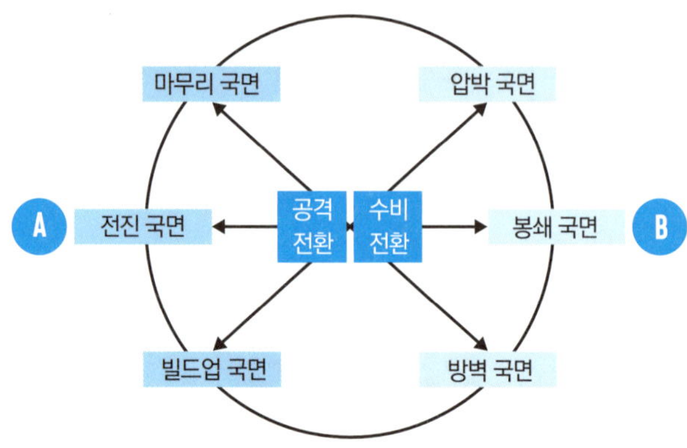


A팀이 전진 국면에서 상대 진영에 진입할 때, 상대인 B팀은 봉쇄 국면으로 상대 공격을 막거나 자기 진영으로 돌아가는 움직임을 보인다. A팀이 빌드업하면 B팀은 압박한다. 반대로 B팀이 볼을 빼앗으면 B팀이 빌드업하고 A팀은 압박 국면으로 전환한다.

축구는 두 팀이 맞붙어 경기를 진행한다. 한쪽이 공격하면, 다른 쪽은 수비한다. 한쪽이 볼을 빼앗으러 오면 다른 쪽은 빼앗기지 않으려고 한다. 야구처럼 공수가 분리되어 있거나 아웃카운트 3개라는 명확한 타이밍으로 공수가 교대되지 않는다. 그렇기에 축구는 복잡하고 재미있고, 또 어렵다.

그림을 보면 이해가 쉬워질 것이다. 이 그림은 공수 관계가 상응하도록 구성되어 있다.

한 팀이 빌드업 국면에서 플레이를 만들 때, 상대 팀은 압박 국면으로 대응한다. 빌드업 국면에서 상대 압박을 풀어내면 전진 국면으로 옮겨간다. 상대는 봉쇄와 리트리트 중에 선택하는 봉쇄 국면으로 넘어간다.

만약 전진 국면에서 상대의 봉쇄를 돌파할 수 있다면, 공격 측은 슛이나 슛 기회를 만드는 마무리 국면으로 옮겨가고, 상대 팀은 자기 진영 문전을 지키는 방벽 국면으로 이전한다.

마무리 국면에서 슛이 벗어나거나 골키퍼가 막으면, 또는 슛을 때리지 못한 채 라인이 깨지면 공수가 교차된다. 세상일처럼 축구도 원하는 대로만 풀리지 않는다. 빌드업 국면에서 전진 국면으로 이행했더라도, 상대의 봉쇄 망에 걸려 전진하지 못할 때는 한 발짝 물러나야 한다. 볼을 자기 진영으로 돌려 다시 빌드업 국면(수비 측은 압박 국면)부터 재출발하는 것이다.

전진 국면에서 볼을 빼앗겨 버리면 피치 위의 상황은 급변한다. 공격하던 팀이 자기 진영에서 볼 소유권을 잃은 것이므로, 수비 측에서 보면 절호의 숏브레이크 기회다. 공격하던 팀은 단번에 방벽 국면으로, 수비하던 팀은 단번에 마무리 국면으로 시프트하는 상황이 된다.

빌드업 → 전진 → 마무리(압박 → 봉쇄 → 방벽)라는 국면이 진행되는 중에 어디서라도 볼을 빼앗길 수 있다. 빌드업 국면의 상대에게 압박을 가해 볼을 빼앗을 수도 있고, 볼을 빼앗겼다가 되찾을 수도 있다. 전진하다가 봉쇄 국면의 상대에게 걸려 볼을 빼앗겼을 때도 즉시 되찾아 공격을 이어갈 수 있다.


유려한 드리블이나 강력한 슛을 때리는 선수도 멋지지만, 결정적 찬스에서 볼을 빼앗고 궂은일을 해내는 선수도 그에 못지않게 매력적이다. 국면과 그 변화를 머릿속에 그리면서 경기를 보면, 볼을 소유하지 않아도 경기를 전진시킬 줄 아는 선수, 상대 국면을 깨뜨리는 선수의 존재를 발견할 수 있다.

# 08

# 포지셔널 플레이

## 주도권 확보가 승리를 부른다

축구에서 주도권 확보란 경기 흐름이나 리듬을 자기 팀이 원하는 대로 컨트롤해서 우위를 점하는 전개로 경기를 진행하는 것이다. 여기서 우위란 상대보다 자기 팀의 무기를 반복 사용하기 쉬운 환경을 만드는 플레이를 말한다.

포지셔널 플레이란 원래 체스 경기에서 나온 개념이다. 축구식으로 설명하자면 '선수가 최적의 포지션을 취해 상대보다 우월한 상황을 창출하는 플레이'다. 그런데 상대보다 우월하다는 말이 어떤 의미에서 우위에 섰다는 뜻인지, 최적의 포지션이란 어떤 기준으로 판단하는지가 불분명하다.

포지셔널 플레이가 만드는 우위란 다음의 네 가지로 정리된다.

**1** **위치적 우위** *positional superiority*: 하프 스페이스와 라인 사이(바이털 에어리어)가 교차하는 지점을 선점하면, 상대 팀은 센터백이 마크해야 할지, 사이드백 또는 미드필더가 붙어야 할지 정하기 어려워 혼란을 겪는다. 이처럼 포지셔닝에 의해 생기는 우위가 위치적 우위다.

**2** **수적 우위** *numerical superiority*: 볼이 있는 에어리어에서 상대보다 인원수가 많아서 생기는 우위를 말한다.

**3** **질적 우위** *qualitative superiority*: 상대 선수와의 플레이스타일 상성이나 선수 개인의 능력에 의해 생기는 우위를 뜻한다.

**4** **연계 우위** *socio-affective superiority*: 동료끼리 의도적 또는 조직적으로 플레이를 연동함으로써 국지적으로 상대 수비를 허물 수 있다. 이렇게 선수 간 연결이나 연동성에 의해 수비 조직을 와해시키는 측면에서의 우위를 뜻한다.

볼이 있는 지점에서 어떠한 형태로든 상대를 압도하는 우위를 창출해 공격(전진)과 수비(봉쇄)를 수행하는 것이 포지셔널 플레이의 목적이다. 포지셔널 플레이란 의도적으로 우위를 창출하기 위한 가이드라인이며 경기의 주도권을 쥐는 기본 원칙이다.

## 기본 원칙

- **피치를 5개 레인으로 분할**: 피치를 세로로 5개 영역으로 나눈다. 전방과 후방의 동료는 동일 레인에 서지 않는다는 원칙이 있다. 예를 들어, 윙어가 안쪽으로 들어가면 사이드백은 바깥쪽, 윙어가 바깥쪽으로 벌리면 사이드백은 안쪽에 자리를 잡는다.

- **삼각형 또는 마름모형 포지셔닝**: 패스 경로를 항상 3개 이상 만들어서 수적, 위치적 우위를 만든다.
- **공간 창출과 이용**: 선수의 움직임으로 상대 수비수를 유인해 그 공간을 다른 선수가 활용하도록 한다.

전지전능한 개념처럼 보이지만 세계적으로 빠르게 보급되고 있으며, 그 대응책도 속속 출현하는 중이다. 예를 들어, 공격에서 5개 레인에 선수를 배치해 놓으면 공격수 5인을 막을 수 있는 수비수를 5개 레인에 배치하는 식이다.

## 위치적 우위

선수들의 위치 선정에 의해, 상대보다 유리한 상황을 만드는 전술을 위치적 우위라고 한다. 좋은 포지셔닝으로 패스 경로를 확보하거나 수비망을 허무는 것이 목표다.

### 위치적 우위의 구체적 사례

**1 하프 스페이스와 라인 사이**

상대 사이드백과 센터백의 사이에 위치를 잡아 마크할 상대의 혼란을 촉발한다.

**2 포켓 침투**

포워드가 중앙에서 상대 센터백을, 윙어가 바깥에서 상대 사이드백을 끌어

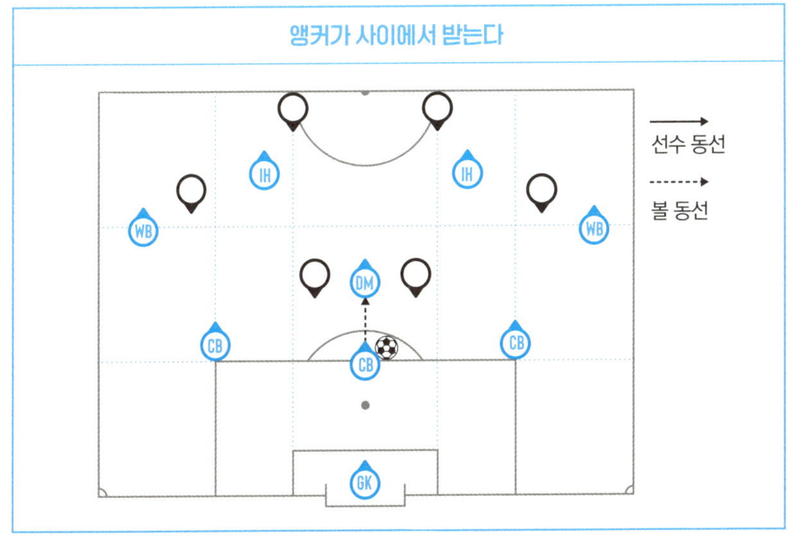


내면, 후방에서 올라온 동료 사이드백이나 볼란치가 노마크로 상대 진영 깊숙한 지점까지 진입할 수 있다. 이때 중앙과 바깥 사이에 생긴 공간으로 쇄도해 볼을 받으면 결정적 득점 기회를 만들 수 있다.

## 3 앵커가 사이에서 받는다

앵커가 상대의 스트라이커 2인 사이에 서면 빌드업 상황에서 자유롭게 볼을 받을 수 있다. 얼핏 보기엔 두 명에게 마크당하는 것 같지만, 전진 경로가 완전히 차단되지 않은 경우가 있다.

## 수적 우위

상대보다 수적으로 많은 상황을 만든다. 공격 시에는 볼을 부드럽게 전진시키고, 수비 시에는 볼이 전진하지 못하도록 막는 것이 목표다. 상대 팀보다 사람이 많으면 볼이 전진할 확률도, 빼앗을 확률도 크게 높아진다.

## 수적 우위의 구체적 사례

### 1 살리다 라볼피아나

예 4-4-2 vs. 4-1-2-3 (→ 3-4-3)

빌드업 시에 미드필더가 수비 라인에서 내려와 백3 중 한 자리에서 뛰면, 볼 소유 측은 3명, 상대 팀이 2명인 상태가 되어 자기 진영에서 볼을 전진하기 쉬워진다. (144페이지 그림 참조)

### 2 사이드백과 2대1 상황 만들기

예 사이드백이 올라가 윙어와 함께 상대의 사이드백 에어리어 공략

윙어가 크게 벌리고 사이드백이 올라가 한 칸 안쪽 레인을 사용하면서 공격함으로써, 상대 사이드백과 2대1 상황을 만든다.

### 3 수비에서 상대 윙어를 막는 2대1 상황 만들기

예 상대팀 윙어와 사이드백으로 2대1 대치

사이드백이 상대 윙어와 일대일 상황으로 만나지 않도록 동료 윙어가 내려가 2대1 상황을 만든다.

수적 우위에 관해서는 진형과 진형이 맞붙었을 때의 조합을 7장에서 상세히 설명할 예정이다. 각각의 경우에 어떤 수적 우위가 발생하는지 확인할 수 있다.

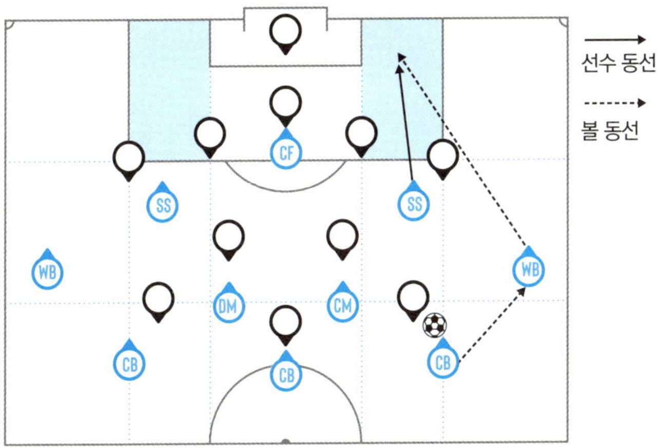


오른쪽 CB이 오른쪽 WB에게 볼을 넣으면, 상대 왼쪽 수비수는 볼을 갖고 전진해 오는 WB의 볼을 빼앗으러 갈지, 눈앞에 있는 SS의 침입 경로를 차단할지 선택해야 한다. 공격 팀은 두 사람이 상대 수비수 한 사람과 대치하는 수적 우위 상황을 만들 수 있다.

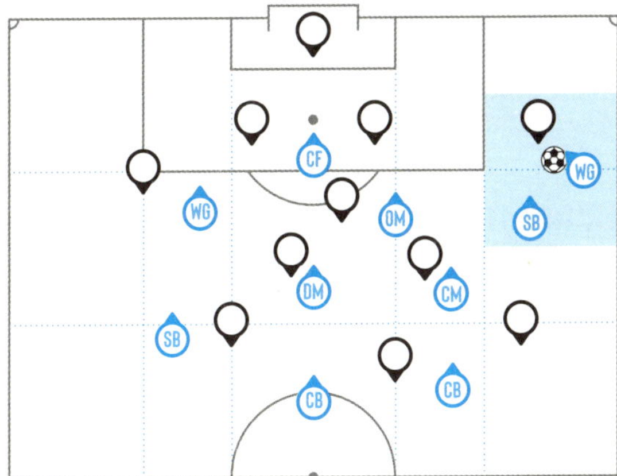


WG가 볼을 소유한 상황에서 상대 SB이 혼자 대응하는 상황. 동료 SB이 WG를 지원하러 전진하면 수적 우위를 창출할 수 있다.

상대 WG가 단독 돌파해 오는 상황. 이전 전개 상황에서 수비 한 명으로 막지 못했거나 확실하게 볼을 빼앗고 싶을 때, 동료 WG 등이 협력 수비를 펼쳐서 수비적으로 수적 우위를 창출할 수 있다.

## 질적 우위

선수 개인의 능력 차이를 활용해 승부를 거는 전술을 말한다. 숫자가 아니라 선수의 스킬이나 피지컬로 상대를 압도하는 방법이다.

### 질적 우위의 구체적 사례

**1 일대일 승부 시도**

빠른 윙어가 상대 사이드백과 일대일로 승부를 건다. 스피드가 빠른 선수라면 일단 멈췄다가 일대일 돌파를 시도한다.

**2 공중 볼 미스매치**

세트피스에서 키가 작은 선수에게 장신 센터백을 붙인다. 또는 상대 측면에

평범한 체격의 선수가 있다면, 키가 큰 동료가 그쪽으로 이동해 롱볼 연결을 시도한다.

### 3 빌드업에 대한 전방 압박

상대 팀의 빌드업 능력이 평범하거나 패스에 능하지 않은 평범한 선수가 배치된 상황에서는 그 선수에게 압박을 가해 실수를 유발하는 방법으로 볼을 빼앗는다.

이외에도 이미 옐로카드를 받은 선수에게 몸싸움을 걸거나 상대 선수가 이미 지쳐 있는 영역에 새로운 선수를 교체 투입하는 방법도 질적 우위 창출이라고 할 수 있다.

## 연계 우위

선수들의 연계나 플레이 이해도를 바탕으로 우위에 서는 전술을 말한다. 오랫동안 함께 뛴 팀이나 장기간 쌓인 훈련의 효과라고도 할 수 있다. 학생 시절부터 같은 팀에서 지냈거나 사적으로 친한 동료 등, 눈빛만 봐도 뜻이 통하는 선수들이 있다면, 콤비네이션 플레이 속도가 훨씬 빨라진다.

### 연계 우위의 구체적 사례

### 1 원터치 콤비네이션

'패스 & 고' 혹은 원터치로 상대를 따돌린다.

### 2 커버링

사이드백이 높은 위치에서 볼 탈취나 압박을 시도하고 있을 때, 측면에 있던 센터백이 옆으로 이동해 사이드백 에어리어를 커버링한다.

### 3 측면 공략

윙어가 바깥쪽으로 크게 돌고, 미드필더가 측면 공략을 위해 윙어를 지원하러 이동한다. 또. 사이드백이 안쪽으로 내달림으로써 윙어에게 붙어 있던 상대 팀의 마크를 떼어 놓으면 동료 윙어가 안쪽으로 파고들 기회를 얻는다.

### 4 스크린 플레이

세트피스 상황에서 슛을 때리는 선수에게 마크가 붙지 않도록 하거나 슛 자세를 방해받지 않도록 해주기 위해, 상대 선수를 블로킹할 수 있는 포지션을 취한다.

## 축구의 재미를 더하는 연계 우위 관전법

수적 우위, 위치적 우위, 질적 우위라는 세 가지 관점에서 생각해보자. 우선 수적으로 유리한 상황을 만들고, 상대 수비진의 틈에 들어가 적절한 위치를 점한 다음, 질적으로 뛰어난 선수를 배치함으로써 득점 기회를 만들거나 상대의 슛을 막으면 된다.

그런데 이것만으로는 부족하다. 연계로 타이밍을 맞춰 상대를 무너뜨릴 힘이 필요하다.

예를 들어 보자.

- 선수가 포지션을 내려서 상대 수비수를 유인 → 다른 선수가 상대 수비수
  가 있던 공간으로 침투
- 선수가 대각선으로 달려 상대 수비수의 시선 끌기 →  동료 선수가 수비
  수의 시선 반대쪽으로 침투

언뜻 보면 '사인 플레이'처럼 보이지만, 실제로는 기본 포지션의 원칙과 순간적 연계에 의해 발생하는 상황들이다. 피치 위에서 수적, 위치적, 질적으로 불리한 상황에 놓였더라도 연계의 신속성, 정확도, 상호 이해력이 있으면 수세를 타개할 방법이 있다. 즉, 연계 우위란 피치 위에서 선수와 선수의 관계성으로 상대를 허무는 기술이며 포지셔널 플레이의 핵심 요소 중 하나다.

포메이션 업데이트

# 팀의 배치도 이해하기

# 01

# 포메이션 패턴 5

축구라는 경기가 탄생한 이래, 전 세계에 걸쳐 다양한 포메이션이 실행되고 변화해 왔다. 현재 사용 중인 포메이션은 크게 다섯 가지로 분류할 수 있다.

- 백4 × 프런트2
- 백4 × 프런트1 (프런트3)
- 백3 × 프런트2
- 백3 × 프런트1 (프런트3)
- 백5

| 포메이션 | 공격 | 미드필드 | 수비 | 폭 활용 | 현재 상황 |
|---|---|---|---|---|---|
| 백4 × 프런트2 | ◎ 역습형 | △ | ◎ | ○ | 약간 소수화 |
| 백4 × 프런트1 | ◎ 균형 | ◎ | ○ | ◎ | 현재 주류 |
| 백3 × 프런트2 | ○ | ○ | ◎ | ○ | 감소 경향 |
| 백3 × 프런트1 | ◎ 연계 능력에 따라 차이 | ◎ | ○ | ◎ | 신 트렌드 |
| 백5 | △ | ○ | ◎◎ | ○ | 실용적 |

각각의 특징은 다음과 같다.

## 백4 × 프런트2

### 특징

- 전통적 포진의 하나로서 4-4-2 또는 4-3-1-2 등이 대표적
- 수비수 4인으로 수비 안정을 확보하면서, 최전방에 포워드 2인을 배치함으로써 상대 센터백과 동수를 만들어 압박하기 쉬운 점이 특징

### 장점

- 프런트2가 상대 센터백에게 항상 압박을 가할 수 있다.
- 볼을 빼앗은 순간에 종방향 선택지를 확보하기 쉽다.
- 양 측면에서 크로스를 시도할 때 받을 선수가 2인 이상이다.

## 단점

- 미드필드가 플랫해지면, 중앙에서 수적 열세에 빠질 가능성이 있다.
- 2선 중앙 또는 인사이드 하프가 없으면 종방향 연결이 곤란해질 수 있다.

## 백4 ✽ 프런트1 (프런트3)

### 특징

- 최근 주류인 4-3-3 또는 4-2-3-1 등이 대표적이다.
- 전방은 센터포워드에 양쪽 윙어가 가세한 형태로 구성된다.
- 측면을 넓게 사용하면서 미드필드와 연동해서 상대 수비를 무너뜨리는 공격이 기본이다.

### 장점

- 폭과 깊이를 모두 취할 수 있다.
- 윙어가 높게 배치되어 상대 사이드백을 통제한다.
- 미드필드 숫자로, 볼 소유와 게임 메이킹에 유리하다.

### 단점

- 중앙에 고립된 센터포워드 1인에게 패스가 연결되지 않으면 공격이 정체된다.
- 윙어의 수비 의식과 수비 가담이 부족하면 측면 수비가 얇아진다.

## 백3 × 프런트2

### 특징

- 3-1-4-2 또는 3-4-1-2가 대표적이다.
- 중앙에 센터백이 커버링을 수행하면서 윙백이 폭을 확보해 공격에도 관여한다. 전방에 2인을 둬 역습에 강한 형태다.

### 장점

- 중앙 수비가 강하고 역습에도 강하다.
- 프런트2로 전방을 두텁게 가져갈 수 있다.
- 미드필드 구성에 따라 공수 균형을 잡기 쉽다.

### 단점

- 윙백의 전후방 왕복 운동량이 많아 체력이 좋은 선수가 필수적이다.
- 측면 수비에서 수적 열세가 될 위험이 있다.

## 백3 × 프런트1 (프런트3)

### 특징

- 3-2-4-1 또는 3-1-5-1이 대표적이다.
- 높은 위치를 잡은 윙어나 섀도우 스트라이커가 폭과 압박 능력을 제공하고, 수비 시에는 윙백이 내려와 백5 형태를 이뤄 대응력이 배가된다.

## 장점

- 가변적 수비로 전술 유연성이 크다.
- 미드필드에서 수적 우위를 만들기 쉬운 구조다.
- 포지셔널 플레이와 상성이 좋아 공격 자유도가 크다.

## 단점

- 윙백의 배후 공간 수비에 취약해 커버링이 필요하다.
- 중앙 숫자가 적을 때, 상대에게 주도권을 허용할 우려가 있다.

## 백5

## 특징

- 수비에 무게를 둔 구조로서 5-3-2 또는 5-4-1이 대표적이다.
- 공격 시에는 윙백이 높이 올라가 백3로 운용되고, 수비 시에는 5-4-1이나 5-3-2를 만들어 블록을 구축한다.
- 상대의 볼 점유나 강력한 공격수에 대응하기 위해 운용될 때가 많다.

## 장점

- 수비 시, 커버할 수 있는 폭이 넓고 중앙 돌파 차단에도 유리하다.
- 수적 우위를 유지해, 크로스나 공중 볼 다툼에도 강하다.
- 역습 기점으로서 윙백이 효과적으로 활용된다.

## 단점

- 전방에 선수가 적게 배치되는 상황이 많아 주도권을 내준 상태로 경기가 전개될 수 있다.
- 공격 시에 라인 수가 부족해 빌드업에서 고전할 수 있다.

# 02

# 4-4-2

모든 레인 사이에 미드필드와 최후방 선수가 배치되고, 수비와 공격이 균형 잡힌 전통적 포메이션. 심플한 역할 분담과 연계 용이성이 특징이다. 라인 2개와 스트라이커 2인으로 콤팩트한 수비 블록을 형성한다.

## 주로 어떤 팀이 사용하는가

- 수비에서 빠르게 역습을 노리는 팀
- 측면 공격을 축으로 하는 크로스 중심의 팀
- 조직적인 수비와 끈기, 지구력을 무기로 삼는 팀

수비에서는 팀 전체를 콤팩트하게 유지해 중앙을 향하는 패스 경로를 차단하는 것이 특징이다. 특히 미드필드에서는 상대의 패스를 빼앗기 위해 상대 움직임을 예측해서 적극적으로 대응한다. 상대의 실수를 유도하기 위해 90분간 계속 달려야 하므로, 강한 피지컬과 스태미너를 갖춘 선수가 주로 기용되는 경향이 있다. 또한 수비에서 공격으로 연결하는 플레이를 중시한다. 미드필드에서 볼을 빼앗은 직후는 측면을 사용해 속공을 시도한다. 따라서 발이 빠른 선수와 크로스가 장점인 선수도 출전 기회를 얻게 된다.

## 장점

- 수비 블록을 만들기 쉬워 공간을 쉽게 봉쇄할 수 있다.
- 프런트2의 존재로, 최전방에서 항상 타깃맨을 배치하는 효과가 생긴다.
- 측면 공격이 활성화되기 쉬워, 사이드백의 공격 가담이 쉬워진다.

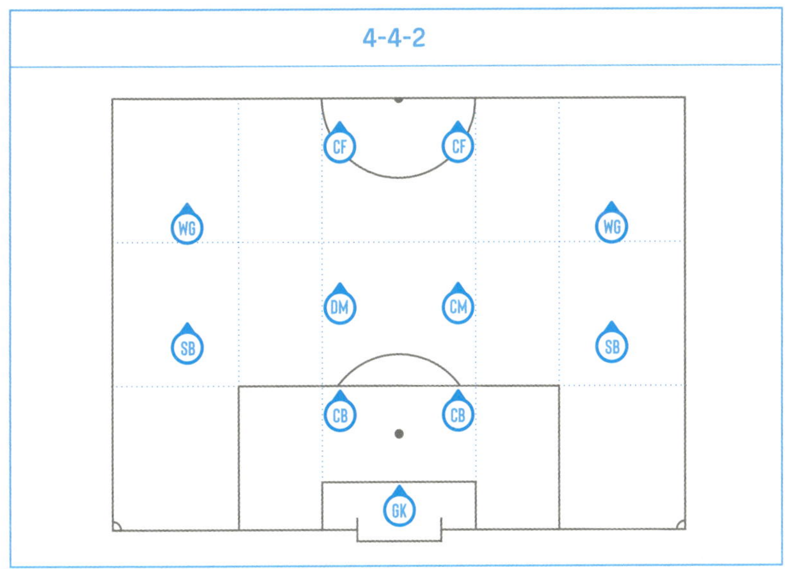

## 단점

- 미드필드의 중앙 지역에서 수적 열세에 빠지기 쉽다.

- 측면 수비 부담이 커서 사이드백과 윙어의 연계가 중요하다.

- 프런트2의 수비 부담이 늘어 최전방과 미드필드의 거리가 멀어질 위험이
  있다.

- 사이드백의 배후 공간이 취약해진다.

미드필더 숫자가 많고 최전방 지원 능력이 뛰어난 포메이션. 볼란치 2인이 수비와 빌드업을 지탱하고, 공격형 미드필더와 윙어가 상황에 대응해 최전방을 지원한다. 피치 전체의 균형을 잡기 쉽고 공수 전환이 부드럽게 이어진다는 점이 특징이다.

## 주로 어떤 팀이 사용하는가

- 볼 소유를 중시하고 경기를 지배하려는 팀
- 2선 중앙 선수를 기점으로 상대 진영 안에서 조직을 깨뜨리려는 팀
- 미드필드의 수적 우위를 살려 주도권을 쥐려는 팀

공격에서는 두 번째 라인에 있는 공격형 미드필더와 양쪽 윙어가 유기적으로 움직인다. 수비 시에는 공격형 미드필더가 최전방으로 나가 4-4-2로 바뀐다. 사이드백과 윙어가 공수에서 연계하기도 하지만, 볼란치의 중심축 역할과 게임 메이킹 능력이 전술의 핵심이다.

## 장점

- 미드필드의 숫자로 지배력을 높일 수 있다.
- 공격형 미드필더가 공격의 악센트가 되어줄 수 있다.
- 사이드백의 공격 가담이 쉽다.
- 수비 상황에서 4-4-2로 부드럽게 전환할 수 있다.

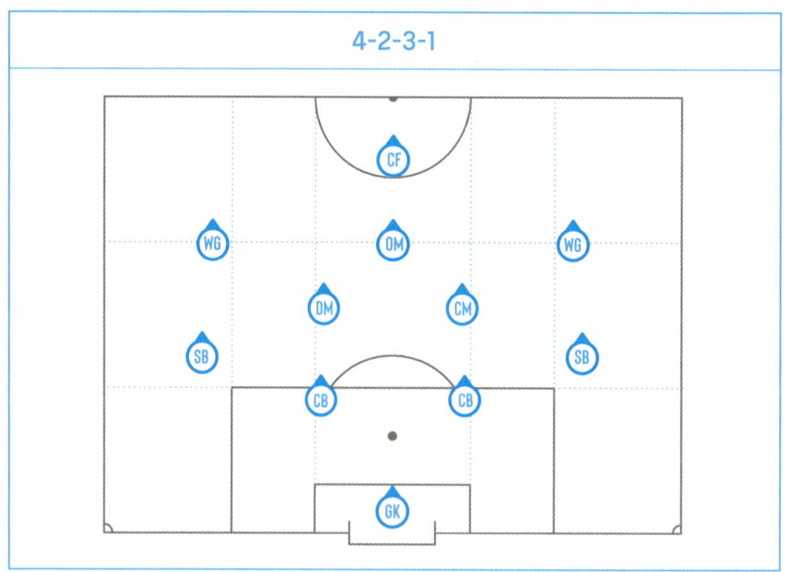

**단점**

- 최전방이 1인이어서, 공격형 미드필더가 아래로 내려가면 고립될 가능성이 있다.
- 사이드백의 왕복 움직임이 많아 스태미너 면에서 부담이 크다.
- 공격형 미드필더에 대한 의존도가 높다.
- 볼란치가 더 넓은 지역을 커버해야 한다.

# 04

# 4-1-2-3
## (4-3-3)

앵커 1인을 중심으로 인사이드 하프 2인, 프런트3로 구성하는 포메이션이다. 빌드업 시에 수적 우위를 만들기 쉽고, 포지션 유동성도 풍부하다는 특징이 있다.

앵커가 최후방 라인의 바로 앞에서 균형을 잡아주고, 인사이드 하프가 전후좌우로 움직이면서 공격과 수비의 연결고리 역할을 수행한다. 윙어는 터치라인 쪽에 붙어 폭을 확보하고, 사이드백도 상황에 따라 공격에 가담한다.

## 주로 어떤 팀이 사용하는가

• 점유를 중시해 볼을 소유한 상태를 축으로 삼는 팀

- 피치 전체의 폭을 넓게 사용해 상대를 좌우로 흔드는 팀

- 미드필드를 제압해 경기를 지배하고 싶은 팀


이 진형에서는 프런트3와 미드필드 3인의 관계성이 매우 중요하다. 공격에서는 특히 상대를 끌어내 공간을 창출하는 플레이가 포인트다. 수비에서는 전방에서부터의 하이프레스, 앵커를 중심으로 중앙에 배치된 선수들이 상대의 전진 경로를 봉쇄하는 위치 선정이 특징이다.


## 장점

- 빌드업 시에 수적 우위를 만들기 쉽다.

- 점유 시 선수의 유동성이 크다.

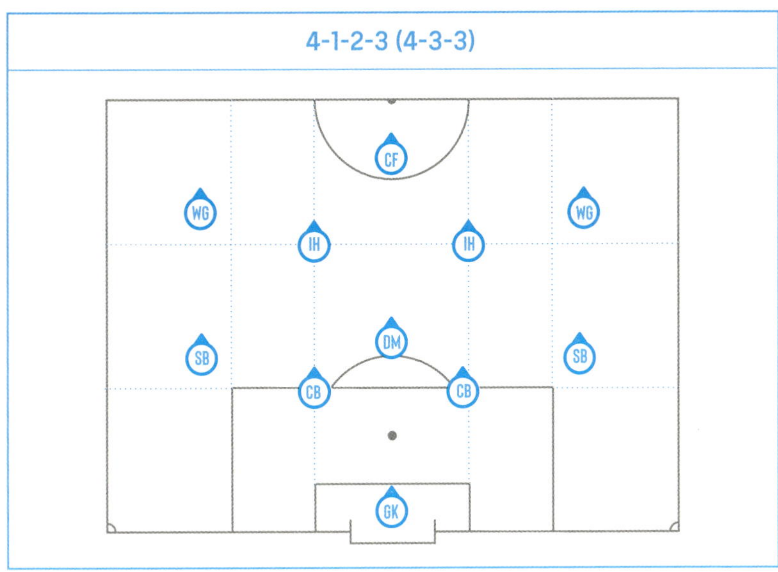

- 프런트3로 항상 상대를 공격적으로 압박할 수 있다.

- 수비 시 앵커가 보호망 구실을 한다.

## 단점

- 앵커의 부담이 매우 크다.

- 사이드백의 전후 왕복 운동량이 많아 체력이 요구된다.

- 프런트3가 고립되면 공격이 정체된다.

- 볼을 빼앗겼을 때 역습당하기 쉽다.

# 05

# 4-3-1-2

미드필드 중앙에 선수를 밀집시키는 구성. 미드필더 3인에 더해 2선 중앙 스트라이커와 프런트2라는 종방향 라인을 축으로 하는 포진이다. 측면에는 다소 선수가 적지만, 두터운 중앙의 콤비네이션을 살린 플레이에 강한 포메이션이라 할 수 있다.

## 주로 어떤 팀이 사용하는가?

- 중앙 돌파를 노리는 팀

- 점유와 숏패스를 활용하는 팀

- 2선 중앙에 창의력이 뛰어난 선수를 배치해 공격하려는 팀

이 포메이션에서는 미드필더 3인이 균형을 갖춰 수비와 빌드업을 담당하고, 2선 중앙이 공간에서 패스를 받아 전방으로 연결하는 형태가 기본이다. 사이드백의 공격 가담과 인사이드 하프의 바깥 이동을 통해 폭이 확보되므로, 사이드백에게 많은 운동량이 요구된다.

## 장점

- 미드필드 밀도가 높아 중앙에서 수적 우위를 만들기 쉽다.
- 2선 중앙을 경유하는 다양한 공격이 가능하다.
- 콤팩트한 진형으로 숏패스의 연결 효율이 높다.
- 볼 미소유 시에도 미드필드 중앙에서 압박과 봉쇄망을 갖추기 쉽다.
- 미드필더가 볼을 돌리기 쉬운 구조다.

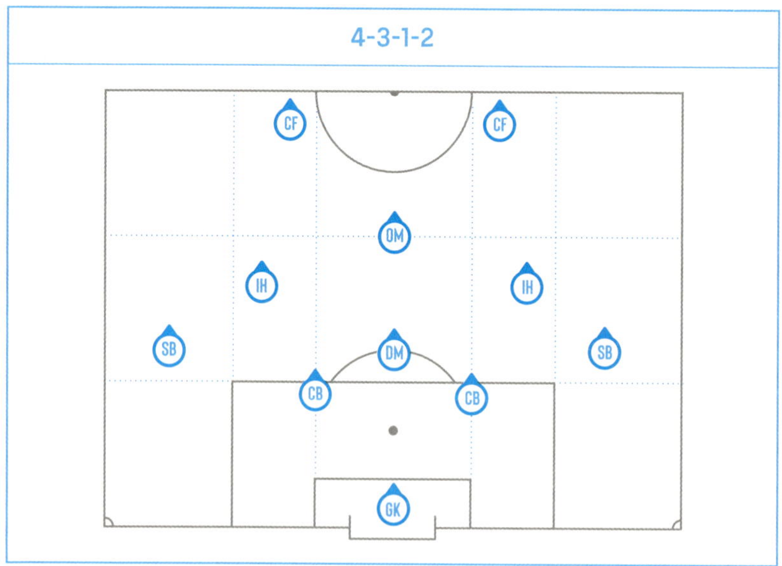

## 단점

• 측면이 얇아지기 쉬워 포메이션의 폭을 유지하는 것이 과제다.

• 공수 양면에서 사이드백의 체력적 부담이 크다.

• 상대의 사이드 공격에 취약한 경향이 있고, 포지셔닝이 부정확하면 중앙에서 정체가 일어날 수 있다.

# 06

# 4-3-2-1

　'크리스마스 트리'라는 별명을 가진 포메이션. 수비수 4인, 미드필더 3인, 새도우 스트라이커(공격형 미드필더) 2인, 그리고 최전방 공격수 1인으로 구성된다.

　미드필드부터 전방까지 중앙에 선수를 집중 배치해, 중앙에서 세밀한 연계와 공격을 할 수 있는 형태다. 피치 중앙에서 수적 우위를 만들기 쉬워, 중앙 돌파를 축으로 하는 팀에 적합하다.

## 주로 어떤 팀이 사용하는가

- 미드필드를 제압해서 중앙에서부터 상대를 무너뜨리는 팀
- 점유 지향적이며 템포가 좋은 패스워크를 중시하는 팀

• 트랜지션(공수 전환)을 확실하게 수행하는 팀

　새도우 스트라이커 2인이 유동적으로 움직여 상대의 수비진을 유인함으로써 중앙에 공간을 창출한다. 또는 2인이 그대로 측면으로 이동해 미드필더에게 공간을 만들어줌으로써 다양한 공격 패턴이 가능하다. 미드필드에 3인이 있는 덕분에 수비 전환도 쉽고, 세컨드볼 회수에도 강점을 발휘한다.

## 장점

• 미드필더 숫자가 많아 중앙에서 수적 우위를 만들기 쉽다.

• 수비 시에 콤팩트한 블록을 형성하기 쉽다.

• 새도우 스트라이커 2인의 유동성에 의해 상대 수비를 흔들 수 있다.

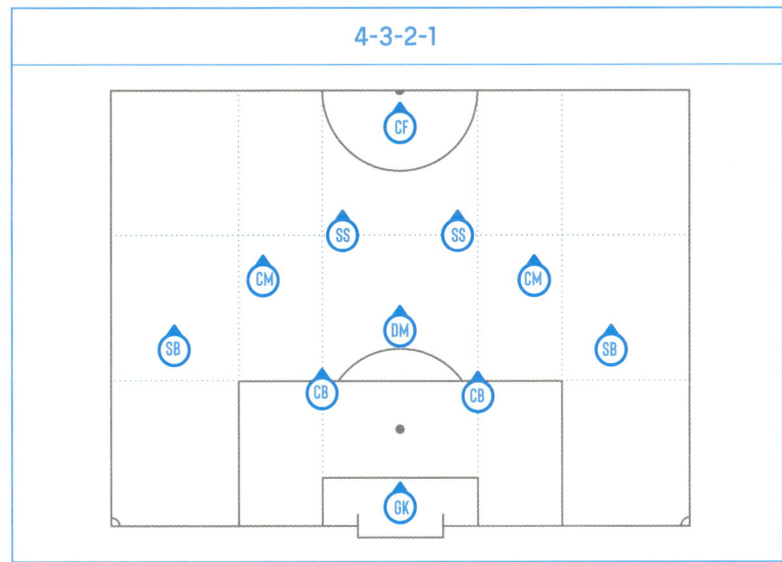

- 빌드업 출구를 여러 개 둘 수 있어 플레이가 원활해진다.

## 단점

- 폭이 부족해서, 측면에서 일대일 대응력이 어려울 때가 있다.
- 프런트1이 고립되기 쉬워 센터포워드의 능력과 섀도우 스트라이커의 연계에 크게 의존해야 한다.
- 섀도우 스트라이커 2인의 수비 부담과 운동량이 크다.

# 07

# 3-4-2-1

최후방 라인에 백3를 채용하고 미드필더 4인, 섀도우 스트라이커 2인과 프런트1으로 구성되는 포메이션이다. 중앙 밀도가 높아 수비 시에 백5로 유연하게 전환할 수 있다. 공격 시는 섀도우 스트라이커 2인이 하프 스페이스를 활용하면서, 측면 크로스나 중앙 돌파를 다양하게 시도할 수 있다.

## 주로 어떤 팀이 사용하는가

- 점유를 중시하고 중앙에서 수적 우위를 만들고 싶은 팀

- 측면 공격과 중앙 공략을 병행하고 싶은 팀

- 수비 시에 블록을 만들어 신속한 공격 전환을 하려는 팀

두터운 중앙을 살리는 배치. 볼 소유 시에는 윙백이 높은 위치로 올라가 실질적으로 프런트5와 같은 진형이 된다. 윙백이 수비진의 양쪽으로 내려와서 수비 시에 백5를 형성해 안정적인 수비 블록을 구축한다.

## 장점

- 중앙에서 수적 우위를 만들기 쉽다.
- 수비 시에는 백5로 전환해 공간을 없애기 쉽다.
- 섀도우 스트라이커 2인으로 종방향 패스를 받기 쉽다.
- 윙백이 폭을 확보해 공격 형태가 다양해진다.

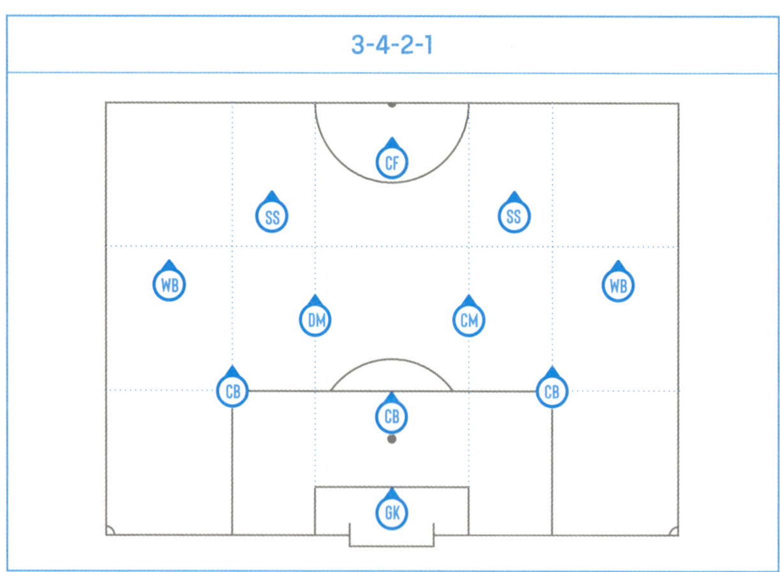

## 단점

- 윙백의 전후 왕복 부담이 대단히 크다.

- 백3의 옆 공간을 공략당하기 쉽다.

- 섀도우 스트라이커들의 패스 연결이 원활하지 않으면 전방이 정체되기 쉽다.

- 프런트1이 고립되거나 볼터치 기회가 적어서 내려오게 되면, 문전에서 인원수 부족 상태가 된다.

# 08

# 3-4-1-2

백3와 더블 볼란치에 2선 중앙 1인, 프런트2를 배치한 포메이션. 윙백이 폭을 확보하고 볼란치와 2선 중앙이 중앙 지역에서 두터운 층을 만들 수 있어 중앙과 측면의 균형이 탁월하다. 특히 2선 중앙이 상대 앵커의 옆이나 최후방 라인 앞에서 자유롭게 움직일 수 있어, 중앙을 허물거나 최전방과의 연계에 장점을 보인다.

## 주로 어떤 팀이 사용하는가

• 백3로 수비를 안정화하고 싶은 팀

• 윙백과 미드필드의 전진으로 중앙 돌파와 측면 공략을 병행하고 싶은 팀

• 2선 중앙을 플레이메이커나 세컨드 스트라이커로 활용하고, 종방향의 공

격 빌드업을 중시하는 팀

　수비 시에는 5-3-2, 공격 시에는 3-2-5처럼 전환할 수 있어서, 팀 전체의 앞선과 뒷선이 멀어지기 어려운 구조라는 점이 이 포메이션의 특징이다.

## 장점

- 2선 중앙을 중심으로 중원에 숫자가 많아 최전방을 향하는 패스 경로가 많다.
- 공격 시에 윙백이 높은 위치를 점하게 되면 다섯 개 레인을 모두 사용할 수 있다.

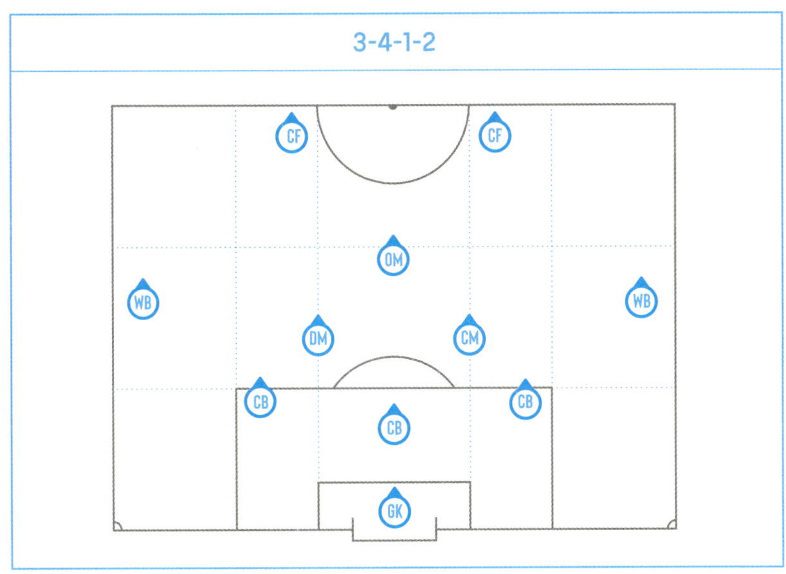

- 수비 시에는 백5로 전환해 블록을 형성하기 쉽다.

## 단점

- 2선 중앙과 볼란치의 수비 분담이 애매해지면, 미드필드의 수비가 취약해질 위험이 있다.
- 윙백의 운동량과 판단력에 의존해야 해서, 체력과 개인 기량 차이가 전술로 직결된다.
- 볼 소유권을 내준 상태에서는 프런트2와 2선 중앙이 수비에서 겉도는 상황도 벌어진다.

# 09

# 3-1-4-2

백3로 수비 안정을 확보하고, 앵커와 중원에 4명(윙백 2인 + 인사이드 하프 2인)을 세우는 포메이션. 빌드업할 때는 3-1 형태로 수적 우위를 만들고, 미드필드에서 4명이 볼을 연결하면서 최전방 2인에게 다양한 볼 공급이 가능하다. 측면의 폭도 확보하기 쉬워 공수 전환이 자연스럽게 이루어진다.

## 주로 어떤 팀이 사용하는가

- 점유를 중시해 볼을 소유하면서 전진하는 팀

- 미드필드를 두텁게 해서 경기를 지배하는 동시에 측면도 활용하는 팀

- 최전방 2인의 개인기나 콤비네이션을 활용하려는 팀

3-1-4-2는 안정적 빌드업과 두터운 미드필드의 장점을 살려, 확실하게 볼을 소유함으로써 상대 진형을 허무는 스타일에 적합하다. 특히 공격 시에는 측면 선수가 높은 위치로 올라가 윙백처럼 플레이함으로써 공격의 폭이 넓어진다.

## 장점

- 백3와 앵커 조합으로 빌드업의 안정감이 발군이다.
- 미드필더 4인으로 중원 지배력이 강하다.
- 프런트2로 마무리 단계에서 힘을 발휘한다.
- 양쪽 측면에 높은 위치를 잡을 수 있는 선수가 있는 덕분에 공격 선택지가 풍부하다.

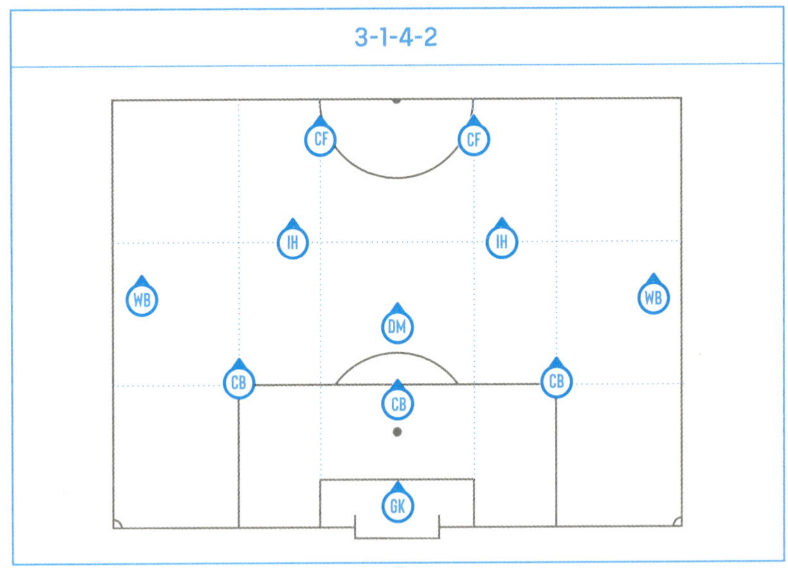

## 단점

- 백3의 바깥쪽 공간이 취약하다.

- 윙백의 전후 왕복 부담이 크다.

- 프런트2의 수비 강도가 낮으면 미드필드와 최전방의 거리가 벌어진다.

백3의 전방에 미드필더 2인을 배치하고, 그 앞에 4인을 두고 최전방에 스트라이커 1인을 배치하는 구성. 중앙이 두터워져 포지셔널 플레이에 특화된 구조라고 할 수 있다. 후방에서부터 빌드업을 하기 쉽고, 라인 사이와 하프 스페이스 활용에도 적합한 진형이다. 공격 시에는 다섯 개 레인을 활용하기 쉽고 가변 시스템과의 친화성도 높다.

## 주로 어떤 팀이 사용하는가

- 지배력을 높여 상대 진영에서 경기를 지배하고 싶은 팀
- 포지션을 바꿔 가면서 수적, 위치적 우위를 만들고 싶은 팀
- 상대 블록의 틈이나 배후를 정밀하게 공략하고 싶은 팀

볼 소유형 스타일로, 빌드업부터 중앙을 공략해 상대를 밀어붙이고 주도권을 노린다. 전술의 핵심은 볼란치 2인과 미드필더 4인이 책임지는 영역의 관계성이다. 볼란치 중 한쪽이나 섀도우 스트라이커가 진형을 바꿔서 들어가거나 배후로 쇄도해 국면을 타개하는 움직임이다.

## 장점

- 중앙이 두터운 덕분에 빌드업이나 포지셔널 플레이가 쉽다.
- 라인 사이의 공략, 또는 3선에서 직접 전방으로 돌파하는 플레이에 적합하다.
- 지배력을 높이기 쉬워 상대 진영에서 플레이 시간을 늘릴 수 있다.

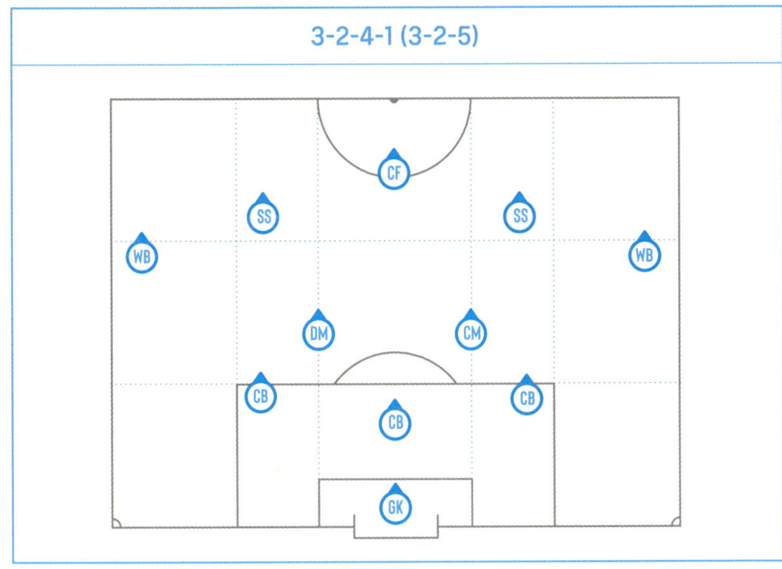

## 단점

- 윙백이 밀리면 한꺼번에 수비로 내려가야 할 위험이 생긴다.

- 센터백의 양쪽(하프 스페이스) 공간이 취약하다.

- 중앙을 허물지 못하면 압박 회피 후에 역습을 당하기 쉽다.

- 뛰어난 기술과 전술 이해도가 필요하므로 포메이션 운용 자체가 선수의 능력에 좌우된다.

# 11

# 3-1-5-1

백3의 최후방 라인에 앵커를 배치하고, 그 앞에 미드필더 5인을 세우는 포메이션. 미드필드를 두텁게 하고, 측면에서도 폭을 확보할 수 있다는 것이 특징이다. 앵커 덕분에 수비 시 균형을 잡기 쉽고, 볼 소유 시에는 중원에서 수적 우위를 살린 패스 돌리기가 가능하다.

## 주로 어떤 팀이 사용하는가

- 점유를 중시해 볼을 소유하면서 주도권을 잡는 팀
- 중원의 수적 우위를 살려 정교하게 상대 수비를 허무는 스타일
- 윙백을 적극적으로 전진시켜 공격하는 팀

볼 소유 시에는 백3와 앵커로 후방을 안정화하고, 미드필더 5인이 넓은 지역을 커버해 패스 경로를 만든다. 수비 시에는 윙백이 내려와 백5를 형성하면서 역습에 대응할 수 있다.

## 장점

- 중원이 두터워 안정적으로 볼을 소유할 수 있다.
- 앵커 덕분에 공수 전환이 부드럽다.
- 윙백의 전후 왕복으로 측면 공격도 안정감을 확보한다.
- 프런트1과 섀도우 스트라이커로 중앙 돌파 선택지가 풍부하다.

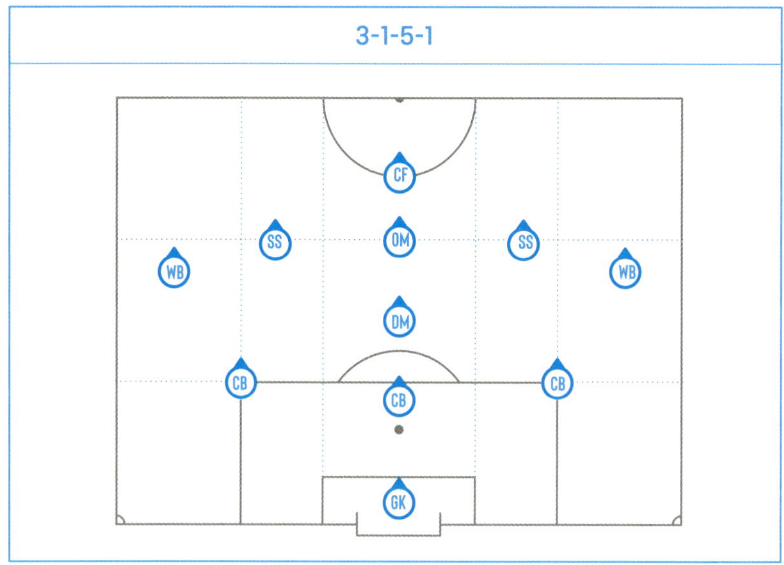

## 단점

- 윙백의 운동량 부담이 대단히 크다.

- 최후방 라인이 3인이어서 측면 공간이 취약하다.

- 프런트1이 고립되면 공격 진행이 어려워진다.

- 앵커에게 걸리는 부하가 크면 빌드업이 무너진다.

# 12

# 5-4-1

백5로 후방을 두텁게 만들고, 미드필드에 4인을 배치해 중앙을 단속한 상태에서 최전방에 1인만 두는 수비 중시 포메이션. 3중 라인으로 된 수비 블록을 형성하기 쉽고, 수비수 5인이 상대 공격에 넓은 폭으로 대응할 수 있다는 점이 최대 특징이다. 수비 안정성을 얻는 대신 공격 시 인원수가 적어질 수밖에 없어, 역습 공격의 지체나 최전방 선수의 고립을 피하기 위한 대책이 요구된다.

## 주로 어떤 팀이 사용하는가

- 선수비 후역습을 노리는 팀

- 리드 당하는 상황을 꺼리는 팀 또는 전력상 우위 팀에 도전하는 팀

• 상대 측면 공격을 막고 싶은 팀

　미드필더 4인이 횡으로 배치되고 중앙을 두텁게 해서, 상대 빌드업이나 라인 사이에서 공격에 버틴다. 윙백을 아래로 내려 수비 시에는 백5 형태로 측면 공간을 채운다. 볼을 빼앗은 순간에 측면으로 전개해 프런트1을 기점으로 속공을 시도하는 형태가 기본이다.

## 장점

• 백5에 따른 수비 안정감과 3개 라인 구조의 촘촘한 중앙 봉쇄가 특징
• 역습에 집중할 수 있는 배치로서 리스크 관리가 용이하다.

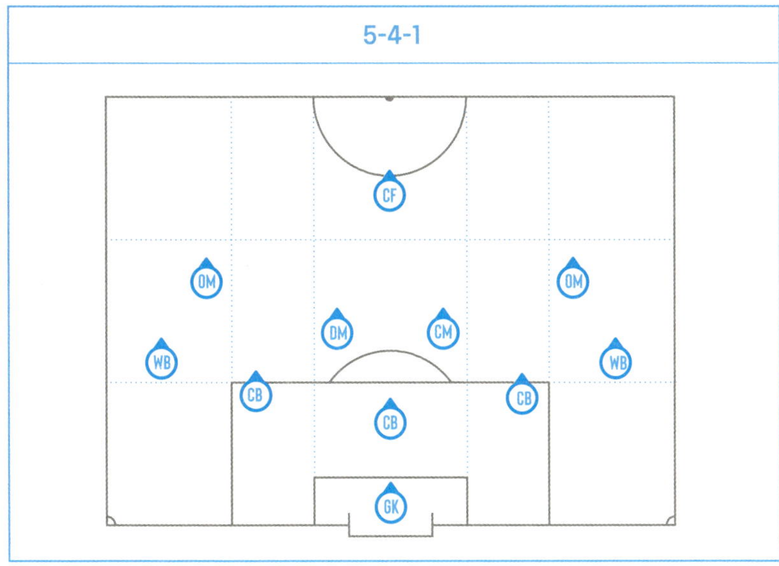

- 사이드백이나 센터백이 바깥으로 끌려 나가도 다른 수비수가 충분히 커버할 수 있다.
- 수비 시에는 5-4 블록으로 공간을 지운다.

## 단점

- 전방 숫자가 적어 공격이 단조로워질 수 있다.
- 프런트1이 고립되기 쉬워 반격이 어렵다.
- 미드필더 4인의 수비 부담이 커서 볼 소유가 어려워질 경우가 있다.
- 수비 중심으로 운용되므로, 득점이 필요한 전개에서는 공격 전환에 시간이 걸린다.

# 13

# 5-2-3

최후방 라인에 5인을 배치하고, 미드필더 2인, 최전방에 3명을 두는 포메이션. 백3에 좌우 윙백이 수비 시에 최후방 라인에 가세해 견고한 백5를 형성한다. 미드필드는 소수정예 2인으로 구성되고, 최전방은 중앙 1인과 양옆에서 윙어 역할을 하는 공격수 2인이 기본이다.

## 주로 어떤 팀이 사용하는가

- 수비 블록을 단단하게 굳혀 실점을 방지하고 싶은 팀
- 전방에 개인 능력이 좋은 선수들을 배치해 개인기로 공격하는 팀
- 측면에서 역습 기점을 만들고 싶은 팀

낮은 위치에서 수비 블록을 구축해서 상대에게 볼 소유권을 내주면서 틈을 노린다. 볼을 빼앗으면 속도를 살려 단번에 전방 3인으로 공격을 시도한다. 윙백이 공수 양면에서 중요한 열쇠가 되어 백5와 프런트3를 잇는 가교 역할을 한다.

## 장점

- 백5 구성으로 중앙과 양쪽 측면의 수비에 안정감을 확보한다.
- 전방 3인을 배치해 역습 능력을 살리고, 윙백의 왕복 움직임으로 국면을 타개한다.
- 상대 윙어나 사이드백의 자유로운 움직임을 제한하는 구조다.

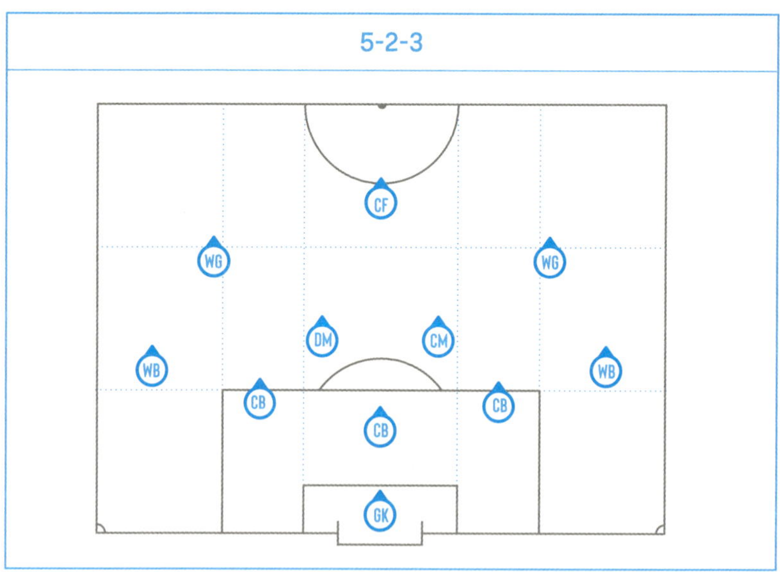

## 단점

- 미드필더가 2인으로 중앙에서 수적 열세가 되기 쉽다.

- 윙백의 운동량과 전술 이해도가 매우 중요하다.

- 볼 소유 상태에서 공격이 한정적일 수 있다.

- 공격 시에 윙백이 올라가지 못하면 전방 3인이 고립되기 쉽다.

# 14

# 5-3-2

최후방 라인에 센터백 3인과 윙백 2인을 배치한 백5에 미드필더 3인, 전방 2인으로 구성된다. 견고한 수비와 역습 효율을 겸비한 포메이션이다. 미드필드는 중앙을 두텁게 유지할 수 있고, 윙백이 폭을 확보하며 프런트2가 전방에서 기준점 역할을 해서 균형을 이룬다.

## 주로 어떤 팀이 사용하는가

- 수비를 중시하면서 역습을 노리는 팀
- 미드필드에서 밀도와 안정감을 원하는 팀
- 볼 소유 상태에서는 윙백을 높게 배치해 실질적으로 3-5-2 진형처럼 전환하는 팀

수비 시에는 백5, 공격 시에는 백3와 윙백의 전진 배치로 상황에 따라 진형을 바꿀 수 있다. 미드필더 3인이 중앙을 제압해 상대 빌드업을 제한한다. 윙백의 전후 왕복 움직임으로 측면 주도권을 쥐는 운영이 필요하다. 프런트 2는 앞뒤로 서기도 한다. 한 명이 내려와 기점이 되고 다른 한 명은 상대 수비의 배후를 노리는 형태라고 할 수 있다.

## 장점

- 중앙에서 수비 강도와 견고함을 확보하기 쉽다.
- 측면에 윙백이 있어 폭이 넓은 공격이 가능하다.
- 센터백 3인으로 빌드업이 안정적이다.

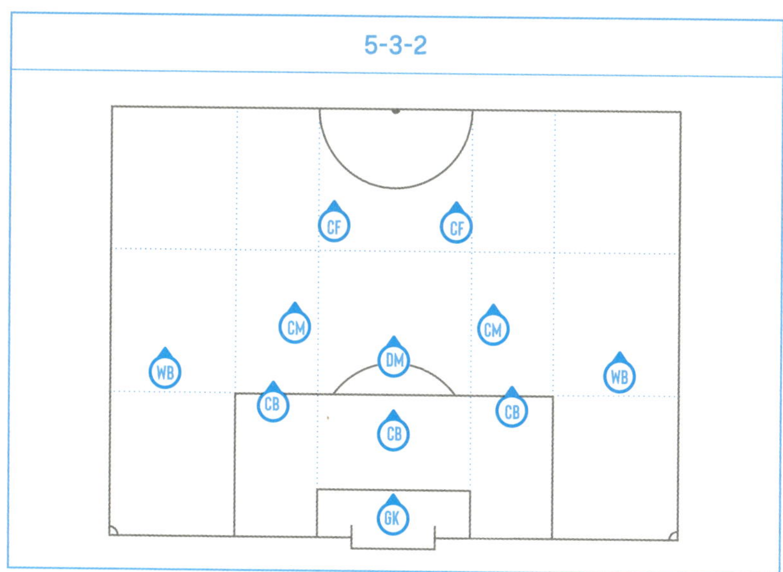

• 수비 시는 백5를 구성해 블록을 형성하기 쉽다.

## 단점

• 윙백 포지션에게 대단히 많은 운동량이 요구된다.

• 미드필더 3인으로는 폭을 확보하기 어려워 측면을 막아야 할 때 윙백에게
부하가 걸린다.

• 빌드업 시에 전방에 2인만 있어 지원받기 어려운 경우도 있다.

• 포지션 변화가 적어 상대에게 간파되기 쉽다.

# 15

# 유연
# 시스템

지금까지 포메이션의 종류와 특징, 장단점 등에 대해 알아보았다. 팀이 정한 포메이션으로 경기에 임했을 때, 모든 포지션에서 상대와 매치업이 가능할 수도 있지만, 포지션이 서로 다른 탓에 자유로워지는 선수가 많아질 때도 있다. 그러면 공격이나 수비가 온전히 기능할 수 없으므로, 킥오프 직후 최대한 빨리 포메이션을 바꿔야 한다.

경기 중에 포메이션이나 선수별 역할을 바꿈으로써 공수 양면에서 유리한 상황을 만들 수 있다. 처음 포메이션을 고수하지 않고 상황에 맞춰 배치를 전환하면, 상대 팀을 당황시키는 효과도 있다.

### 1 4-1-2-3 → 3-2-4-1

사이드백 1인이 앵커 옆으로 이동해 더블 볼란치처럼 전환하고, 나머지 수비수 3인이 백3를 만든다. 미드필드가 두터워진 덕분에, 인사이드 하프들은 전진해서 다섯 개 레인을 모두 채우는 움직임을 취한다.

### 2 4-2-3-1 → 4-4-2

주로 수비 국면에서 취하는 움직임. 2선 중앙이 전진해서 프런트2 형태로 상대를 압박한다. 윙어 1인이 센터포워드 곁으로 이동해 프런트2를 만들고 2선 중앙이 다시 윙어가 있던 측면으로 벌려 4-4-2를 만들 때도 있다.

### 3 3-2-4-1 → 3-1-5-1

윙백이 매우 공격적일 때, 미드필더 중 한 명이 한 칸 전진해 중원의 높은 위치에서 숫자를 늘릴 수 있다. 2024년 후반 일본 국가대표팀에서 볼 수 있었던 모습이다.

### 4 3-4-2-1 → 4-2-3-1

윙백이 각자 다르게 움직이는 유연 시스템. 수비적 역할을 수행하는 윙백은 뒤로 내려가고 반대 측면 센터백이 사이드백이 되어 백4를 형성한다. 반대쪽에 있는 공격적 윙백은 전진하고, 섀도우 스트라이커 2인이 공격형 미드필더와 반대 측면 윙어가 되어 4-2-3-1로 전환할 수 있다.

이 책에서 언급한 유연 시스템은 일부 사례에 지나지 않는다. 경기 중인

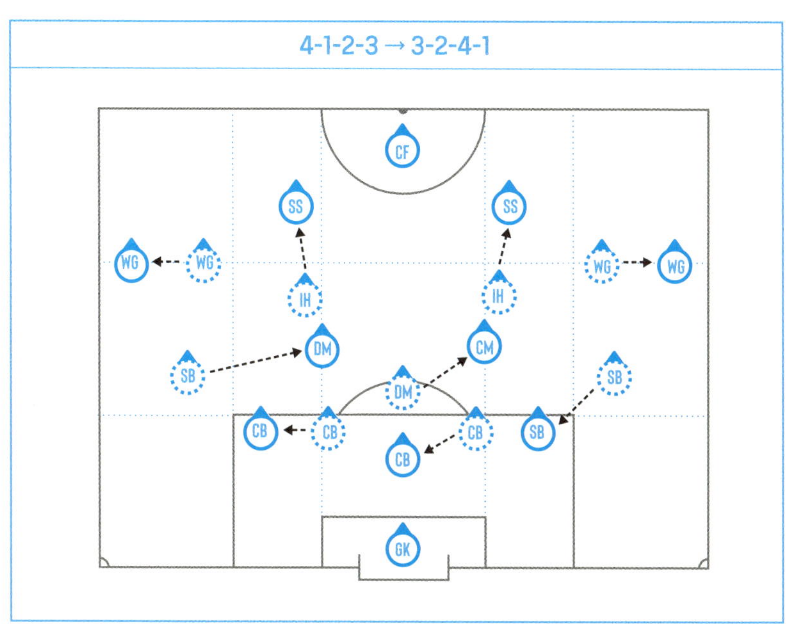

4-1-2-3 → 3-2-4-1
CF
SS
SS
WG
WG
WG
WG
IH
IH
DM
CM
SB
SB
DM
CB
CB
SB
CB
CB
GK


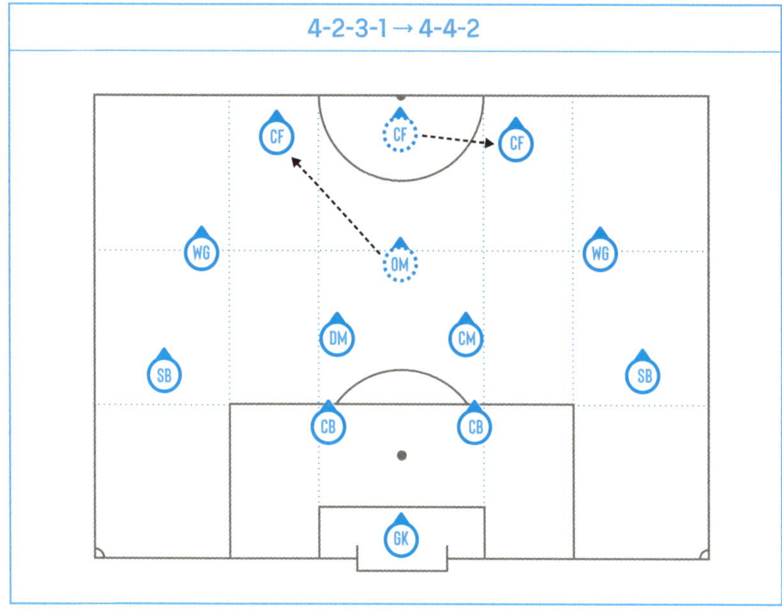

4-2-3-1 → 4-4-2
CF
CF
CF
WG
WG
OM
DM
CM
SB
SB
CB
CB
GK

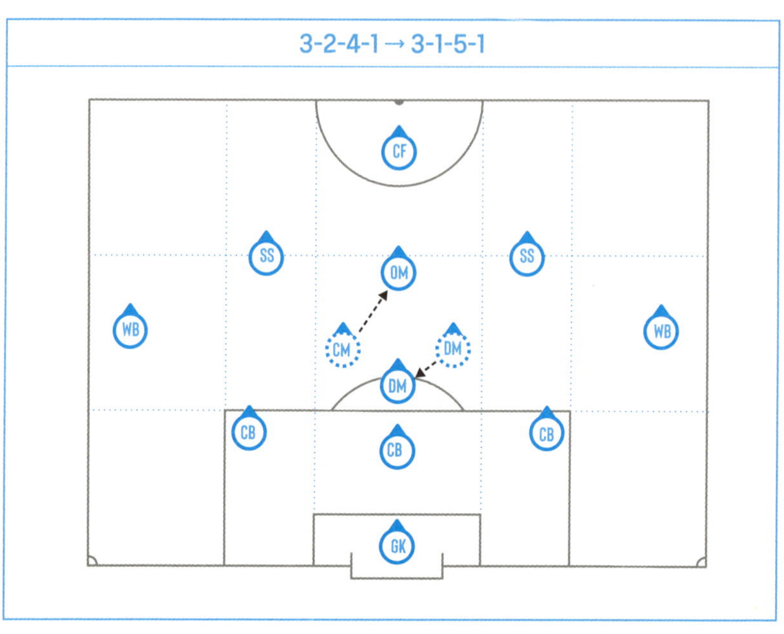

3-2-4-1 → 3-1-5-1
CF
SS
SS
OM
WB
CM
DM
WB
DM
CB
CB
CB
GK


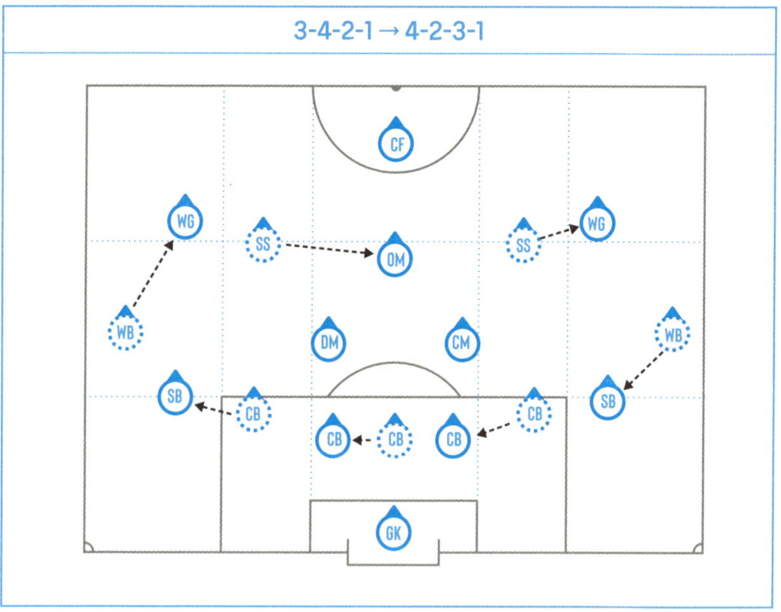

3-4-2-1 → 4-2-3-1
CF
WG
SS
OM
SS
WG
WB
DM
CM
WB
SB
CB
SB
CB
CB
CB
CB
GK

두 팀이 시작 시의 포메이션에서 5장에서 설명한 각 국면 단위로 섬세하게 시스템을 바꾸는 양상도 펼쳐질 수 있다. 최근 축구 경기에서 '유연 시스템'이나 '시스템 전환'이라는 말을 자주 들어보았을 것이다. 포메이션이나 전술에 대한 이해도가 상승하면 '상황이 이러해서 이런 포메이션으로 대응한다'라는 식의 어느 정도 정해진 공식이 눈에 보인다.

그런데 이 포메이션마다 '상성'이라는 것이 존재한다. 다음 장에서는 두 팀이 만났을 때 어떤 포메이션이 유리하거나 불리한지에 대해 자세히 알아보려 한다.

# 포메이션의 상성

# 01

# 포메이션 간 유불리 도표

두 팀의 포메이션이 부딪쳤을 때 유불리에 대해 표로 정리했다. 가로열과 세로열에서 두 팀의 포메이션을 찾아, 교차되는 칸에 적힌 페이지에서 확인하면 된다.

|  | ①4-4-2 | ②4-2-3-1 | ③4-1-2-3 (4-3-3) | ④4-3-1-2 | ⑤4-3-2-1 | ⑥3-4-2-1 |
|---|---|---|---|---|---|---|
| ① 4-4-2 | 231p | 231p | 231p | 232p | 232p | 232p |
| ② 4-2-3-1 | 231p | 235p | 235p | 236p | 236p | 236p |
| ③ 4-1-2-3 (4-3-3) | 231p | 235p | 239p | 239p | 240p | 240p |
| ④ 4-3-1-2 | 232p | 236p | 239p | 243p | 243p | 243p |
| ⑤ 4-3-2-1 | 232p | 236p | 240p | 243p | 246p | 246p |
| ⑥ 3-4-2-1 | 232p | 236p | 240p | 243p | 246p | 249p |
| ⑦ 3-4-1-2 | 233p | 237p | 240p | 244p | 247p | 249p |
| ⑧ 3-1-4-2 | 233p | 237p | 241p | 244p | 247p | 250p |
| ⑨ 3-2-4-1 (3-2-5) | 233p | 237p | 241p | 244p | 247p | 250p |
| ⑩ 3-1-5-1 | 234p | 238p | 241p | 245p | 248p | 250p |
| ⑪ 5-4-1 | 234p | 238p | 242p | 245p | 248p | 251p |
| ⑫ 5-2-3 | 234p | 238p | 242p | 245p | 248p | 251p |
| ⑬ 5-3-2 | 235p | 239p | 242p | 246p | 249p | 251p |

| ⑦3-4-1-2 | ⑧3-1-4-2 | ⑨3-2-4-1 (3-2-5) | ⑩3-1-5-1 | ⑪5-4-1 | ⑫5-2-3 | ⑬5-3-2 |
|---|---|---|---|---|---|---|
| 233p | 233p | 233p | 234p | 234p | 234p | 235p |
| 237p | 237p | 237p | 238p | 238p | 238p | 239p |
| 240p | 241p | 241p | 241p | 242p | 242p | 242p |
| 244p | 244p | 244p | 245p | 245p | 245p | 246p |
| 247p | 247p | 247p | 248p | 248p | 248p | 249p |
| 249p | 250p | 250p | 250p | 251p | 251p | 251p |
| 252p | 252p | 252p | 253p | 253p | 253p | 254p |
| 252p | 254p | 254p | 255p | 255p | 255p | 256p |
| 252p | 254p | 256p | 256p | 257p | 257p | 257p |
| 253p | 255p | 256p | 258p | 258p | 258p | 259p |
| 253p | 255p | 257p | 258p | 259p | 259p | 260p |
| 253p | 255p | 257p | 258p | 259p | 260p | 260p |
| 254p | 256p | 257p | 259p | 260p | 260p | 261p |

# 02

# 13 포메이션 × 13 포메이션

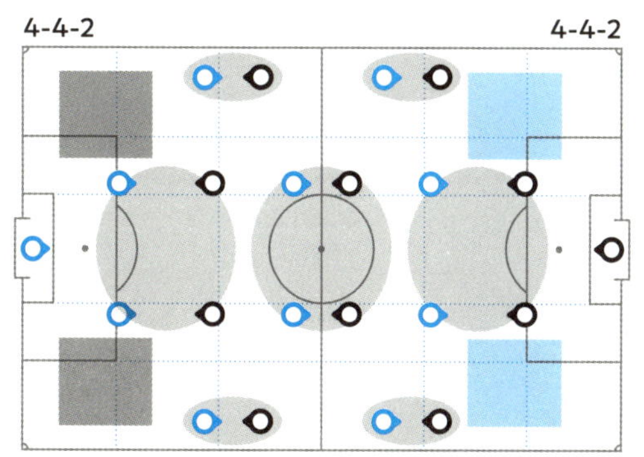


두 팀의 각 포지션이 일대일로 대응하는 상황. 이 상태에서는 모든 선수가 국지적인 일대일 싸움에서 우위에 서야 한다.
이때 수적 우위를 가지려면 유연 시스템이 필요하다. 미드필더 1인을 내려 빌드업에 가담하게 하거나, SB이 전방으로 올라가 5인 공격 형태를 만드는 식이다.

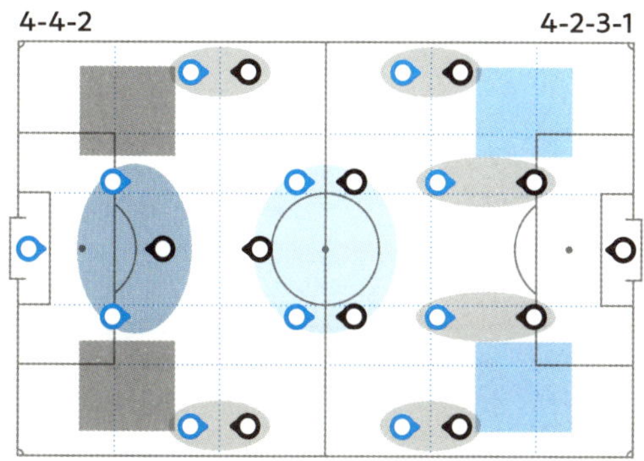


4-4-2가 볼을 소유할 때 4-2-3-1은 MF가 전진해 매치업한다. 4-2-3-1이 볼을 소유하면 MF 1인이 내려와 빌드업에 가담한다. 수적 우위가 된 빌드업 상황에서, 1인이 볼을 운반하면서 중원으로 전진해 수적 우위를 유지한다.

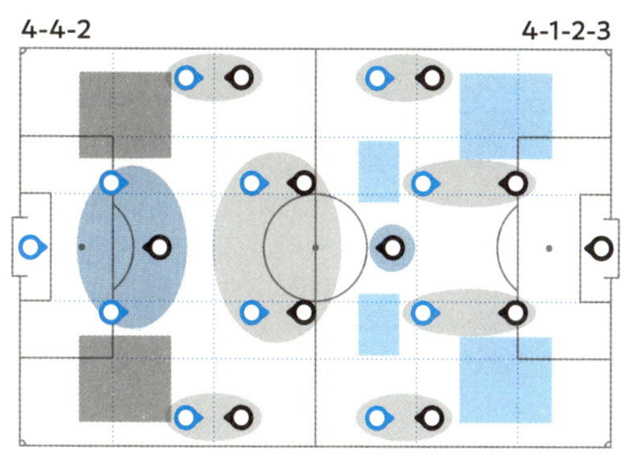


4-4-2는 공격에서 앵커 양옆 공간을 노린다. 수비에서는 상대 앵커로 가는 패스 경로를 차단하는 것이 포인트다.
4-1-2-3은 앵커나 IH가 한 칸 내려오거나 양 측면의 SB이 백3의 한 자리나 미드필드로 이동해 빌드업에서 수적 우위를 만든다. IH나 SB이 전진해 포켓을 노릴 수 있다.

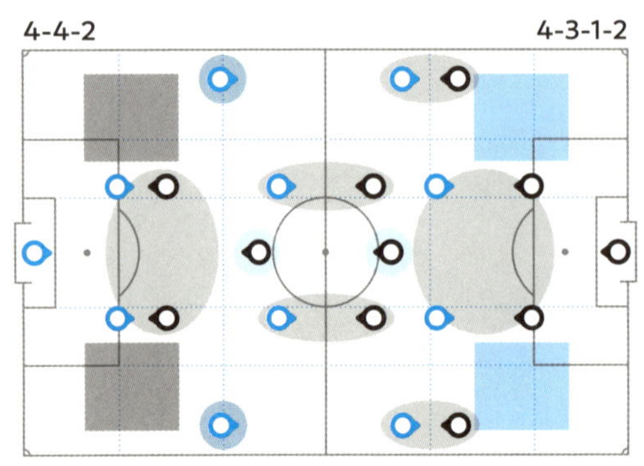

중앙의 인원수가 많은 4-3-1-2
를 공략하기 위해서, 4-4-2는 측
면 공략이 필수다. 수비할 때도
중앙이 수적 열세이기에 SB의 마
크가 중요하다.
반대로 4-3-1-2는 공수 모두
중앙을 중시해 측면이 얇아진다.
전진이나 봉쇄 국면에서 미드필
더의 공수 서포트가 반드시 필요
하다.

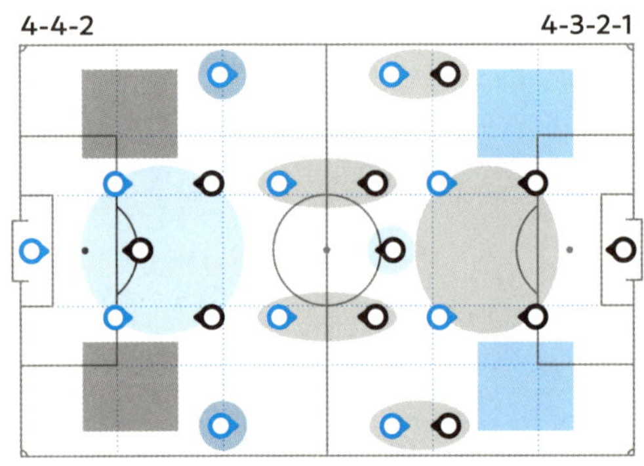

4-4-2가 4-3-2-1을 상대할 때
중앙에서 수적 열세가 되기 쉬우
므로 공수 양면에서 볼란치 지원
이 중요하다. 공격할 때는 측면에
서 수적 우위를 살려야 한다.
한편 4-3-2-1은 중앙을 견고하
게 만들어 쉽게 주도권을 잡을 수
있지만, 측면 관리가 과제로 남는
다.

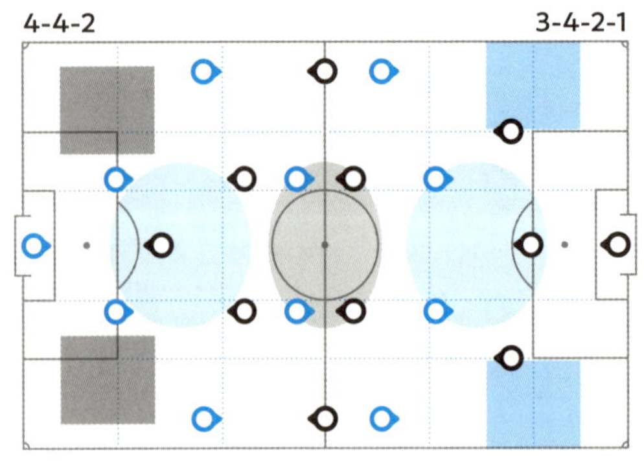

4-4-2의 프런트2는 상대가 빌
드업할 때 양옆 공간이 취약하다.
공격 시 측면에서 2대1 상황을 만
들 수 있는지가 관건이다.
3-4-2-1은 반대로 WB이 계속
전후진해 공수 모두 5인 구조를
만든다. 4-4-2의 공수 4인에 대
해서 수적 우위를 만들어 주도권
을 쥐려는 것이다.

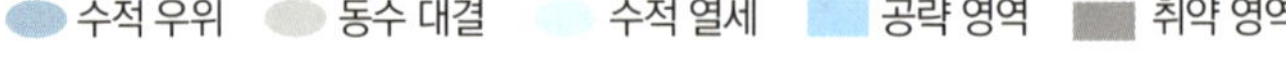

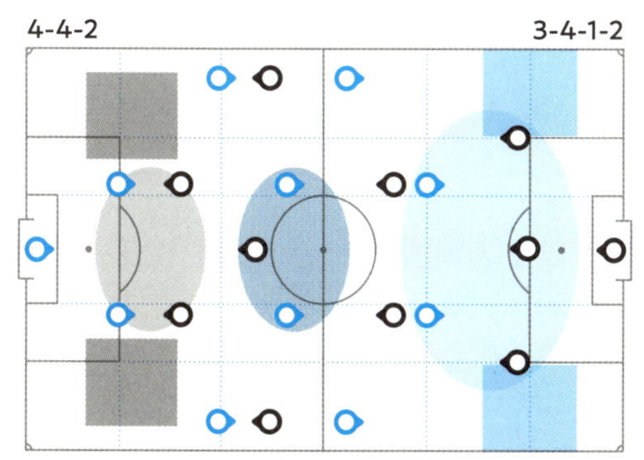

4-4-2는 빌드업 시, 양쪽 CB과 MF 4인이 상대 프런트2와 SS 1인을 얼마나 효과적으로 통과할지가 관건이다. 상대 진영으로 보내는 롱볼로 출구를 삼는 것도 유효하다.

3-4-1-2가 4-4-2를 상대할 때, 자기 진영에서는 CB을 빼고 수적 열세이므로 미드필드와 WB의 연계가 중요하다.

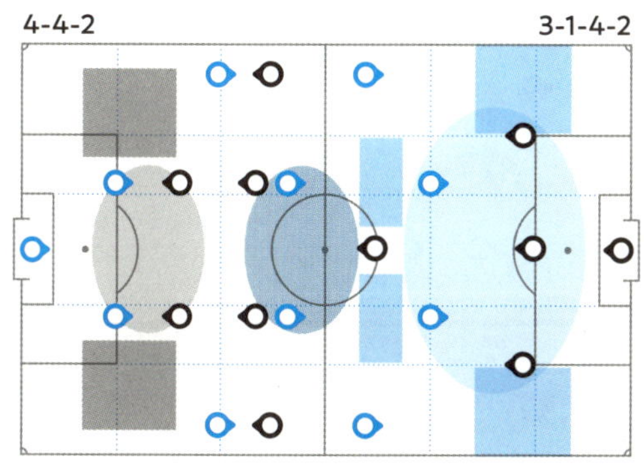

4-4-2의 프런트2가 상대 앵커를 향하는 패스 경로를 지우면 측면 관리에 주력할 수 있다. 의도적으로 낮은 위치에서 볼을 빼앗아 역습을 노리는 것이 효과적이다.

한편 3-1-4-2는 미드필드 중앙에서 수적 우위를 점하므로, 한쪽 측면의 FW·SS·WB이 연계해 상대를 압박할 수 있다.

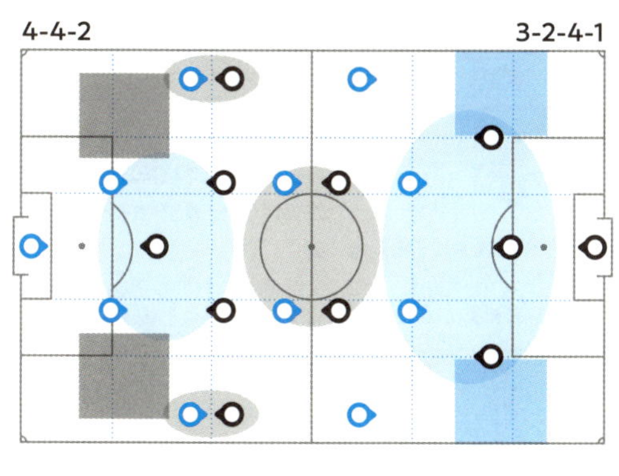

3-2-4-1은 빌드업 시 3대2, 공격 시 5대4로 미드필드 이외 지역에서 수적 우위. 대각선 롱볼이나 하이프레스로 상대 프런트2의 배후 공략이 효과적이다.

4-4-2는 수비에서 수적 열세가 된다. 상대 WB이 내려가면 상대 진영에서 공격할 때도 불리하므로 미드필드에서 볼 탈취로 역습을 시도한다.

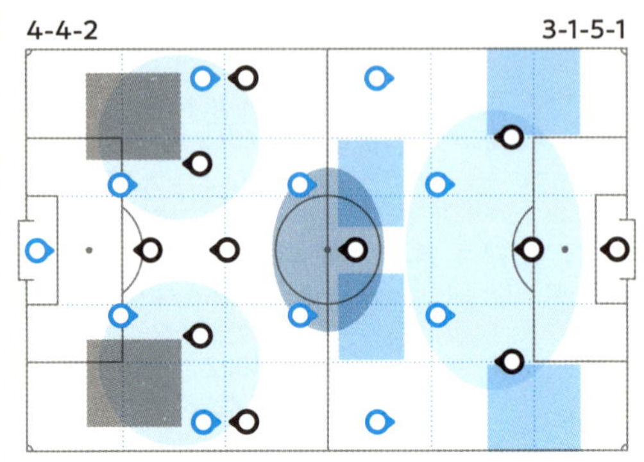


4-4-2는 앵커를 향하는 패스 경로를 지우는 움직임이 기본이다. 상대의 전진을 WB까지 내려와 대응하면 반격하기가 어렵다.
3-1-5-1은 미드필드 중앙에서 전진해 상대 진영에서 우위를 노리지만 WB에게 부하가 크게 걸린다. 공격에서 압박을 가할 때가 승부처다.

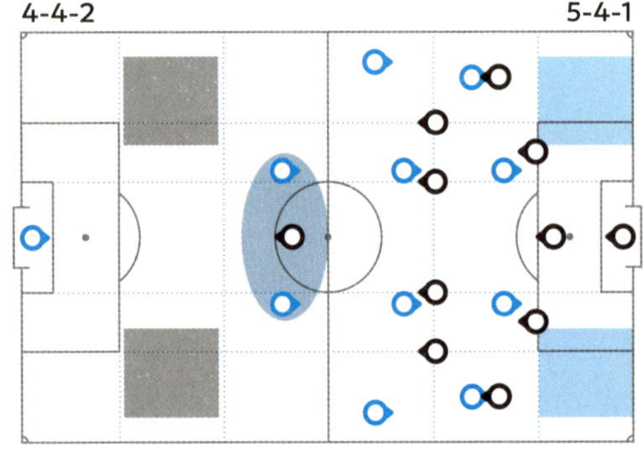


4-4-2는 공격할 때 상대 수비 블록 안에서 측면 공격으로 벗어나는 것이 중요하다. 상대를 자기 진영에 가두고 크로스 공격을 반복하면 세트피스 같은 효과를 기대할 수 있다.
5-4-1은 견고한 수비가 기본이다. 역습 시에 숫자가 적은 전방 선수를 어떻게 활용할지가 포인트다.

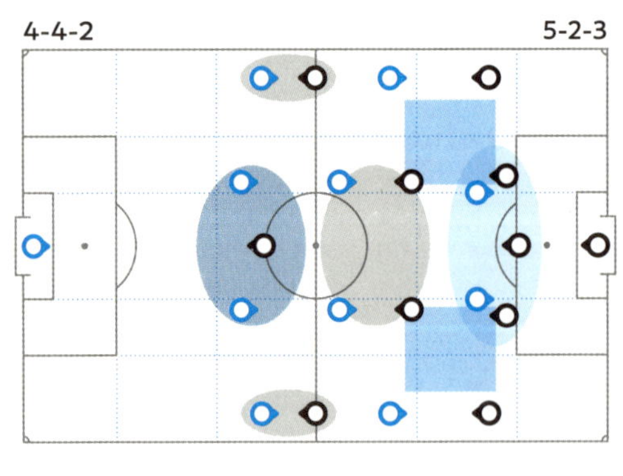


4-4-2는 볼을 빼앗긴 직후 역습을 경계하면서 수적 우위인 미드필더들을 중심으로 포켓을 공략한다. 백5로 강화된 중앙 DF를 어떻게 끌어낼 것인지가 관건이다.
5-2-3은 상대 측면이 전진했을 때 배후 공간을 노리는 전술을 기본으로 한다.

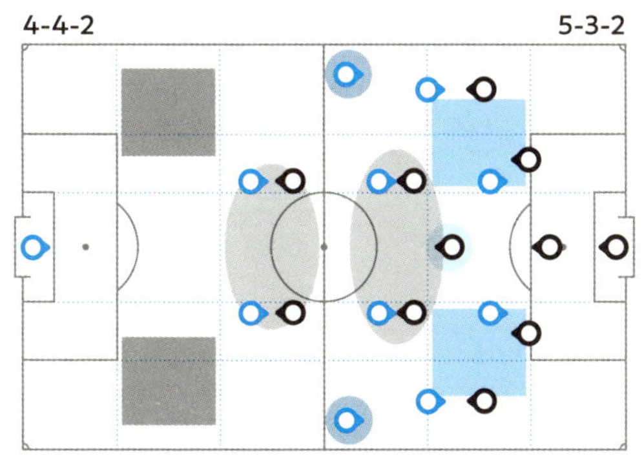



4-4-2의 프런트2는 상대 센터백 3인에 갇히기 쉬우므로, SB과 WG가 연동해서 공격에 가담하는 것이 기본이다.

한편 5-3-2는 중앙과 미드필더에 집중한 진형으로, 윙어가 없어 측면에서 위치적, 수적 열세가 된다. 선수가 집중된 중앙에서 되치는 움직임이 관건이다.

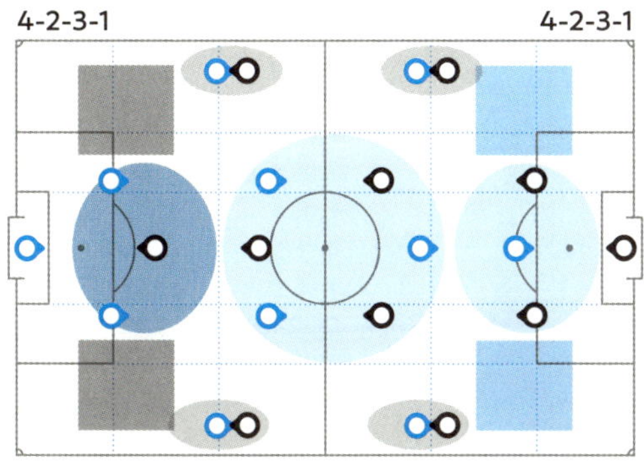



모든 영역에서 동수를 이룬다. 4-2-3-1은 수비 시에 2선 중앙이 전진하는 플레이가 많아서 거의 4-2-3-1 대 4-4-2 양상이 된다.

공격할 때는 2선 중앙의 찬스를 만드는 능력이 중요하고, 수비할 때는 2선 중앙이 전방과 미드필드 중 어디에 서느냐가 경기 흐름을 좌우한다.

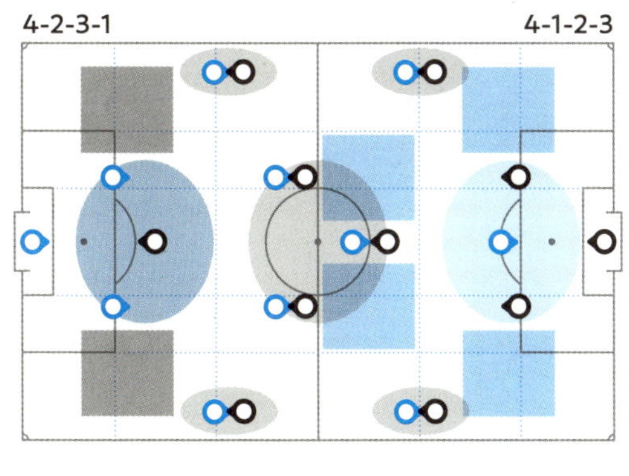



4-2-3-1은 앵커 좌우 공간을 공략하고 싶겠지만, 미드필드는 동수 상태다.

4-1-2-3은 강력한 WG를 배치하는 경우가 많아서 측면에서 밀어 올리기 쉽다. 미드필드에서 볼을 지배하면서 넓은 공간에서 수적 우위를 만드는 전개가 가능하다면 상대 진영 깊숙한 곳까지 침투할 수 있다.

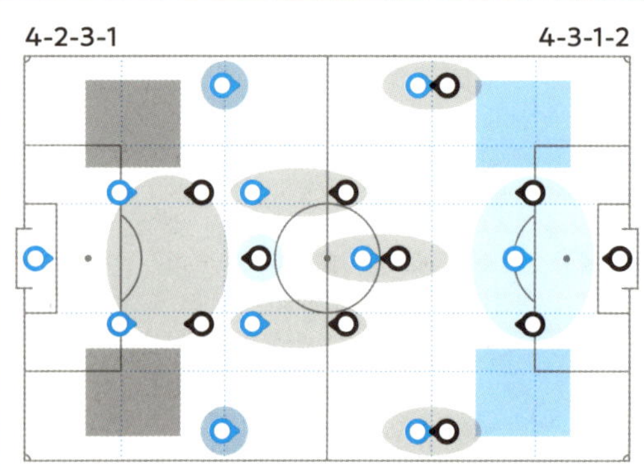



4-2-3-1이 4-3-1-2를 만나면, SB 앞에 선수가 없으므로 측면 중심의 폭을 사용한 공격으로 주도권을 잡기 쉽다.

4-3-1-2는 측면이 얇지만 중앙에 인원을 집중해 수적 우위를 만들 수 있다. 하지만 측면을 제대로 관리하지 못하면 밀리는 전개가 되기 십상이다.

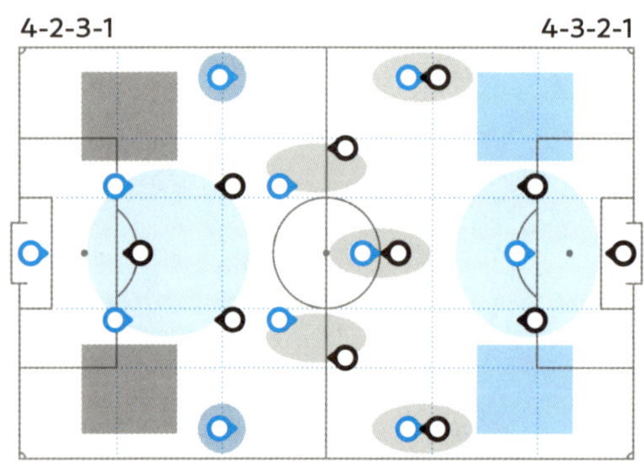



4-2-3-1 진형은 측면에서 폭을 잡으면서 공격하는 편이 유리하지만, 수적으로 불리하다면 SB을 안쪽에 포지셔닝시키는 것도 방법이다.

4-3-2-1은 중앙 지배를 노리는 한편 측면 공간을 비워둘 수 있는데, SS 2인이 WG까지 소화할 수 있다면 측면도 커버할 수 있다.

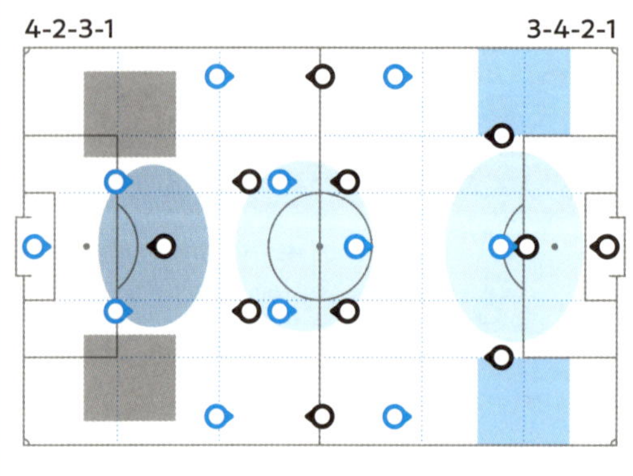



4-2-3-1은 WG가 상대 WB을 밀어붙일 수 있는지가 관건. 측면에서도 2대1 상황을 만들어 상대 진영에서 밀어붙인 상태에서 수적 우위를 살리는 게 유리하다.

3-4-2-1은 MF 4인으로 수적 우위를 만들면서 상대 백4의 배후로 전개해야 한다. WB이 높이 올라가면 상대 진영에서 수적 우위가 가능.

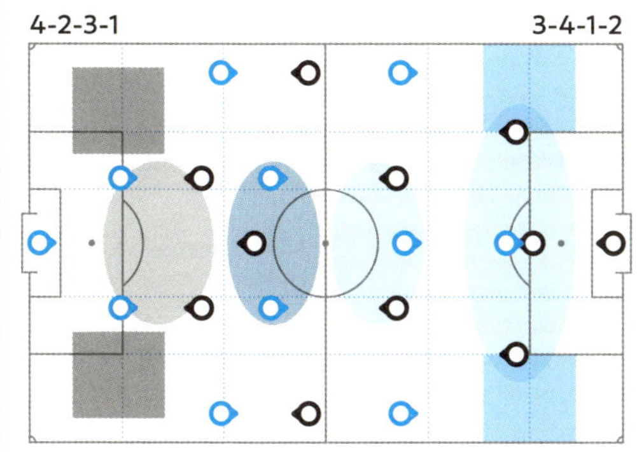

4-2-3-1은 빌드업에서 CB 2인이 상대 압박 2인과 동수를 이룬다. 상대 SS까지 가세하면 수적 열세가 되기에, 볼란치 2인과 SB도 활용하면서 볼을 전방으로 운반해야 한다.

3-4-1-2는 측면에서 1대2의 수적 열세이지만 중앙에서의 우위를 살려 전진·압박할 때 볼 탈취 이점을 살려야 한다.

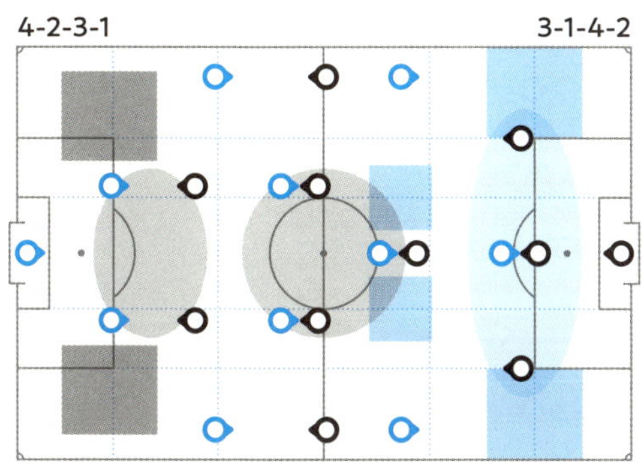

4-2-3-1은 상대 앵커 양옆 공간을 활용해야 한다.

3-1-4-2는 전방과 미드필드에서 상대를 압박하면서 측면 공간을 관리해야 한다. 빌드업할 때는 3대1 수적 우위가 되므로, CB 1인이 전진할 수 있으면 전방의 동료가 자유로워진다. 4-2-3-1의 WG가 전진하면 모든 포지션에서 일대일 상황이 된다.

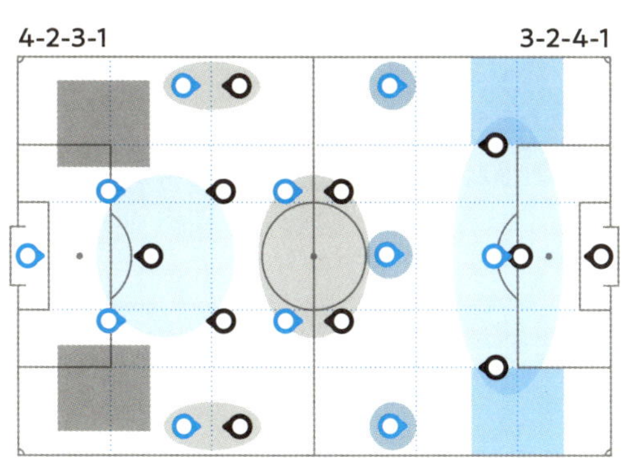

4-2-3-1은 자기 진영에서 열세가 되므로, 일단 상대 진영 측면으로 볼을 보낸 상태에서 WG의 질적 우위를 살려야 한다.

반대로 3-2-4-1은 전진하면서 미드필더 4인으로 수적 우위를 만들어 상대를 제압해야 한다. 다만, 상대 진영에 선수가 쏠리는 탓에 역습을 허용하면 단번에 위기에 빠진다.

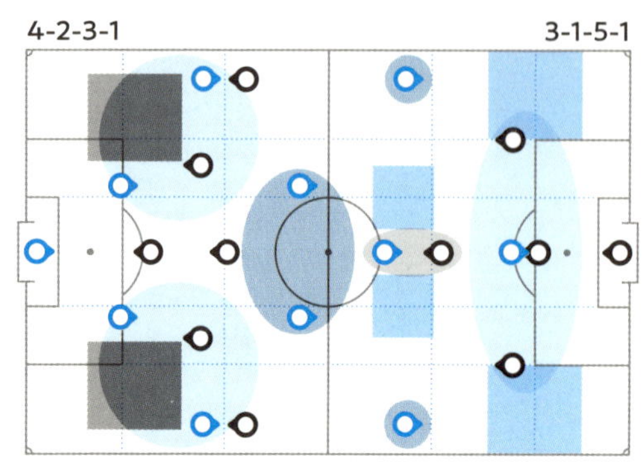


4-2-3-1은 자기 진영에서 수적으로 불리하므로, 볼을 빼앗으면 볼란치와 WG가 재빨리 볼을 받아 역습을 노리는 방법이 효과적이다.
한편 3-1-5-1은 중앙을 밀집 봉쇄한 상태를 유지한다. 볼을 빼앗기더라도 수적으로 불리한 영역으로 볼이 나가지 않도록 대응해야 한다.

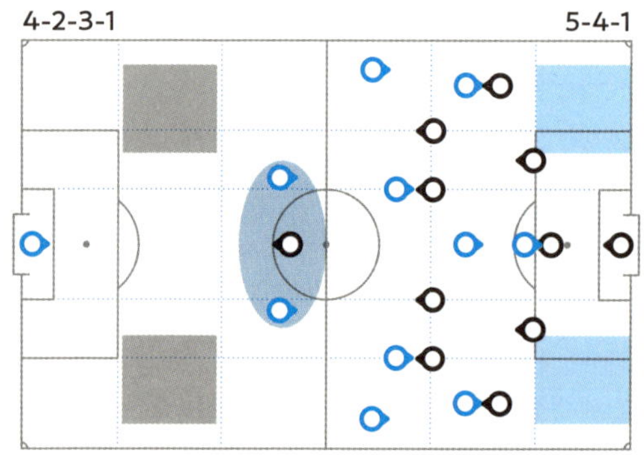


4-2-3-1은 블록을 무너뜨리기 위해 측면 공격이 필수적이다. 밀집한 중앙에서는 SS의 창의적 플레이가 요구된다.
한편 5-4-1은 '선수비 후역습' 형태로서, 상대가 SB을 전진시키거나 CB이 공격에 가담한 직후 상황을 노려 역습을 가할 수 있느냐가 관건이다.

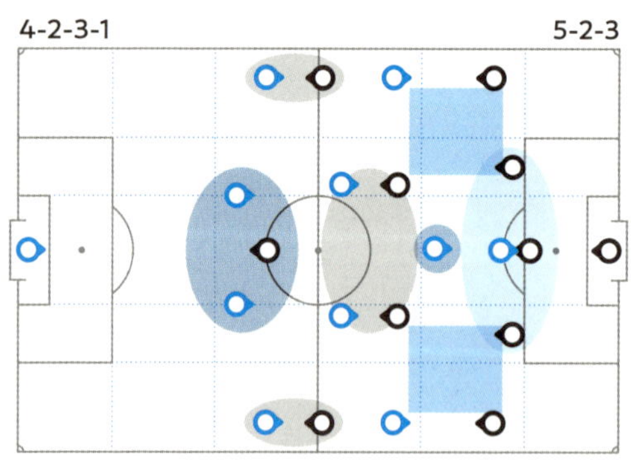


4-2-3-1은 WG가 볼란치나 SB과 연계해 측면 배후 또는 포켓까지 침투하는 연동 플레이가 필수적이다. 자유도가 높은 SS를 효과적으로 활용해야 한다.
한편 5-2-3은 중앙을 두텁게 지킬 수 있지만, 측면을 공략당하면 라인이 전체적으로 아래로 내려오기 때문에 WG 플레이가 필요하다.

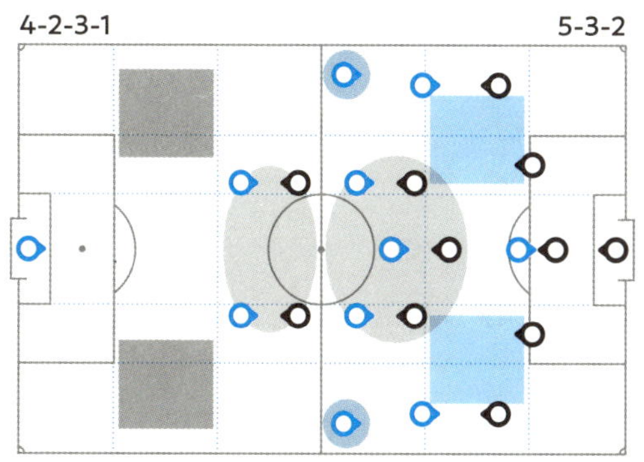


4-2-3-1의 CB 2인에 대해 프런트2가 배치되고 중앙 미드필드도 밀집한 상태여서, 중앙 공략은 어렵다. 미드필드와 측면이 연계해 한쪽 측면을 선택적으로 공략해야 한다.

5-3-2는 중앙 수비가 견고하지만, 측면 대응이 늦어질 수 있다. 역습 시에는 프런트2의 개인 기량이 필요하다.

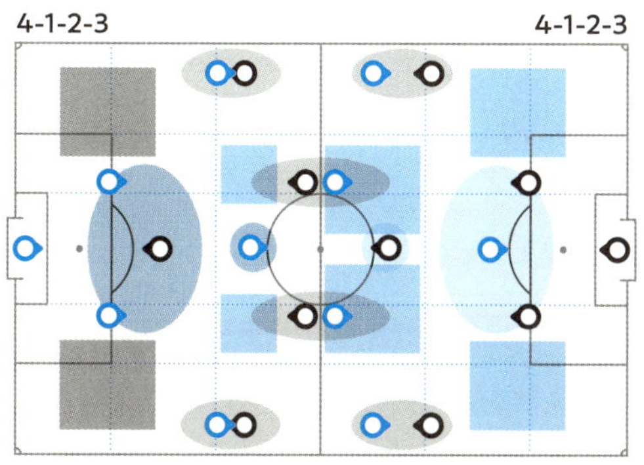


동일한 포메이션이기 때문에 각 국면, 특히 IH의 전진 능력이나 앵커의 수비 능력이 승패를 가른다. 양 팀 모두 앵커 양쪽에 공간이 있으므로 그중 한쪽을 선택해 MF, SB를 효과적으로 보내는 운영이 필요하다. CF가 아래로 내려와서 후방에서 패스를 받아 올라가는 방법도 좋다.

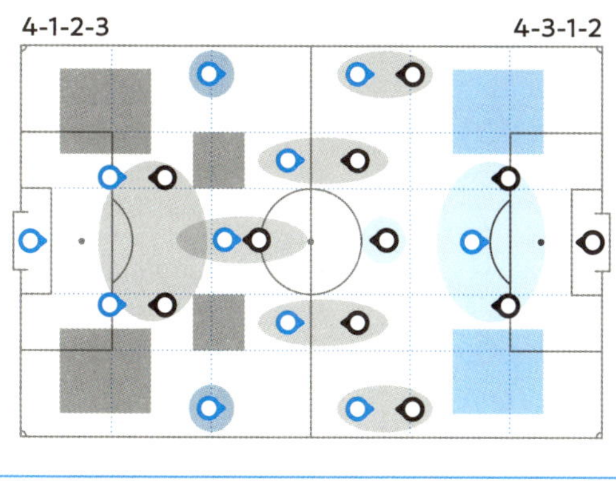


4-1-2-3은 SB의 위치적 우위를 살려 폭이 넓은 형태로 압도할 수 있지만, 중앙이 3대4로 약간 불리하다.

4-3-1-2는 중앙에서 수적 우위를 만들기 쉽지만 앵커 양옆이 취약하다. 트랜지션 국면에서, IH와 앵커가 거리를 유지하면서 중앙으로 들어오는 상대 선수를 봉쇄하는 것이 중요하다.

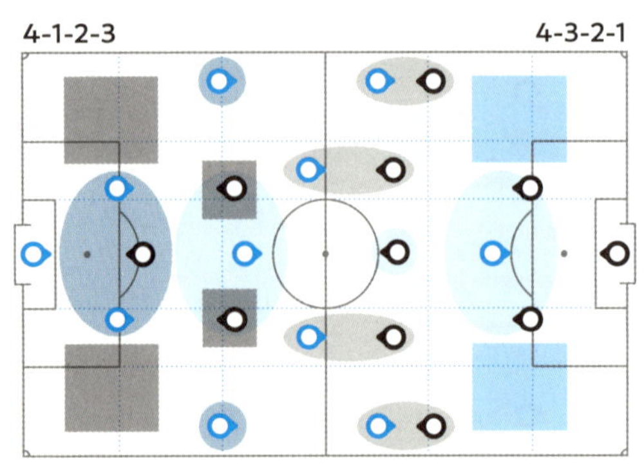


4-1-2-3은 측면에서 상대 진영으로 진입할 때 중앙 영역에서는 자유롭게 움직이기 어렵다.

4-3-2-1은 측면이 불리하지만 중앙에서 3대5로 압도적 우위를 점한다. SS가 WG 역할까지 소화할 수 있으면, 외곽으로 돌아 들어가서 상대의 측면 자유를 빼앗는 전개로 공격 기회가 급증한다.

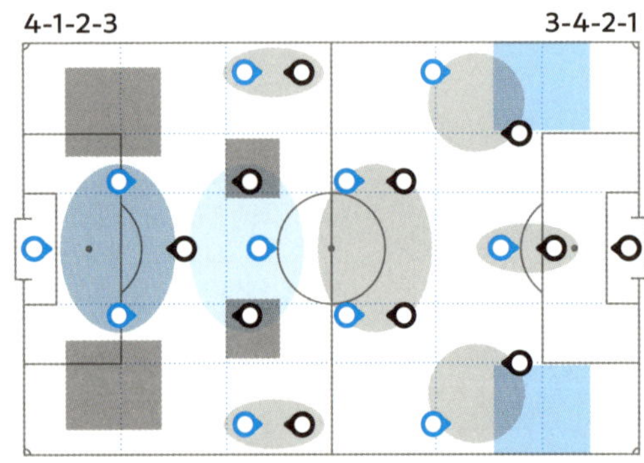


4-1-2-3은 WG와 SB으로 상대 WB과 대면할 수 있어서, 양쪽 측면과 함께 2대1 상황을 만들기 쉽다.

4-1-2-3의 취약 영역은 앵커 양 옆인데, 3-4-2-1은 SS로서 이곳에서 위치적 우위를 살릴 수 있다. 또한 하프 스페이스나 프런트 포켓을 효과적으로 활용하는 공격에서 기회가 생긴다.

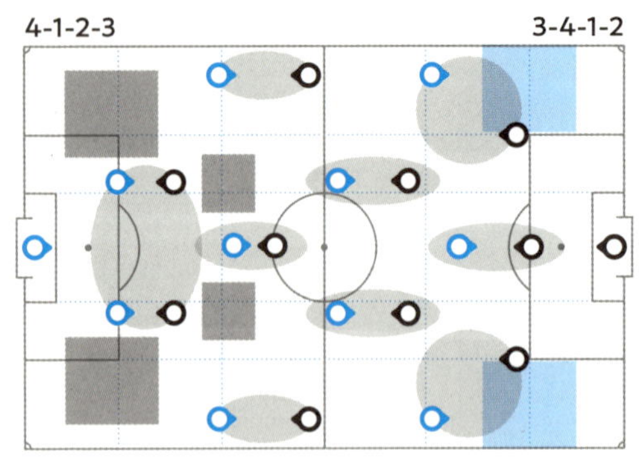


4-1-2-3에서 SB이 상대 WB을, WG가 상대 CB을 담당하면 전 영역에서 매치업이 이루어진다. 그런데 3-4-1-2는 중앙에 인원수를 배분하다 보니, 측면에서는 밀릴 소지가 크다.

서로 다른 영역을 공략하는 상황에서 어느 쪽이 서포트를 유지할지가 관건. 오픈게임으로 흐를 가능성이 크다.

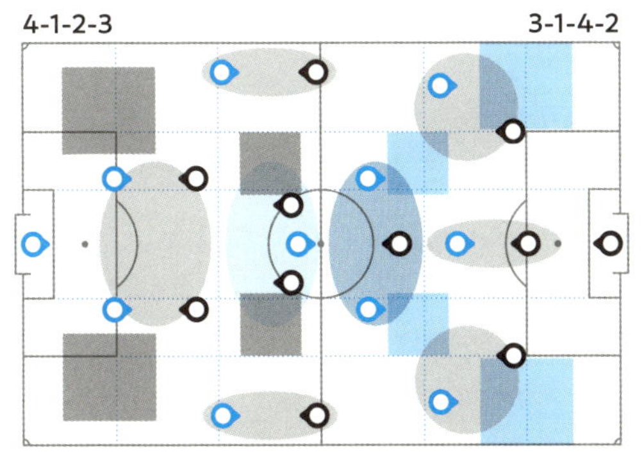

양 팀 모두 앵커 양옆에 상대 선수가 2인 배치되는 형태로 운영된다. 이 상황에서는 앵커를 봉쇄하면서 전방 포켓으로 침투하는 공격수에게 볼을 연결할 수 있을지가 핵심이다. 즉 IH 2인이 공수의 열쇠를 쥐는 대결이다.

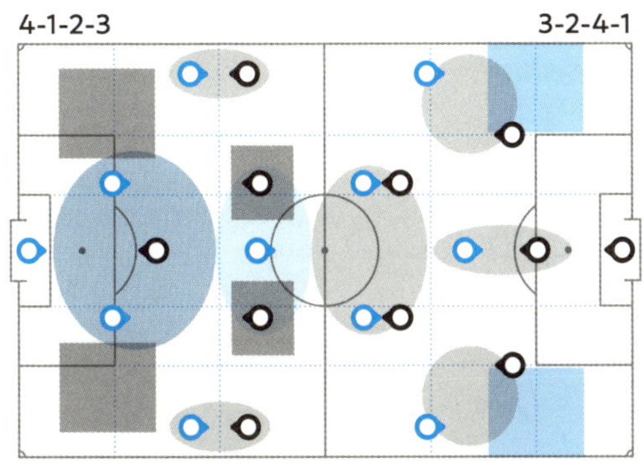

4-1-2-3은 앵커 양옆 공간에서 수적으로 불리하므로, SS에게 측면 영역을 빼앗기면 1대2로 수적 열세에 빠진다.
3-2-4-1은 빌드업 국면에서 수적 우위를 점하게 되고 상대 진영에서는 동수를 이룬다. 후방에서 한 번에 WG에게 볼을 연결하면 공격 속도를 높일 수 있다.

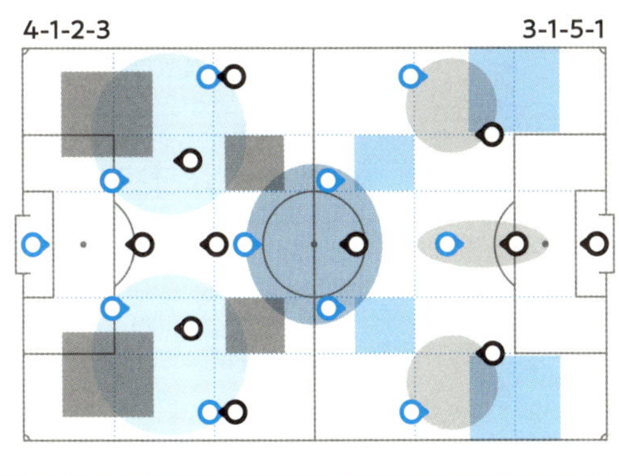

4-1-2-3은 일단 볼을 빼앗기만 하면, 측면이나 하프 스페이스에서 공격을 전환할 수 있다.
3-1-5-1의 경우, 상대 SB이 WG에게 붙고 앵커 좌우 영역도 공략당하기 쉬워서 IH까지 내려와서 우선적으로 볼을 빼앗는 플레이가 중요하다.

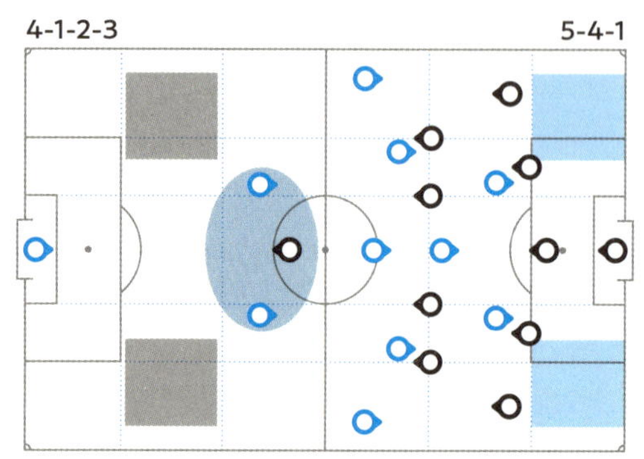



4-1-2-3은 볼 점유율을 높이기 쉽지만, 5-4-1의 백5와 4인 미드필더 블록을 무너뜨리기 위해서는 WG와 IH의 콤비네이션이나 제3 움직임에 의한 공략이 필수적이다.

5-4-1은 수비에 성공해 볼을 빼앗은 직후 공격 진형으로 전환하거나 빠른 역습으로 득점을 노려야 한다.

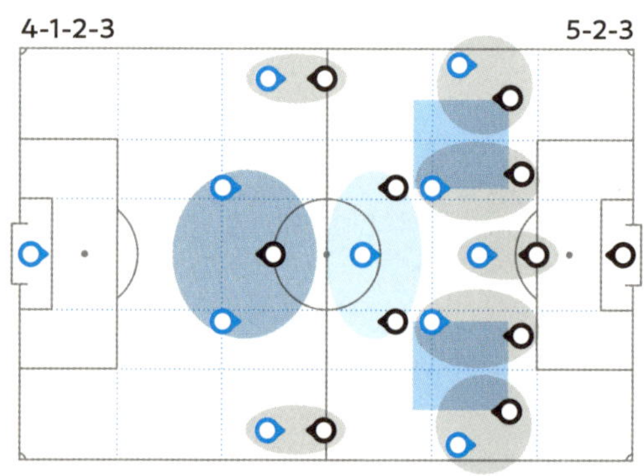



4-1-2-3은 측면에서 높은 위치를 점한다. 중앙이 견고해서 단순한 크로스로는 쉽게 공략할 수 없다. 다만 미드필드가 얇아지므로 WG가 커트인하면 수비벽을 흔들 수 있다.

5-2-3은 낮은 위치에서 블록을 만들고, 역습할 때 전방으로 튀어 나가는 3인에게 롱볼을 연결해 득점을 노릴 수 있다.

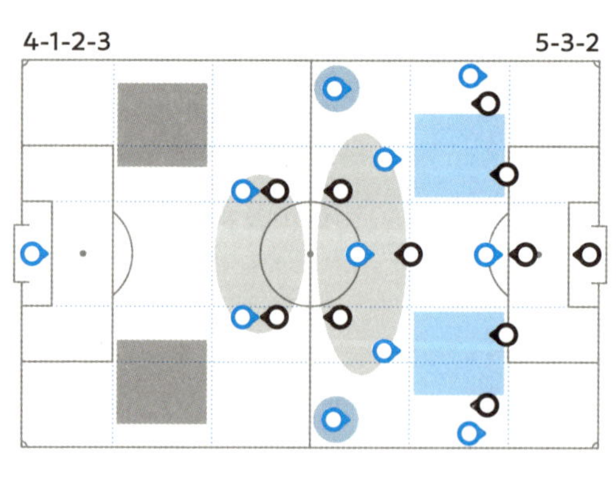



4-1-2-3은 볼을 점유하면서 공략 가능하고, 5-3-2는 중앙 수비가 두텁다. 4-1-2-3은 미드필드에서 볼을 빼앗기면 역습당할 우려가 크고, 5-3-2는 수비 블록에서부터의 역습 전환을 늘 염두에 둬야 한다. 따라서 4-1-2-3은 공격에 치중하면서 어떻게 리스크 관리를 하느냐가 중요하다.

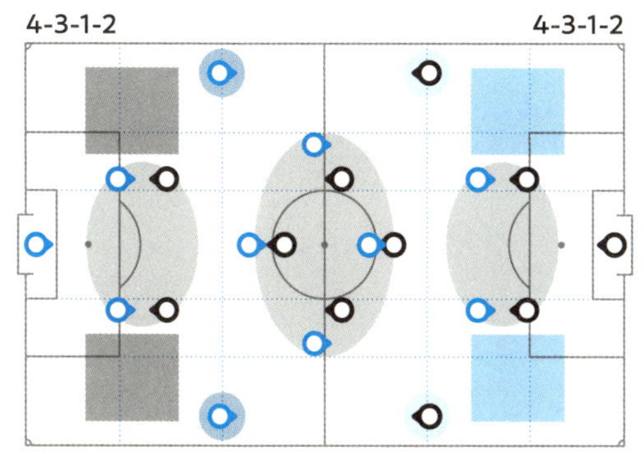


양 팀이 동일한 매치업. 서로 SB이 자유로운 상태이지만 중앙 포지션은 전부 일대일로 대치한다. 공수 양면에서 SS, IH, 앵커의 퀄리티가 승패를 좌우한다.

중앙 선수들이 위치적 우위를 지닌 SB을 활용해 공격을 전개하므로 전술과 작전의 두뇌 싸움이 흥미진진하게 전개된다.

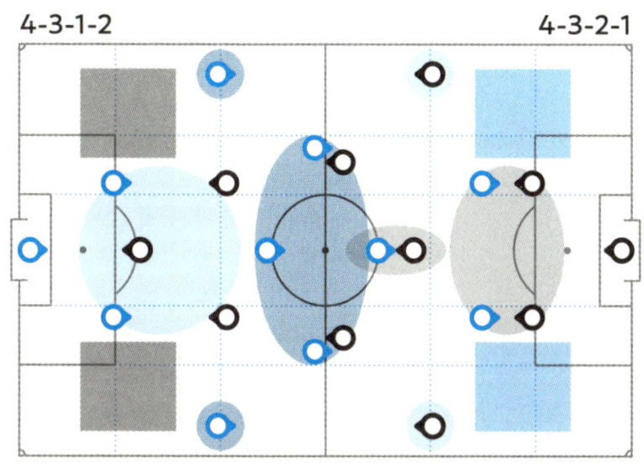


중앙에서 4-3-1-2의 인원이 한 명 많다. SB 뒤쪽이나 하프 스페이스에 4-3-2-1의 양쪽 SS가 있는 탓에 4-3-1-2의 SB이 끌려 나가기 십상이다.

콤팩트한 영역 안에서 승부가 빈번히 벌어지므로, 가운데 좁은 영역에서의 일대일 싸움과 넓은 측면 공간의 활용 여부가 승부처가 된다.

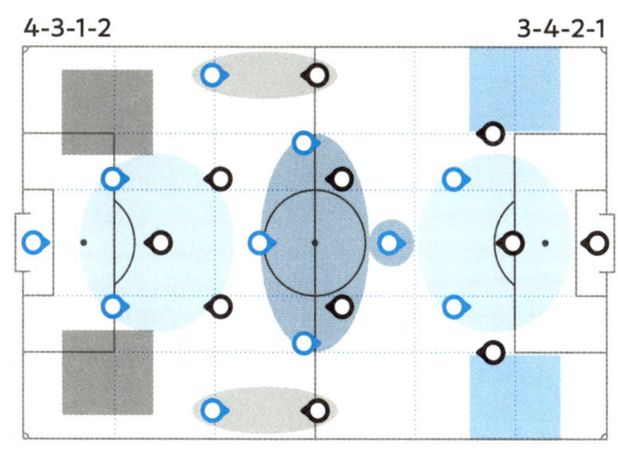


4-3-1-2가 수비할 때, 상대 WB이 전진해 오면 4대5로 불리해진다. 공격으로 전환하더라도, 상대 WB이 돌아와 콤팩트한 수비 대응을 하면 중앙의 수적 우위 효과가 떨어진다.

상성의 우열이 확실한 대결이므로, 4-3-1-2는 WB이 본격적으로 기능하기 전에 선제 타격을 노려야 한다.

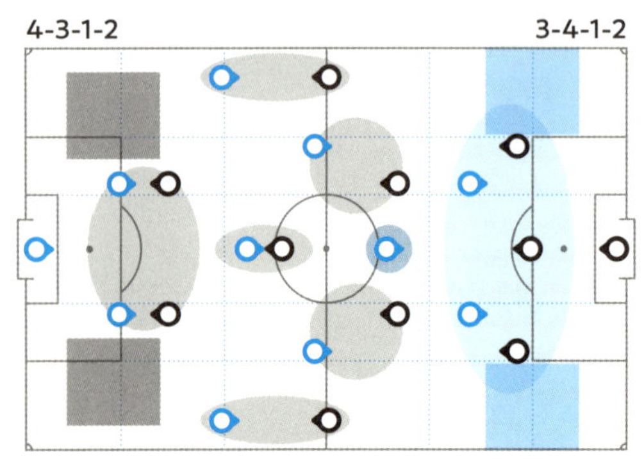



측면이나 중앙 등 수적으로 보면 각 영역에서 동수 대결이 된다. 4-3-1-2는 미드필드 중앙에서 위치적 우위를 누리고, 3-4-1-2는 더블 볼란치가 상대 SS 옆에서 우위를 만들 수 있다.
서로 팽팽히 맞서는 형국이므로 자기 팀이 유리한 영역을 찾아 공략하는 것이 관건이다.

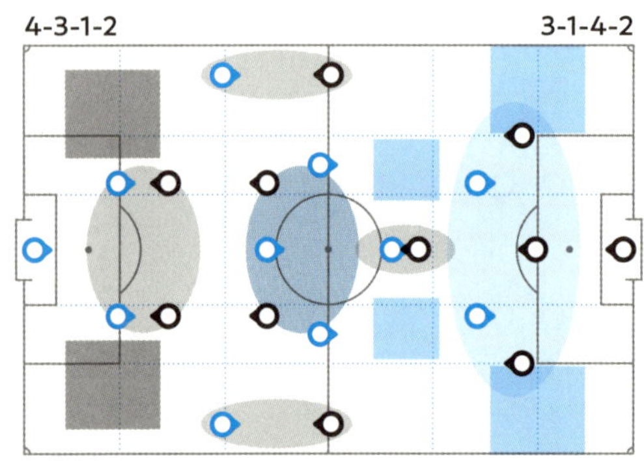



중앙 미드필드에서는 4-3-1-2가 다소 수적 우위에 있다. 하지만 3-1-4-2의 CF-IH-WB이나 WB-앵커-CB으로 삼각형을 구성하는 중앙 이외 영역에서는 4-3-1-2의 각 선수가 서로 떨어져 있어 불리하다.
4-3-1-2는 SB으로 상대 WB을 밀어붙이는 등, 위치적 우위를 살려야 한다.

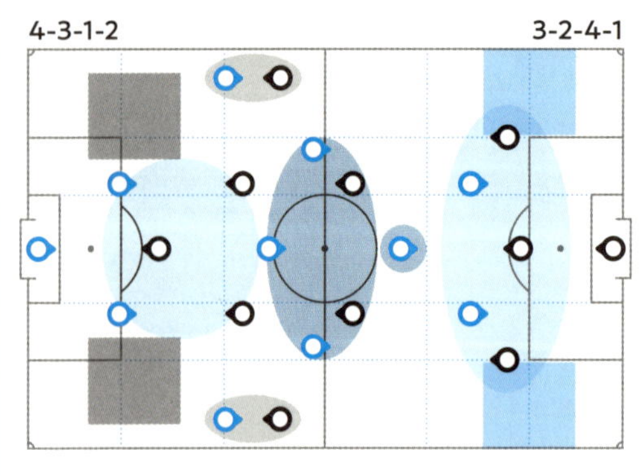



4-3-1-2는 중앙 미드필드에서 수적 우위를 점하지만, 3-2-4-1은 빌드업할 때는 3대2, 공격할 때는 5대4 등 자기 진영과 상대 진영 모두에서 수적 우위가 된다.
서로 우위를 살릴 수 있는 대결이므로, 불리해지는 국면에서 선수들을 재배치하는 등 피해를 최소화하는 대책이 필요하다.

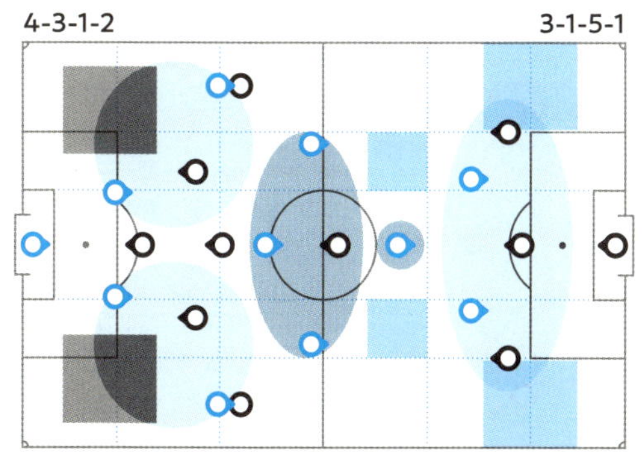


4-3-1-2는 중앙에서 수적 우위를 만들기 어렵다. 자기 진영에서 수비에 성공해 역습을 시도할 때도 3-1-5-1의 MF 5인 블록에 막혀 전진하기 어려운 것이다. 블록을 건너뛰는 볼 처리, 또는 SS가 라인 사이에서 패스를 받는 등 개인 능력이 요구된다.

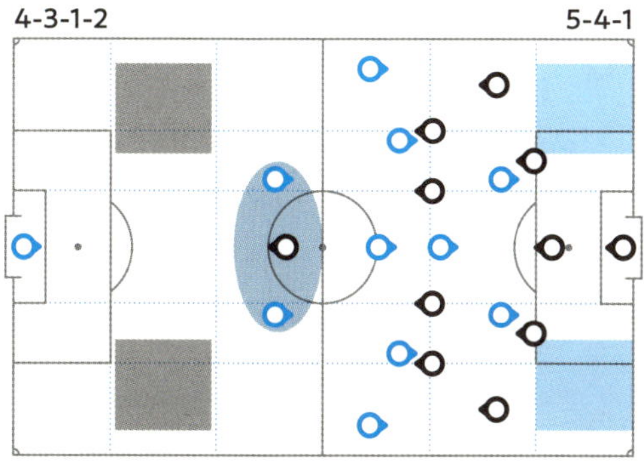


중앙 공격이 강점인 4-3-1-2가 중앙이 견고한 5-4-1 블록을 허물기는 어렵다. 하지만 중앙 밀집을 역으로 이용할 수 있다. SB을 활용한 크로스 전략을 반복하는 것이 효과적이다.
한편 5-4-1은 집중력을 잃지 않고 계속 날아오는 크로스에 대응하면서 유리한 시간대를 기다려야 한다.

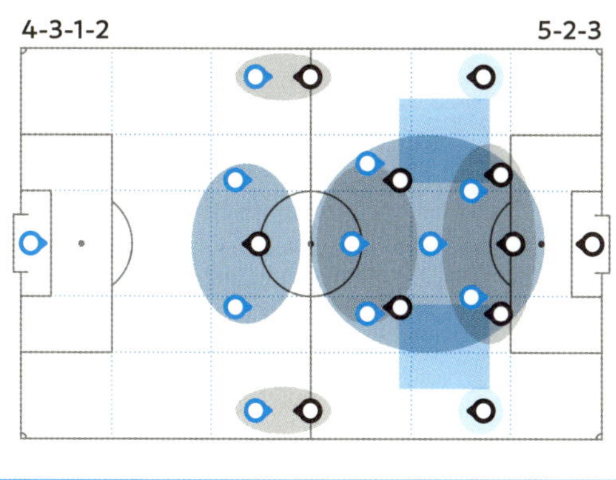


4-3-1-2는 상대의 백5에 대응해 FW와 SS 2인, 총 3인만으로 공격하기는 어렵다. SB이나 MF와 연계해서 깊숙한 위치까지 침투하거나 백5의 CB를 끌어내는 움직임이 필수적이다.
5-2-3은 SB이나 MF에게 유인되지 않으면서 볼을 빼앗아 빈 영역으로 보내는 플레이가 중요하다.

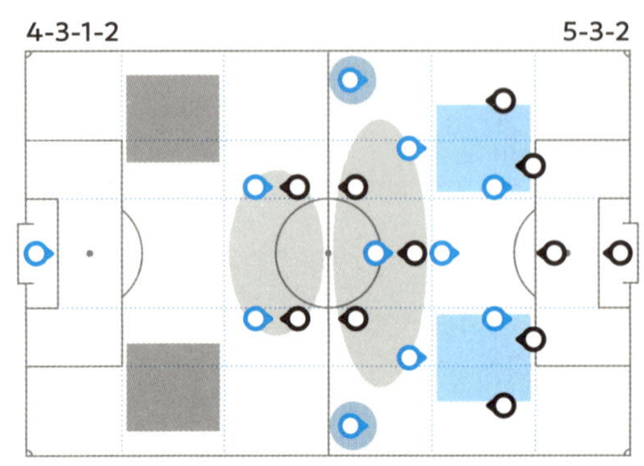


5-3-2는 중앙 수비 블록을 두텁게 두는 만큼 공격 전환이 쉽지 않다.

4-3-1-2는 빌드업 국면에서 중앙이 동수가 되므로, SS를 얼마나 자유로운 위치에 두는가가 관건이다. 프런트2가 CB 배후 또는 사이로 침투함으로써 14번 영역을 비우게 할 수 있다. 위치적 우위를 잘 활용해야 한다.

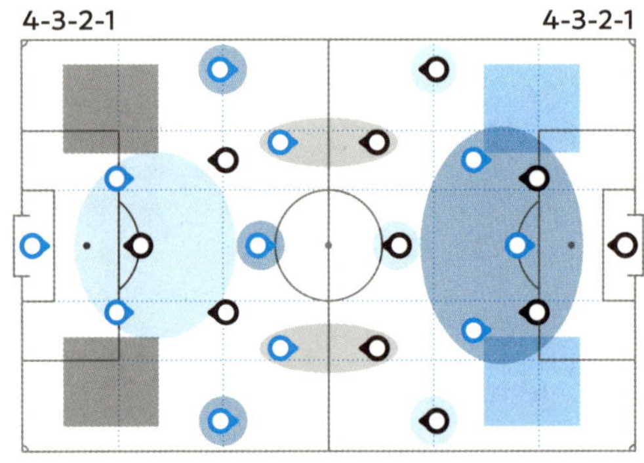


동일한 진형끼리 맞붙는 양상인데 서로 앵커가 자유롭다. 볼란치 3인 중 2인이 상대 SS에게 붙고, 남는 1인은 자기편 SS와 함께 공격에 가담하는 등 하프 스페이스나 라인 사이 공간을 서로 빼앗고 뺏기는 형국이 된다. 선수 개인 또는 그룹의 대응력이 승패를 가른다.

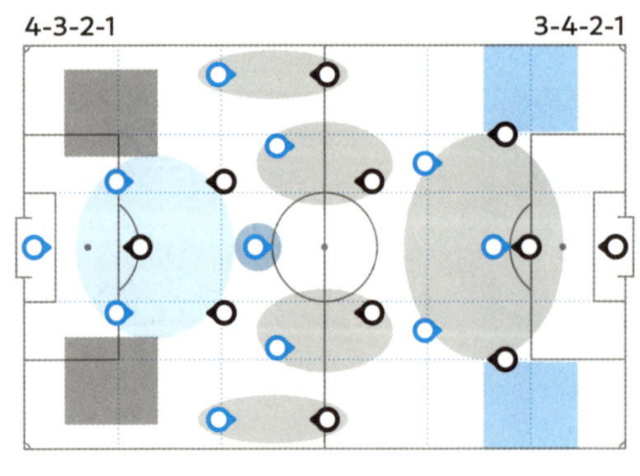


4-3-2-1은 하이블록으로 3-4-2-1의 더블 볼란치를 향하는 패스 경로를 차단한다. 동수가 된 중앙을 관리하면서 측면 공방전에 참여한다.

3-4-2-1은 빌드업할 때 미드필드에 한 명을 더 두어 수적 우위를 만들려고 한다. 상대를 측면으로 유인한 후, 하프 스페이스로 전진하는 작전이 효과적.



246

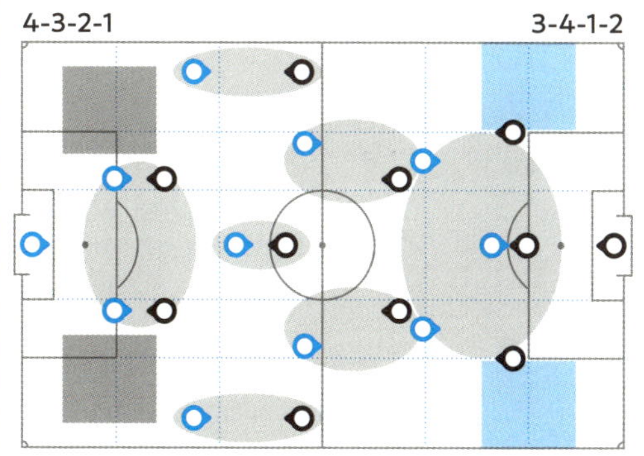


4-3-2-1은 수비에서 CF가 상대의 가운데 CB을, SS가 볼란치를 마크하고, 볼란치 3인이 SS에 대응함으로써 하프 스페이스를 봉쇄한다.

3-4-1-2는 좌우 CB이 전진해 상대 SS를 움직이게 해 패스 경로를 확보한다. 상대 SS의 압박은, 볼란치가 빌드업에 참여해 수적 우위를 만들어 맞선다.

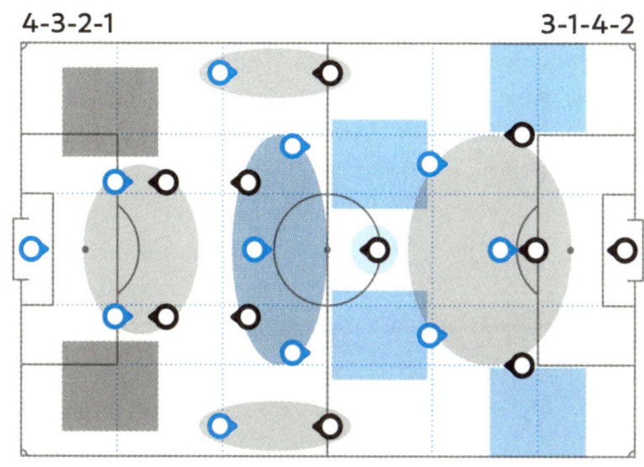


4-3-2-1은 모든 선수가 상대를 시야에 넣는 포지셔닝을 유지해야 한다. CF은 CB과 앵커의 사이에 서고, SS는 CB에서 WB으로 가는 패스를 감시한다. 볼란치 3인은 WB이나 앵커에게 가는 패스와 롱볼을 경계한다.

한편 3-1-4-2는 앵커가 빌드업에 참여하고 IH가 양쪽 옆 공간을 커버한다.

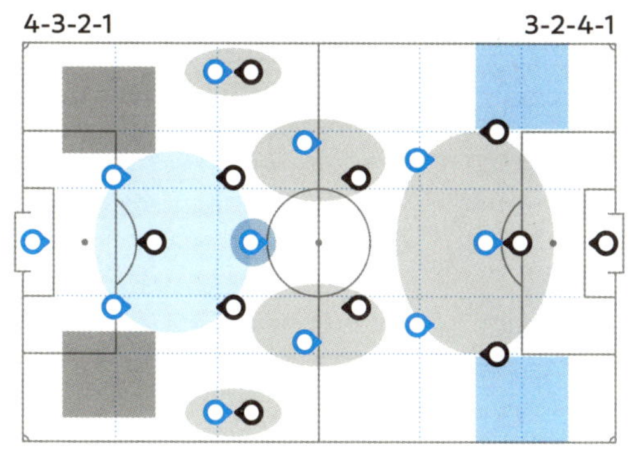


4-3-2-1은 볼란치 3인 중 1인이 수비 라인에 들어감으로써, 상대 5인 공격진과 동수를 만들 수 있다. 3-2-4-1의 WB이 높은 위치를 취하는 시간대가 끝나면, 4-3-2-1은 역습에서 상대 측면 영역을 최대한 활용해서 공격할 수 있다.

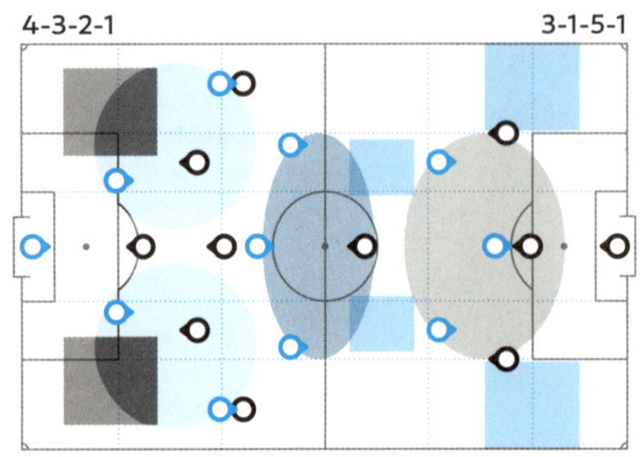

4-3-2-1이 수비할 때는 특히 중앙이 두터워진다. 3-1-5-1은 공격에 치중해 밀고 들어오지만, 숫자 싸움에서는 4-3-2-1 쪽이 유리할 때가 많다. 역습할 때에 SS가 바깥으로 벌려서 상대 CB을 유인하고, SB이나 볼란치가 쇄도해서 포켓을 공략하는 공격 패턴이 이루어지면 효과적이다.

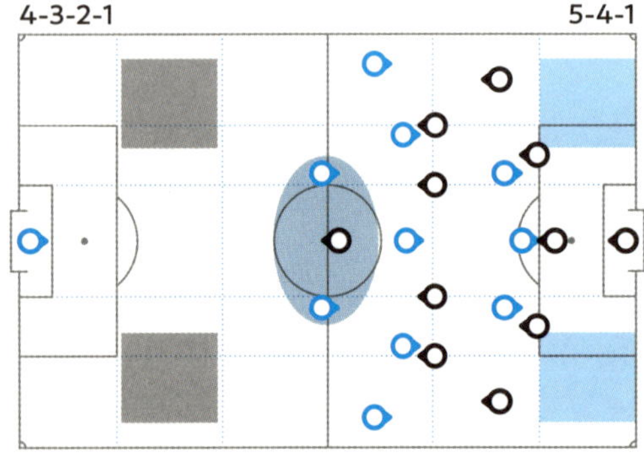

4-3-2-1은 SS나 SB이 한쪽 측면을 집중적으로 두드리는 듯하다가 반대편 측면으로 전환하는 등 상대 수비진이 얇아지는 영역을 만들 수 있는지가 관건이다.
한편 5-4-1은 수비에 특화된 진형이므로, 상대 공격을 차단한 다음 WB이나 MF의 수적 우위를 바탕으로 역습을 시도해야 한다.

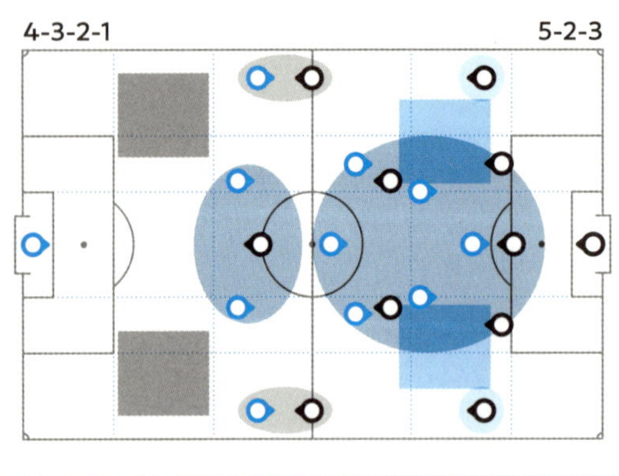

4-3-2-1은 중앙에 6인이 배치되어 상대 미드필드를 포함해 수적 우위가 된다. SS가 측면으로 이동해 상대 CB을 끌어내면, 볼란치가 전진해 포켓을 노리는 식의 움직임이 효과적이다.
한편 5-2-3은 WG가 역습 기점으로서 전방에 남고 수적 우위를 살려 공격을 가해야 한다.

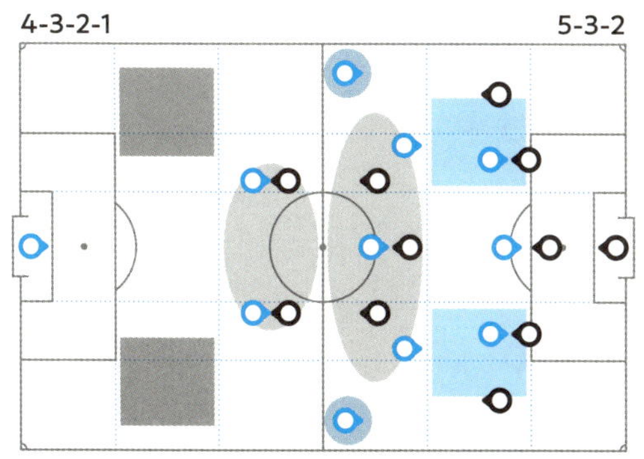



4-3-2-1은 상대의 비교적 얇은 측면을 공략한다. 또한 CF나 SS가 대각선 방향으로 움직여 상대 수비를 흔들고, SB이나 볼란치가 전진해 공격 영역에서 수적 우위를 만들어야 한다.

한편 5-3-2는 역습할 때 미드필드에서부터 후방에 있던 선수가 공격에 가담해 전진할 수 있는지가 중요하다.

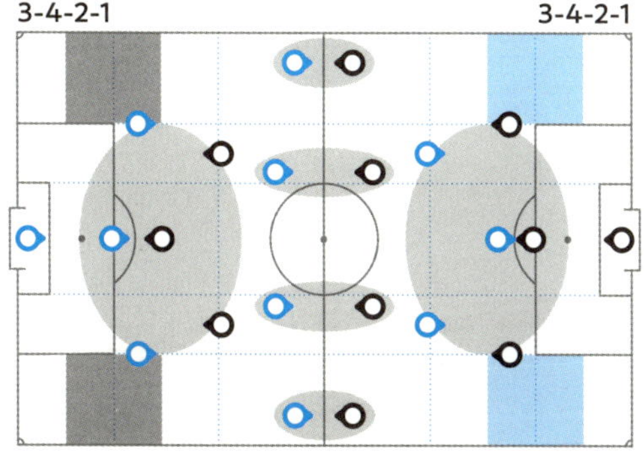



동일한 포메이션 맞대결. 빌드업할 때 섬세한 포지셔닝 변화로 상대를 흔들어야 한다. 양 팀 모두 CB 옆이 비어있고, 유연 시스템 하에서 포메이션을 바꾸는 동안 상대 하프 스페이스에 공간이 생기는 등, 약점이 되는 구조도 동일하므로 '무엇을 버리고 무엇을 지킬까'에 대한 판단이 중요하다.

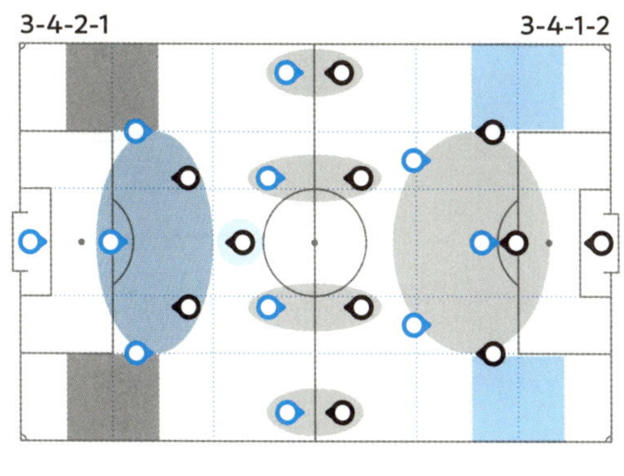



3-4-1-2는 중앙에 한 명이 남는 만큼, 그 선수에게 볼이 집중된다. 그곳에서 상대 볼란치의 압박을 받으면 볼을 빼앗겨 중앙이 무너지기 쉽다.

3-4-2-1은 공격 시, 상대의 압박 숫자보다 빌드업하는 숫자가 많을 수 있다. 상대 압박이 3인이라도 볼란치가 지원하면 우위를 유지할 수 있다.

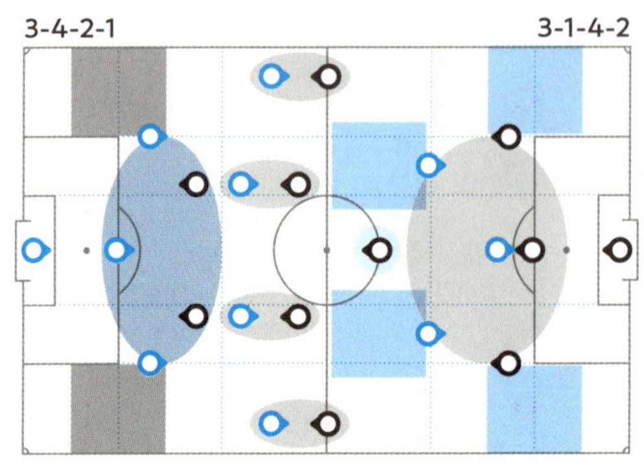


3-4-2-1은 CF와 SS 3인으로 상대 CB을 동수 압박하면 효과적인데, 앵커에게 패스를 허용하면 전진을 허용한다. CB 양옆이 아니라 앵커로 향하는 패스 경로를 억제하는 경우, 자유로운 CB의 전진을 막아내야 한다.

3-1-4-2는 자기 진영에서 빌드업에 성공하면 수적 우위를 만들기 쉽다.

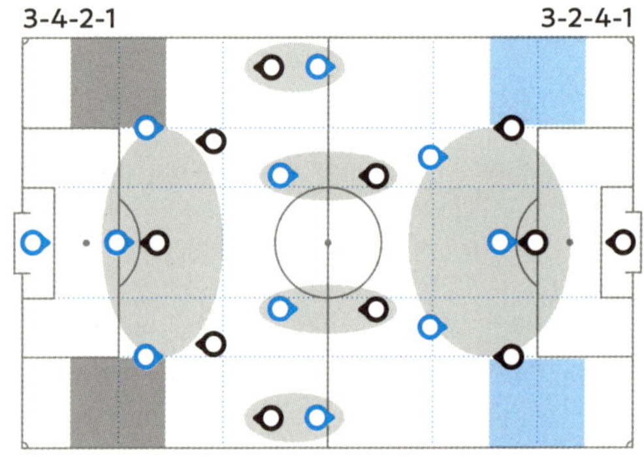


3-2-4-1은 3-4-2-1의 WB이 보다 높은 위치까지 올라가는 진형으로, 기본적으로는 '3-4-2-1 vs. 3-4-2-1'과 비슷하다. 하지만 그 WB이 높은 위치를 점하는 만큼, 3-4-2-1 쪽 WB은 뒤로 물러날 수밖에 없다. 수비 국면에서, WB의 헌신과 볼을 빼앗은 직후 재빠른 공격 전환이 관건.

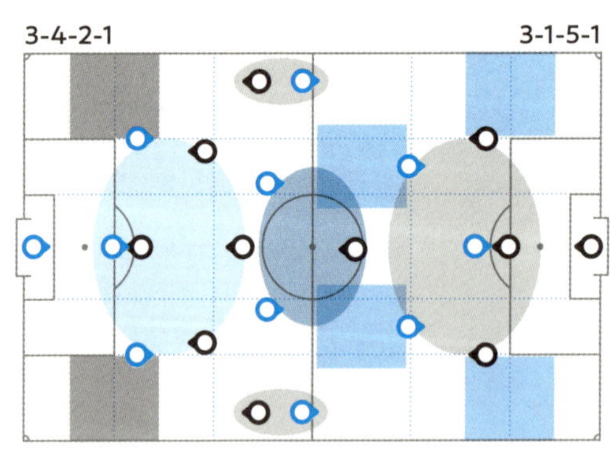


3-4-2-1은 수비에서 볼 탈취 플레이에 집중해야 한다. 특히 3-1-5-1은 중앙에 밀집한 숫자로 밀어붙이는 전개가 많으므로 볼 소유 시에는 볼란치·SS·CF의 포스트 플레이와 콤팩트함을 유지하는 형태로 운영된다.

3-4-2-1은 상대 공격을 막아내어, 공격으로 전환하는 타이밍을 잡아야 한다.

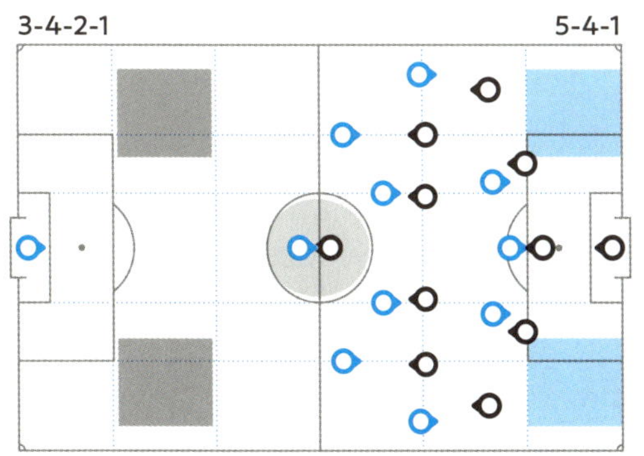



5-4-1의 수비 블록은 견고해서 좀처럼 무너지지 않는다. 측면 전환을 반복하거나 상대를 자기 진영 쪽으로 유인한 상태에서 크로스를 보내는 플레이도 효과적이다. 상대가 역습을 시도하는 횟수가 적기 때문에 리스크를 관리하면서도 수비진이 공격으로 전환하는 액션도 필요하다.

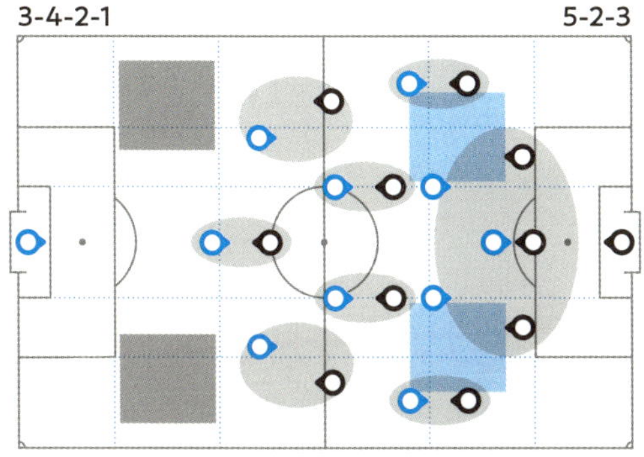



수비적 포메이션인 5-2-3은 맨마킹 상황으로 흐르기 쉽다. 따라서 공격 성향인 3-4-2-1은 각 포지션마다 대결하기보다 SS가 측면으로 이동하거나 CF가 상대 CB 2인을 유인해 공간을 만드는 식의 돌파구가 필요하다. 5-2-3은 수비 블록을 구축해 볼을 빼앗자마자 역습을 시도해야 한다.

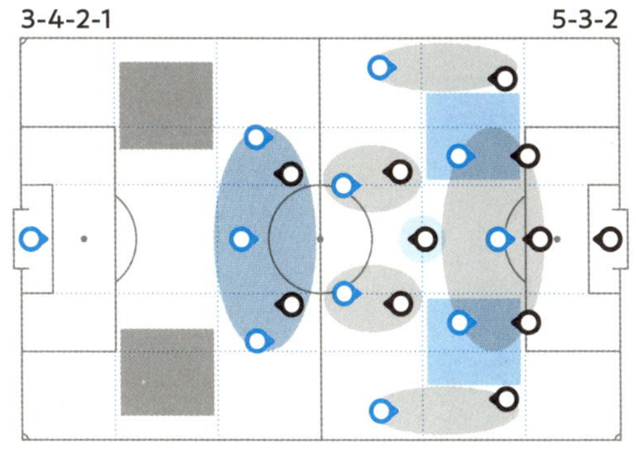



3-4-2-1은 바깥으로 벌린 SS가 미끼가 되고, 반대로 WB이 안쪽으로 파고들어 미드필드에서 보낸 볼을 포켓에서 받아내는 움직임이 효과적이다.
5-3-2는 역습 시 미드필드가 수적 우위가 되므로, 상대를 끌어내는 패스를 반복하면 수비수 3인을 상대로 수적 동수 또는 우위를 만들 수 있다.

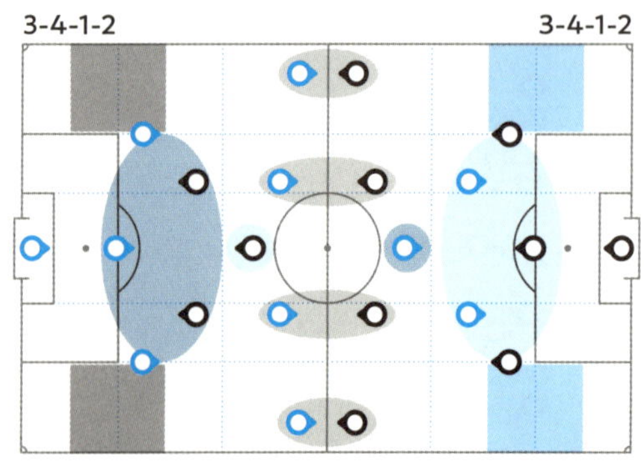



양 팀 모두 백3가 프런트2를 상대하므로, 공격자가 수적으로 불리하다. 따라서 미드필드보다는 후방에서 누가 올라올 수 있는지, 상대 CB을 원래 자리에서 끌어낼 수 있는지가 관건이다.

미드필드에서도 양 팀의 2선 중앙과 더블 볼란치가 맞붙는다. 승부는 MF의 자질과 연계 플레이에 달려 있다.

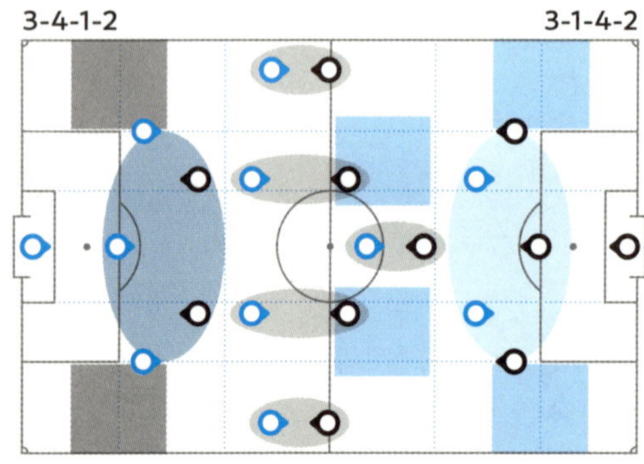



미드필드에서 5인 동수가 맞붙기 때문에 볼을 소유한 쪽이 3-4-1-2라면 볼란치가 전진해 2선 중앙을 지원한다.

반면 3-1-4-2는 IH가 앵커를 지원하고 CB이 라인 하나를 올리는 움직임이 필요하다. 압박을 벗어나거나 일대일 맞대결에서 상대를 제압하는 개인 능력이 필요하다.

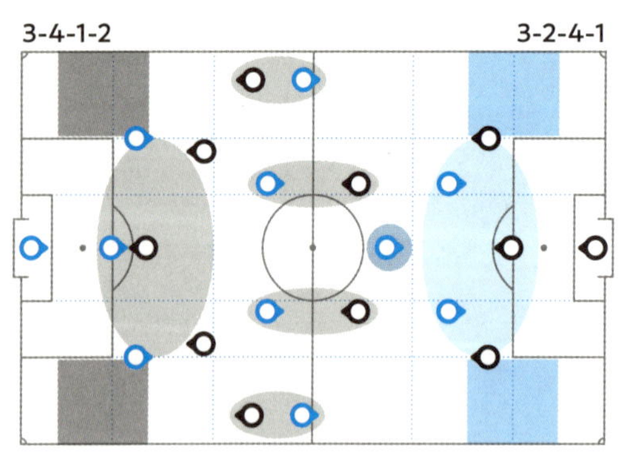



3-4-1-2의 WB은 위치적으로 열세에 빠지기 쉽다. 하지만 미드필드에서는 2선 중앙이 상대 볼란치 사이로 들어가고, 동료 볼란치 2인과 2선 중앙이 상대의 더블 볼란치를 맡는 3대2의 수적 우위를 만들 수 있다. 자기 진영으로 끌어낸 다음에 상대 진영을 빼앗는 역습이 효과적이다.

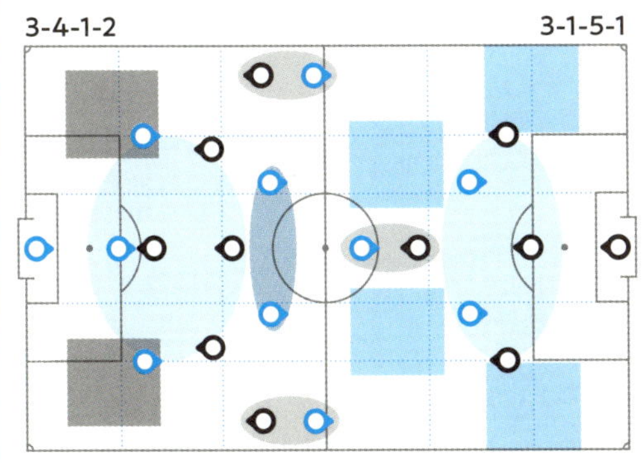

측면은 수적 동수이지만, 3-1-5-1이 공격적으로 밀고 들어오면 WB이 평소보다 낮은 위치로 밀리기 쉽다.

3-4-1-2는 수비 우위를 유지하면서 전방 3인의 기점을 확보할 수 있어, 냉정하게 대응하면 전진이 가능하다. 중앙 밀집 상태여서 WB의 전후 왕복 움직임으로 상대 WB 배후를 공략해야 한다.

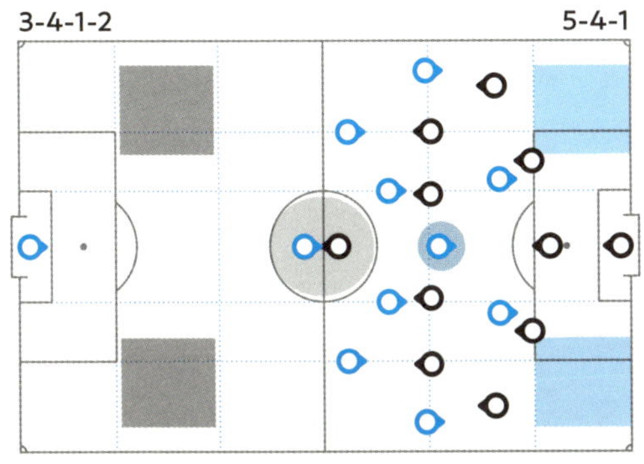

3-4-1-2의 2선 중앙은 위치적 우위를 누리지만, 정면에 견고한 5-4-1 블록이 있어 전개가 쉽지 않다. 볼을 소유하더라도 중앙은 상대 CB 3인에 막혔고 측면으로 돌아가도 틈이 없다. CF가 CB을 상대하면서 2선 중앙에게 창의력을 발휘할 수 있는 공간을 만들어 주는 플레이가 공격의 열쇠다.

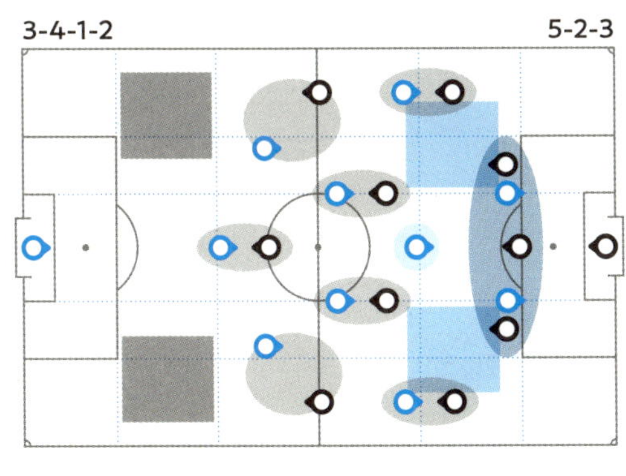

3-4-1-2는 프런트2로 상대 CB을 흔들 수 있지만, 백5 + 더블 볼란치가 중앙을 막고 있어 공략이 어렵다. WB이 높은 위치에서 상대 WB을 상대하면서 2선 중앙과 전진해 오는 볼란치에게 영리하게 볼을 배급해야 한다.

한편 5-2-3은 역습을 통해 양 측면에서 3-4-1-2의 좌우 CB을 공략해야 한다.

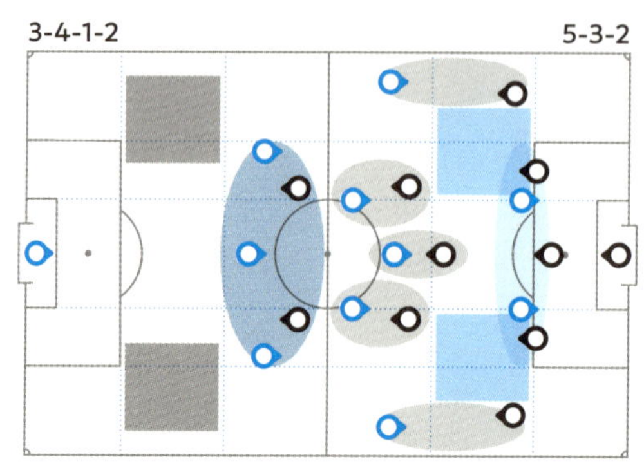


3-4-1-2는 빌드업으로 수적 우위를 점하지만, 미드필드와 측면은 수적 동수 상태다. 프런트2로는 상대 센터백 3인을 제압할 수 없어, 후방 자원의 지원이 중요하다.

5-3-2는 자기 진영에서 지키는 시간이 길다. 프런트2로는 공격이 부족해 WB 전진이 필수. WB 끼리의 공수 커버링 맞대결이 승부를 가른다.

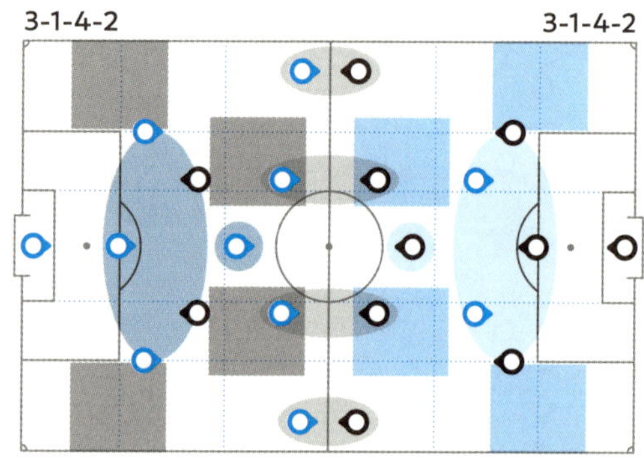


WB 이외는 위치적으로 불균형 상태가 되어 앵커 좌우 영역이 취약하다. 상대 IH가 그 영역으로 들어갈 때가 많고, 개개인 능력과 선수 간의 연계 정확도가 중요하다. 중원의 볼 다툼이 심하고 앵커 주변 밀도가 높아진 상태여서, 프런트2 중의 한쪽 또는 최후방 라인 동료의 지원이 필요하다.

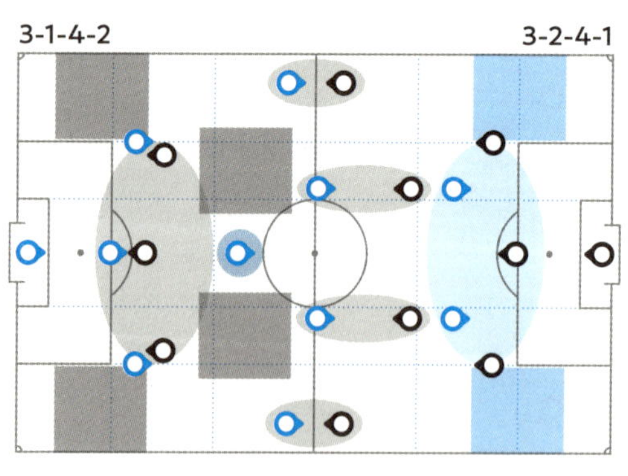


3-2-4-1은 공격적 진형으로 3-1-4-2의 급소인 앵커 양옆 영역도 SS를 활용해 제압할 수 있다. 빌드업이나 수비 시에 수적 우위가 되므로 상성이 좋다.

3-1-4-2는 빌드업 시 상대가 압박해오면 앵커나 IH를 활용해 전진하고, 상대가 블록을 만들면 좌우 CB과 자유로워진 동료를 이용해 전진한다.

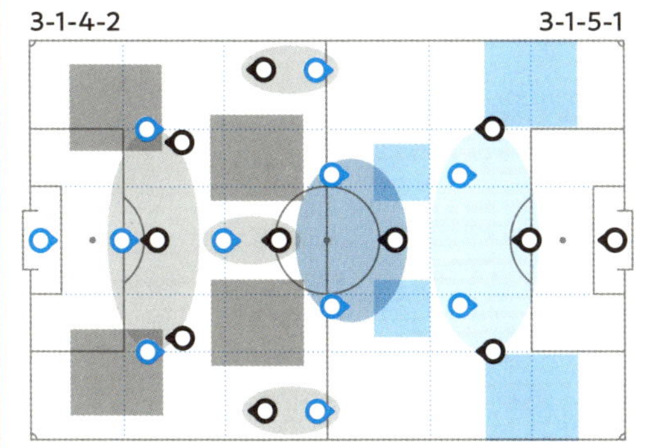

3-1-5-1은 공격적 진형이지만, 3-1-4-2의 WB이 낮은 위치를 잡아 대응할 수 있다. 상대의 더블 볼란치보다 전진한 선수를 앵커로 막는다는 점이 중요하다. 단, WB이 내려가면 추진력이 저하된다.
3-1-5-1의 WB은 높은 위치를 유지하고 IH는 상대 앵커 옆을 공략해 균형을 유지한다.

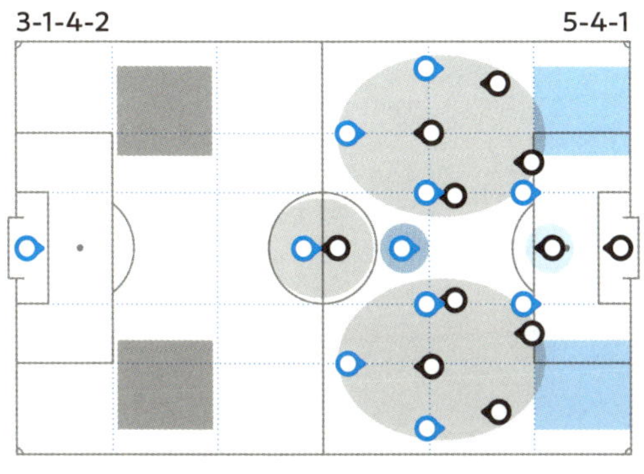

3-1-4-2의 좌우 CB 중 한 명이 볼을 갖고 전진하면 그쪽 측면에 있던 앵커가 지원해 수적 우위를 만들 수 있다. 볼 운반과 함께 라인 사이에서 패스를 받는 선수가 중요한 포인트.
5-4-1은 역습으로 국면을 타개할 수 있는지가 관건이다. 공수 전환과 트랜지션 관리가 승패를 좌우한다.

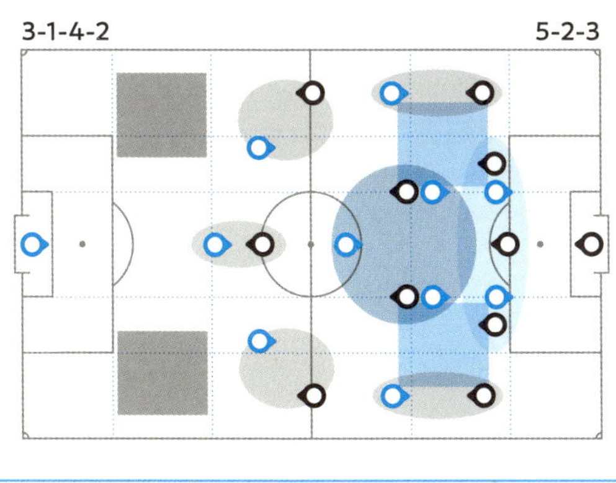

3-1-4-2의 측면은 수적 열세이지만, 5-2-3을 공략하는 열쇠는 전방 포켓에 있다. FW가 CB를 억제하고 IH가 볼란치의 앞뒤로 지원해서 우위를 만들 수 있다. 5-2-3은 자기 진영에서 공격을 막아 볼을 빼앗으면 측면에서 수적 우위를 만들 수 있다. 라인 사이를 차지하는 쪽이 유리하다.

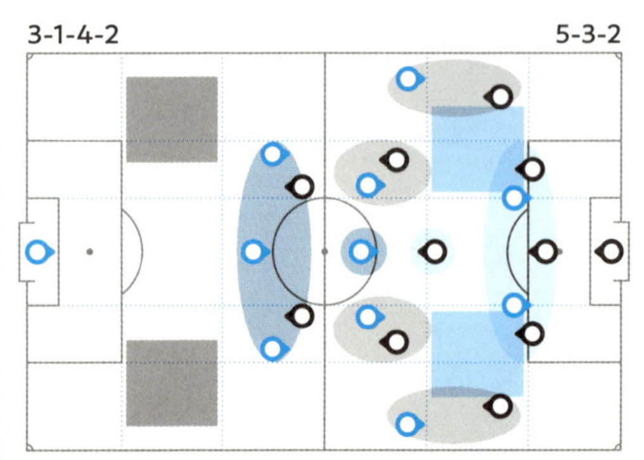



미드필드는 수적 동수 상황. 3-1-4-2는 전방 포켓에서 IH 2인이 활동할 수 있다. CB이 볼을 갖고 전진하고 WB은 안쪽으로 파고들어 국지적으로 수적 또는 위치적 우위를 만든다.
5-3-2는 중앙 수비를 굳히면서 역습을 노려야 한다. 자유로워진 앵커가 볼을 전방으로 연결할 수 있으면 유리하다.

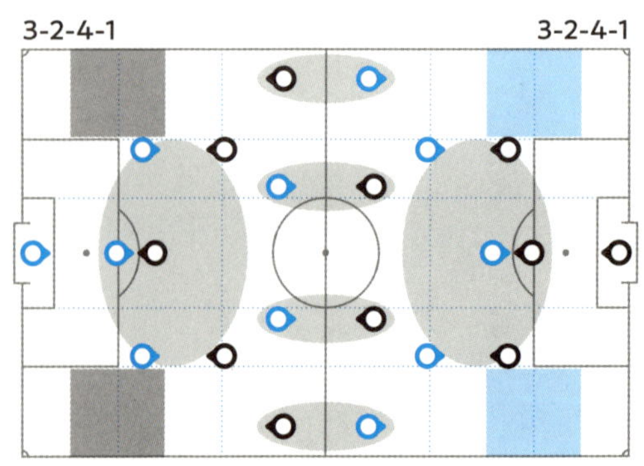



동일 포메이션 맞대결. 3-4-2-1 맞대결과 유사하다. WB이 높은 위치를 취하므로, 서로 배후 영역을 노리는 양상으로 흐른다. WB이 높은 위치를 계속 주도하는 것이 관건이다. 상황에 따라 의도적으로 내려와 볼 탈취를 도와야 할 상황도 발생하지만, 공격 마인드를 갖는 게 중요하다.

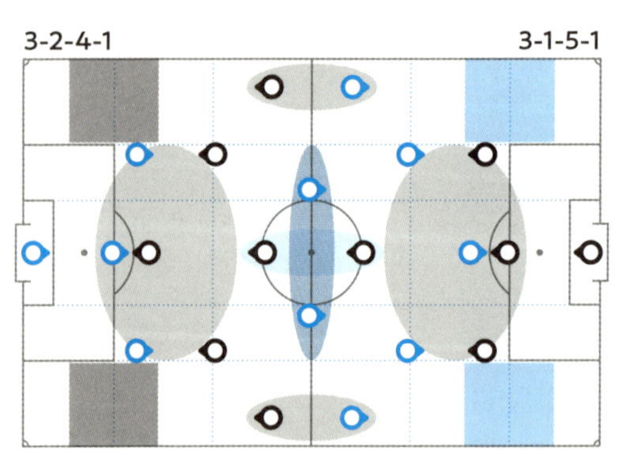



3-1-5-1은 3-2-4-1에서 파생된 시스템이다. 두 개의 포메이션은 MF 배치 기준을 종축으로 삼을지, 횡축으로 삼을지에서 차이가 난다. 연동에 의해 중원에서 튀어 올라가는 선수를 정확하게 억제할 수 있는지가 중요하다.

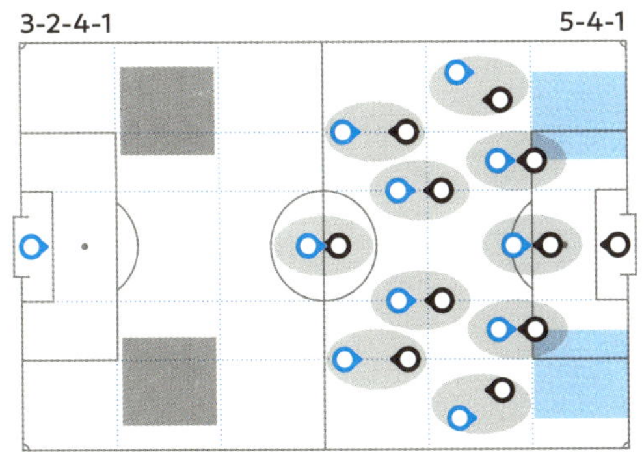


3-2-4-1이 상대 진영에 들어가 쉼 없이 공격하는 경기 양상이 예상된다. 5-4-1은 공격으로 전환하는 횟수가 적을수록 자기 진영에서 수비를 굳힌다. SS나 볼란치가 전진하거나 미끼 움직임으로 5-4-1의 CB을 본래 위치에서 끌어낼 수 있는지가 관건. 전 포지션에서의 일대일 타개 능력도 필요하다.

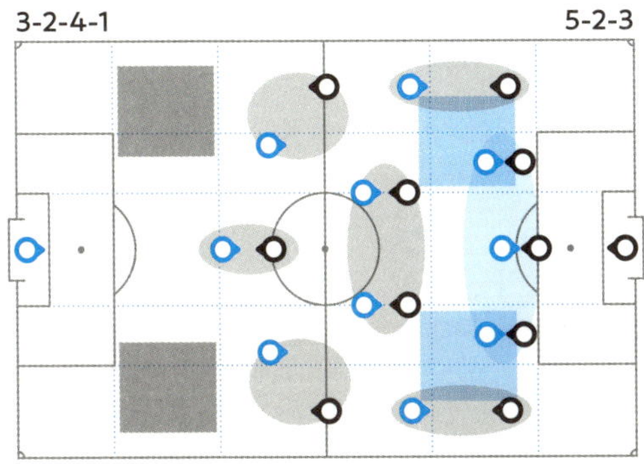


3-2-4-1(3-2-5)과 5-2-3은 포지셔널 플레이로서 5개 레인을 활용하는 공격과 수비가 맞부딪히는 형태가 된다. 서로 일대일 승부에서 이기든지, 오프 더 볼 움직임으로 수적 우위를 만들어 공략하든지, 팀의 원칙을 고수하는 플레이가 필요하다.

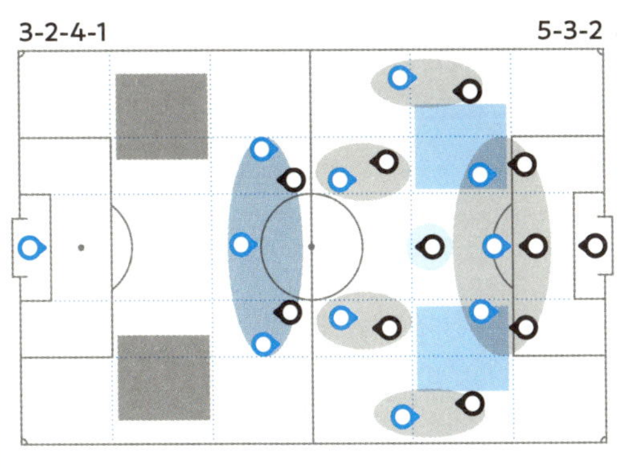


3-2-4-1은 볼을 소유하고 전진하는 것이 용이하지만, 항상 5-3-2의 프런트2가 시도하는 역습을 경계해야 한다. WB, SS, 볼란치 1인으로 측면을 공략해 상대 수비를 한쪽으로 쏠리게 한 다음에 반대편 측면으로 볼을 전개한다. 반대편 WB이 빈 영역을 공략해 슛까지 연결해야 한다.

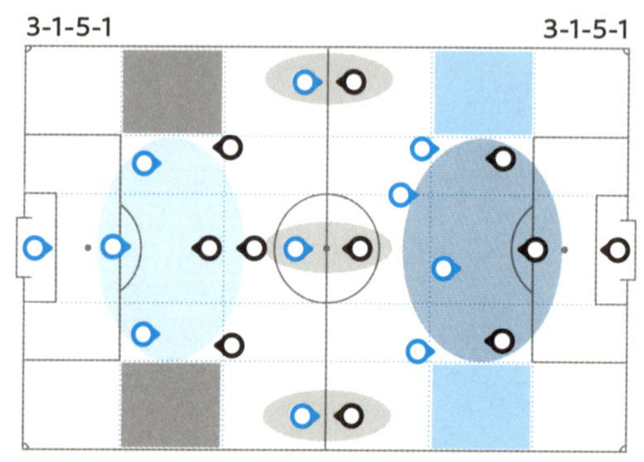



공격할 때는 3-1-5-1이지만 수비에서는 3-4-2-1 또는 5-2-2-1로 전환해서 맞대응한다. 공격팀은 미드필드의 라인 사이 또는 볼란치 옆 공간에서 결정적 타이밍을 만들어야 한다. WB이 안쪽으로 들어가거나 CB이 볼을 갖고 직접 전진하는 등, 상대 조직에 균열을 만드는 플레이가 승부를 가른다.

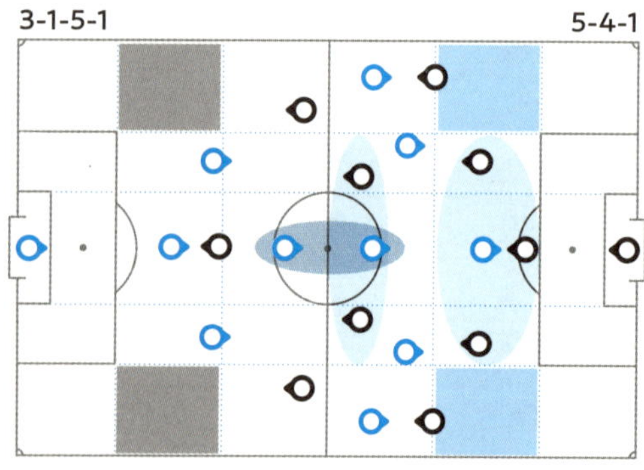



3-1-5-1이 5-4-1을 상대할 때, 뒤에 남는 CB의 숫자가 많다. CB 1인이 중원으로 올라가 라인 사이로 침투하는 선수 숫자를 늘리는 움직임이 중요하다.
한편 5-4-1은 역습 기회를 노리고 있으므로 3-1-5-1은 지나치게 많은 선수가 공격에 가담하지 않도록 균형을 유지할 필요가 있다.

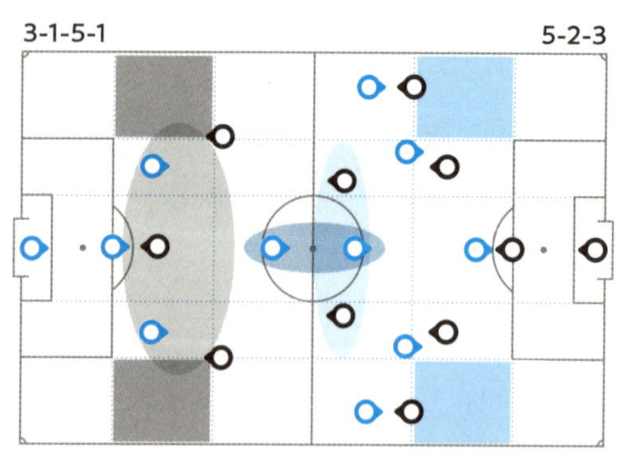



3-1-5-1은 5인이 최전방 라인을 꾸려 공격한다. 미드필드로 전진하는 선수가 중앙으로 들어가고 하프 스페이스 공략, 측면 전개 등 각 지점에서 수적 우위를 만들어 시스템의 장점을 극대화한다.
한편 5-2-3도 수적으로는 거의 동수이므로, 자기 진영에서 볼을 빼앗는 즉시 역습을 시도한다.

⬤ 수적 우위　⬤ 동수 대결　⬤ 수적 열세　■ 공략 영역　■ 취약 영역

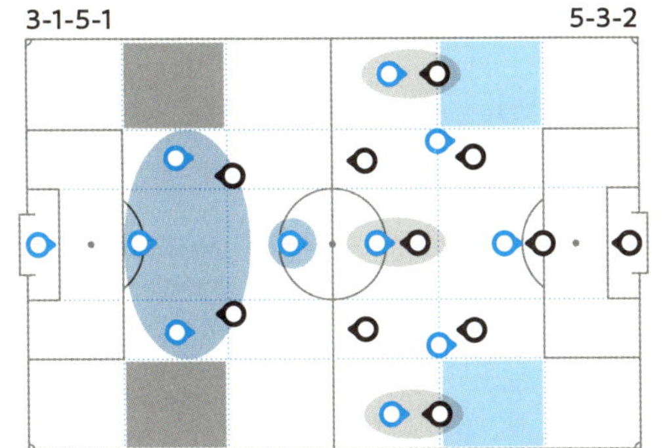


3-1-5-1은 최전방 5인으로 백5를 공격하지만, 중앙에서 2인이 볼란치 3인 수비를 상대하면서 볼을 배급해야 하는 수적 열세가 발생한다. 따라서 CB이 전진해 패스 경로를 만들어주는 플레이가 요구된다. 5-3-2의 FW에게 볼을 빼앗기면 불리해진다. 양 팀 모두 역습 및 볼 배급 기회가 승부처다.

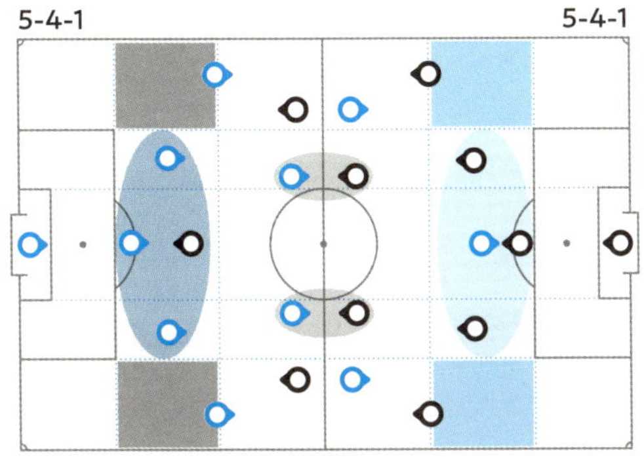


양쪽 모두 실점하지 않겠다는 의지가 드러나는 수비 중심 진형. 중앙과 측면 모두 두텁게 막혀 있어 공격이 극단적으로 정체될 수 있다. MF 4인이 횡방향으로 얽혀 있고, WB 돌파도 쉽지 않다.
주도권을 잡으려면 위험을 감수하고 선수를 전방으로 올릴 수밖에 없다. FW의 개인 능력이 핵심이다.

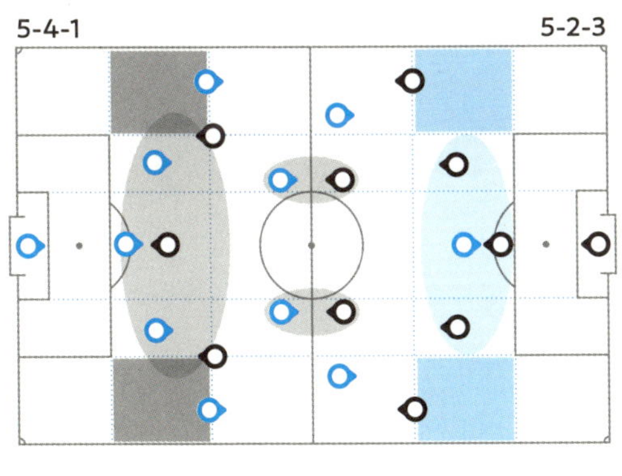


백5 맞대결에서는 공격팀의 측면 자원이 전진할 경우가 많다. 5-4-1이 공격할 때, 미드필드의 측면 선수가 전진해서 5-2-3 vs. 5-2-3처럼 전개된다.
한편 5-2-3이 공격할 때는 전방 5인으로 상대 수비와 싸우는 형태가 되는데, 중원에서의 지원 여부, 최후방의 수적 우위가 중요하다.

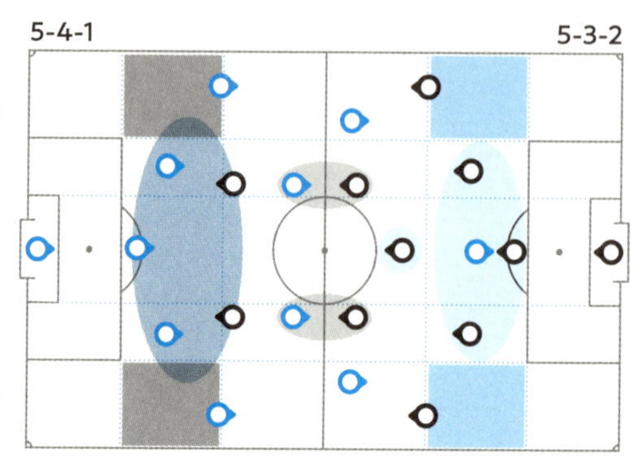


교착 상태에 빠지기 쉬운 맞대결 구조. 수비 블록이 공격력보다 좋기 때문에 중원에서의 압박이나 패스 경로 차단이 중요하다. 5-4-1은 중원 숫자가 많은 데다 WB의 전진으로 조직이 두텁다. 한편 5-3-2는 전방 숫자와 강도를 살려 우위를 점한다. 롱브레이크의 성패 여부가 승부를 가른다.

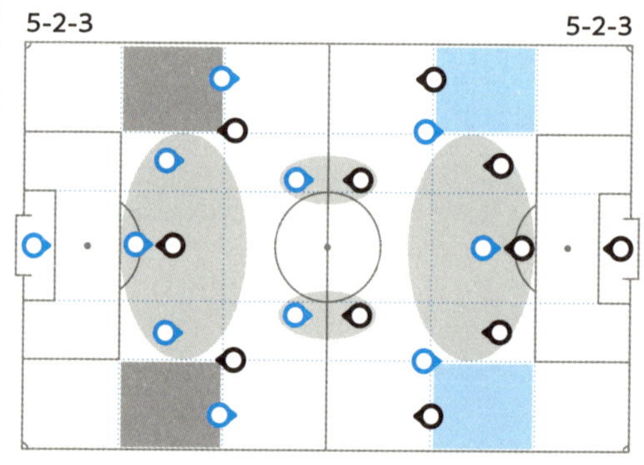


최전방 3인이 얽히는 형국. 빌드업 시 수적 열세를 어떻게 해소할지가 중요하다. 중원에서는 2인끼리, 측면에 있는 WB은 일대일 싸움이다.
공격 시에는 3-2-5로 전환해 전 포지션에서 일대일 상황을 만든다. 종방향 포지션 변화나 CB의 드리블 전진이 핵심이다. 수비 강도가 높아 교착되기 쉬운 대결.

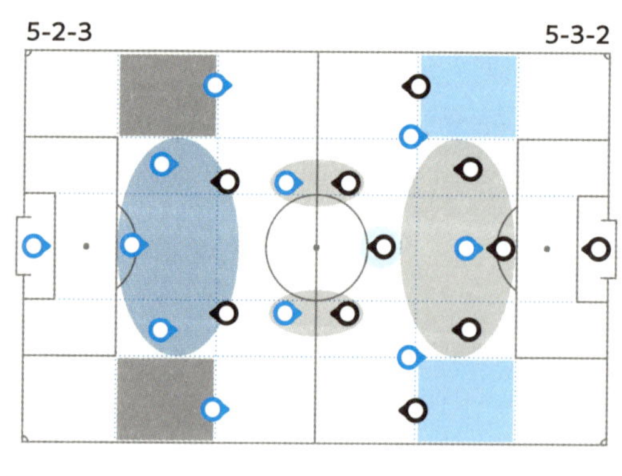


여기에서도 5-2-3은 공격할 때 3-2-5로 바뀌는 경우가 많다. 다만 수적 동수까지는 가능하더라도, 미드필드는 수적 열세이기 때문에 최후방에서의 지원이 필요하다.
한편 5-3-2가 5-2-3을 공략하려면 최전방 2인이 상대 CB의 사이 지점에 포지셔닝해야 한다.

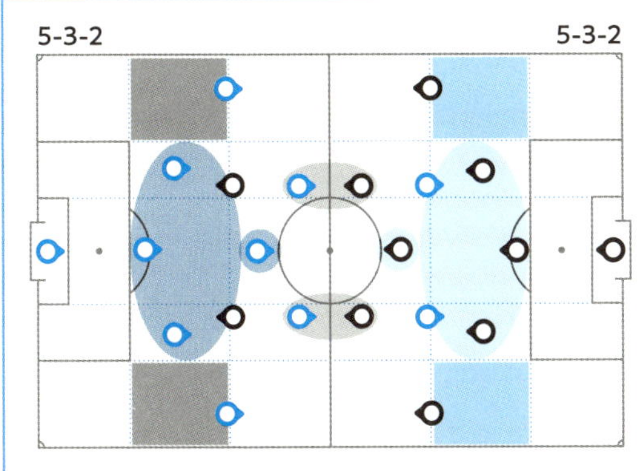



동일한 포메이션이므로 개인기와 움직임, 경기 템포 조절이 차이를 만든다. 수비력이 공격력을 압도하기 쉬운 진형이지만, 중앙에는 CB 3인을 상대하는 프런트2가 있다. 공격팀으로서는 미드필드에서 전방으로 볼을 운반하는 선수와 프런트2가 움직이는 타이밍을 맞추는 게 중요하다.

CHAPTER
08

전술 업데이트

전술로
'전진과 탈취'
이해하기

# 01

# 축구 용어와 전술 용어

앞에서 이미 사용했던 용어를 포함해, 자주 사용되는 축구 용어와 전술 용어에 대해 간단하게 소개해보려고 한다. 기본 플레이, 공격 전술, 수비 전술 순서로 설명하겠다.

## 기본 용어

### 드리블

볼을 발로 컨트롤하면서 전진하거나 상대를 제치는 기술. 특히 밀집 지역에서의 드리블은 승부를 결정하는 무기가 된다.

- 프로그레시브 런 *progressive run*: 상대의 방해 없이 볼을 운반하는 드리블

## 슛

득점을 노리는 마지막 플레이. 기술, 판단력, 슛 스피드뿐 아니라 수싸움이 중요하다.

- **미들 슛**: 약간 거리가 있는 슛
- **커트인 슛**: 측면에서 안쪽으로 파고들어 때리는 슛
- **오버헤드 슛**: 공중에 뜬 상태로 본인 머리보다 높은 지점에서 때리는 슛

## 패스

동료에게 볼을 연결해 공격을 진행하기 위한 플레이를 말한다.

- **스루패스**: 상대 수비수의 뒤쪽 공간으로 지나가는 패스
- **사이드 체인지**: 반대편 측면으로 한 번에 전개해 공간을 활용하는 패스

## 크로스

측면에서 문전으로 볼을 보내는 플레이. 중앙에 있는 타깃맨이 중요하다.

- **얼리 크로스**: 상대 페널티박스까지 거리가 남겨진 상태에서 신속하게 보내는 크로스
- **로우-드리븐 크로스**: 쇄도하는 동료를 향해 낮고 빠르게 보내는 크로스

## 프레스

상대에게 신속하게 압박을 가해 볼을 빼앗는 수비 전술. 수비 강도와 팀 전체의 플레이가 중요하다.

## 태클

상대에게 자신의 신체를 부딪쳐 볼을 빼앗는 수비 전술. 타이밍과 피지컬이 모두 중요하다.

- **슬라이딩 태클**: 지면에서 미끄러지면서 볼을 빼앗는 태클
- **스탠딩 태클**: 서 있는 상대에서 발을 뻗어 볼을 빼앗는 태클

## 인터셉트

상대의 패스나 볼 운반을 예측해서 도중에 연결을 끊는 플레이. 리스크를 관리하는 능력과 마인드가 중요하다.

## 듀얼 *duel*

일대일 육탄전을 의미한다. 피지컬과 수싸움이 승패를 가른다.

- **공중 듀얼**: 세트피스나 크로스를 다툴 때 발생하는 경합 상황
- **지상 듀얼**: 볼을 소유하거나 드리블할 때 발생하는 경합 상황

## 세이브

골키퍼가 슛을 막는 플레이를 말한다.

- **다이빙 세이브**: 몸을 던져 슛을 막는 세이브
- **펀칭**: 손으로 볼을 쳐낸다.
- **공중볼 처리**: 높이 뛰어올라 손으로 볼을 처리한다.
- **런아웃**: 골에어리어 밖으로 나가 슛 시도를 막는다.

## 오프사이드

축구 종목의 대표적 규정이지만 설명이 애매하다고 느끼는 축구팬이 많다. 쉽게 말하자면 '문전에 혼자 숨어 있으면 반칙!'이라는 것이 오프사이드의 기본 의미다. 축구는 진영을 쟁탈하는, 즉 '땅따먹기 게임'이다. 상대 수비의 배후 공간을 찔러 슛까지 연결해야 승리할 수 있다. 그러므로 처음부터 문전에 버티고 있는 행위는 공정하지 않다. 만약 그런 플레이가 허용된다면 문전에 한 명을 상주시키려 할 것이고 경기 밸런스는 붕괴될 것이다.

## 오프사이드가 성립하는 조건 3가지

❶ 동료가 패스를 보낸 순간에,

❷ 상대의 두 번째 수비수(골키퍼 포함)보다 상대 골문 쪽에 가까이 있으면서,

❸ 플레이에 관여하는(특히 득점에 영향을 줄 수 있는) 움직임을 취하면 '오프사이드'가 된다.

예를 들어, 패스에 직접 관여하지 않아도 골키퍼 시야를 방해하면 오프사이드 판정이 내려진다. '득점 관여'를 판단하는 기준이 바뀌고 있어서 판단이 갈리는 장면도 자주 발생한다.

## 공격 전술 용어

### 포지셔널 플레이 *Positional Play*

선수가 최적의 포지션을 잡아 상대보다 유리한 상황을 만드는 전술. 피치의

폭과 깊이를 활용해 수적, 위치적, 질적 우위를 노려서 상대 수비에 생긴 틈
새를 찌르는 것을 말한다.


### 볼 점유 *Ball Possession*

볼 소유를 바탕으로 공격을 전개하는 스타일. 자기 진영과 상대 진영에서
볼을 소유하는 상황으로 나뉜다. 계속된 패스 연결로 상대를 움직이게 만들
고, 그 과정에서 생기는 틈새를 공략한다.


### 살리다 라볼피아나 *Salida Lavolpiana*

골키퍼, 센터백, 수비형 미드필더를 활용해 수적 우위를 만드는 빌드업 전
술. 수비형 미드필더가 센터백 사이까지 내려와 백3 형태를 만들어 안전하
게 전진하는 것이 목표다. (144페이지 그림 참조)


### 오버로드 투 아이솔레이트 *Overload to Isolate*

최종적으로 측면에서 일대일 승부를 만드는 전술. 상대 진영의 한쪽 측면에
서 계속 볼을 소유해 상대 선수를 그쪽으로 쏠리게 한 다음에 반대편 측면에
서 대기하고 있던 동료에게 한 번에 볼을 연결한다. 패스를 받은 선수가 상
대 수비수와 일대일 상황에서 드리블이나 크로스로 득점 기회를 창출한다.


### 포스트 플레이 *Post Play*

전방 공격수가 골문을 등진 상태에서 패스를 받아 동료에게 볼을 연결하거
나 개인 능력으로 볼을 지켜내 공격 기점이 되는 플레이. 해당 선수가 볼을
확보한 다음, 주위에 있는 동료와 연계하면 공격을 '빌드업'하기 쉬워진다.

볼을 계속 지켜내면서 상대 수비를 원래 자리에서 끌어내 공간을 창출하는
역할을 수행한다.


### 레이오프 *Lay-off*

전방에 배치된 선수가 볼을 받았을 때, 곧바로 후방(자기 진영 쪽)에 있는 동
료에게 원터치로 볼을 떨구는 플레이를 말한다. 포스트 플레이의 하나로 속
도가 빠른 공격 전개의 기점이 된다.


### 숏브레이크 *Short Break*

역습의 하나. 특히 상대 진영 안에서 발생한 역습을 숏브레이크라고 부른다.
상대로부터 볼을 빼앗은 직후 재빨리 전방으로 패스를 보내 속공으로 득점을
노린다. 상대 수비가 정비되기 전에 공격을 완료하는 것이 핵심이다.


### 유사 類似 브레이크

볼 점유 상태에서 의도적으로 볼을 뒤로 돌려 상대를 자기 진영에서 끌어낸
다음, 배후에 생긴 공간을 노리는 전술을 말한다. 역습과 마찬가지로 상대
골문에 빠르게 접근하는 것이 중요하다.


### 롱브레이크 *Long Break*

빼앗은 볼을 신속하게 전방으로 길게 보내 단번에 상대 골문을 공략하는 전
술. 종방향으로 빠른 공격이 특징이며 수비적인 팀이 일발 역전을 노릴 때
쓰면 효과적이다.

## 롱볼 *Long Ball*

먼 거리를 단번에 건너뛸 때 사용하는 전술적 패스. 상대 진영 깊숙한 지점으로 직접 볼을 보내는 플레이를 뜻한다. 단순한 방법이지만, 의도와 타이밍에 따라서 경기 흐름을 단번에 바꿀 수 있는 강력한 무기가 된다.

## 롱스로우 *Long Throw-in*

스로인을 단순하게 경기를 재개하는 방법으로 사용하는 게 아니라, 세트피스의 하나로 활용해 직접 득점 기회를 만드는 전술이다. 특히 문전에 키가 큰 동료가 있을 때, 코너킥이나 프리킥처럼 롱스로우를 활용할 때가 많다.

스로인은 오프사이드가 적용되지 않으므로, 직접 문전으로 보내면 매우 효과적이다. 타깃맨에게 볼을 보내 헤더슛으로 연결하거나 일단 떨어뜨린 뒤에 세컨드볼을 노리는 형태는 상대에게 실질적인 위협을 가할 가능성이 높다. 골에어리어로 롱스로우를 보내면, 직접 슛을 시도하지 않아도 문전에서 혼란스러운 상황을 만들 수 있다. 흐른 볼을 주워서 득점으로 연결할 수도 있다.

오프사이드가 적용되지 않는 덕분에, 효과적인 세트피스 공격처럼 수비진을 혼란에 빠뜨릴 수 있다. 수비 라인을 높게 형성한 다음, 니어코너나 파코너 등으로 상대의 시선을 분산시킬 수 있다면 득점 확률이 더욱 높아진다.

## 빌드업 *Build-up*

자기 진영에서 골키퍼나 수비수로부터 안정적인 패스를 받아 공격 형태를 만들어 가는 흐름을 말한다. 숏패스 중심으로 상대를 움직이게 만들면서 상대 진영 깊숙한 곳을 향해 전진하는 점유형 축구의 핵심 방법론이다. 공격 형태를 만든다는 점에서 숏패스 연결뿐 아니라 롱패스를 선택하는 것도 빌드업의 한 형태라고 할 수 있다.

### 다이어고널 런 *diagonal run*

대각선 방향으로 달리는 움직임. 종방향과 횡방향의 라인을 비틀어 상대 수비수 사이에 생긴 사각으로 쇄도해 패스를 받거나 동료에게 공간을 창출해 주는 플레이가 가능하다. 특히 최종적으로 상대 수비를 허무는 국면에서 유효한 움직임이다.

### 라인-브레이킹 패스 *Line-breaking Pass*

주로 후방에서 최전방 선수에게 연결해 상대 수비 라인을 허무는 패스를 말한다. 숏패스는 라인을 한 줄 깨지만, 효과적인 롱패스는 단번에 라인 몇 개를 깨뜨릴 수 있다. 상대 수비수들 사이로 침투한 최전방 선수에게 보내는 낮고 빠른 패스는 상대 수비 조직을 헝클어뜨릴 수 있다. 패스를 받은 최전방 동료가 레이오프 해주면 뒤에서 쇄도하던 동료가 정면 상태로 패스를 받을 수 있다. 패스가 수비 블록의 틈새를 통과하면 단번에 경기 흐름을 바꿀 수 있다.

## 수비 전술 용어

### 하이프레스 *High Press*

하이프레스는 '높은 위치에서의 압박'이라는 뜻으로, 상대 진영에서 적극적

으로 볼을 사냥하는 수비 전술이다. 상대 빌드업을 방해하고 숏브레이크를 노린다. (44페이지 그림 참조)

### 카운터프레스 *Counter Press*

볼을 빼앗긴 즉시 압박을 가해 볼을 되찾아 숏브레이크를 노리는 전술. 독일어인 게겐프레싱*Gegenpressing*이라고도 부른다. 상대가 공격 태세로 전환하기 전에 볼 탈취를 노리기에 대단히 공격적인 스타일이라 할 수 있다. (47페이지 그림 참조)

### 측면 압박 *Wide Pressing*

볼이 위치한 쪽의 측면에 선수들을 밀집시켜 수적 우위를 만들어서 볼을 빼앗는 전술. 반대편 측면으로 전개될 위험이 있어 신속한 사이드 전환이 중요하다.

### 오프사이드 트랩 *Offside Trap*

최후방 라인을 의도적으로 끌어올려 상대 공격수를 오프사이드 포지션으로 만드는 수비 전술을 의미한다. 고도의 연계 플레이와 최적의 타이밍이 필수인데, 일단 성공하면 위기를 간단히 벗어날 수 있다.

### 라인 컨트롤 *Line Control*

경기 흐름에 따라 수비 라인을 전후방으로 조정하는 플레이. 라인을 올리고 내리는 타이밍과 판단력, 팀의 의사소통 능력이 경기 흐름을 좌우한다.

### 하이라인 *High Line*

최종 라인을 높게 유지해 상대 진영에서 경기를 운영하는 플레이스타일. 전방 압박과 한 세트로 사용될 때가 많다. 배후 공간이 취약해질 우려가 있지만, 그만큼 경기 주도권을 잡기 쉬워진다.

### 하이블록 *High Block*

수비 블록을 높게 유지하는 것을 뜻한다. 최종 라인을 밀어 올려 진형 전체를 콤팩트하게 만들어 방어하는 전술이다. 최전방에서부터 압박 강도를 높일 수 있다. (44페이지 그림 참조)

### 미들프레스 *Middle Press*

미드필드 압박을 의미한다. 중원에서 압박을 가해 상대의 패스 경로를 제한하면서 볼 탈취를 노리는 수비 전술이다. 라인이 지나치게 높아지거나 낮아지지 않도록 유지하면서 견고하게 상대 공격의 속도를 늦춘다. (45페이지 그림 참조)

### 미들블록 *Middle Block*

미드필드 수비 블록을 말한다. 중원에서 수비 라인을 형성해 콤팩트하게 공간을 없애는 전술이다. 상대의 볼 전진과 공격 템포를 떨어뜨려 역습을 노린다. (45페이지 그림 참조)

### 로우프레스 *Low Press*

낮은 위치에서의 압박을 의미한다. 자기 진영 깊숙한 곳에서 압박을 가함으로써 상대를 유인해 공간을 빼앗는 전술이다. 수비를 견고하게 유지하면서 볼을 빼앗은 순간 재빨리 반격해야 한다. (46페이지 그림 참조)

## 로우블록 *Low Block*

자기 진영에서 형성한 수비 블록을 말한다. 자기 진영 깊숙한 라인에서 수비 블록을 만들어 문전 공간을 없애는 전술이다. 실점 위험은 줄이지만, 상대에게 공격당하는 시간이 길어질 수 있다. (46페이지 그림 참조)

## 맨마킹 *Man Marking*

상대 선수에게 일대일로 밀착 마크해서 방어하는 전술을 말한다. 일대일 몸싸움에 강한 선수가 많을 때 효과를 발휘하는데, 마크에 실패하면 공간을 허용할 위험이 있다. 90분 내내 대응할 수 있는 지구력도 필수다.

## 존 디펜스 *Zonal Defense*

선수별로 각자 배분된 영역을 지키면서 볼의 흐름에 맞춰 위치 이동하는 수비 전술을 말한다. 수비 조직력이 요구되며, 잘 기능하면 대단히 견고한 수비를 구축할 수 있다.

## 리트리트 *Retreat*

볼을 빼앗긴 순간, 재빨리 자기 진영으로 돌아와 블록을 형성해서 방어하는 움직임을 말한다. 압박을 가하지 않고 진형을 재정비함으로써 수비 안정성을 우선시하는 전술이다.

# 득점 장면만 볼거리가 아니다

경기장 직관이나 TV 중계에서 관객을 가장 흥분시키는 것은 단연 골이 터지는 순간이다. 경이적인 기술이나 절묘한 연계, 순간적으로 빛나는 슈퍼 플레이는 축구에서 가장 화려한 순간이라고 생각한다. 다만 축구를 더 즐기고 싶다면, 득점 장면 바깥에서 재미를 찾으라고 말해주고 싶다.

J리그에서 5인 교체 제도가 시행된 2020시즌 이후, 1부 경기당 역대 최다 승점 신기록을 작성한 2020시즌 가와사키 프론탈레의 사례를 얘기해보려고 한다.

그해 가와사키는 34경기에서 26승 5무 3패라는 초강세를 자랑했다. 한 경기에서 한두 골 내기 힘든 축구에서 가와사키는 경기당 2.59득점(총 88골), 0.91실점(총 31골)을 기록해 일본 역대 최고 수준의 성적을 남겼다. 가와사키는 일본 국가대표 선수를 다수 배출한 팀이다. 미토마 카오루(현 브라이턴), 하타테 레오(현 셀틱), 모리타 히데마사(현 스포르팅리스본) 등이다. 물론 강력한 스쿼드라고 해도 모든 슛이 골문 안으로 들어가진 않는다. 경기당

2.59골을 넣었지만, 한 경기당 슛 시도가 평균 18.9회였음을 잊지 말자. 득점 성공률은 13.5%였다.

기본적으로 상대 진영, 상대 문전 가까운 곳에서 슛을 때리지만, 상대 페널티 에어리어에 침투한 횟수가 평균 잡아 약 20회, 페널티 에어리어를 포함한 어태킹 서드에 진입한 횟수는 약 60회였다. 당시 가와사키가 상대 골대를 향해 전진했던 횟수는 120회 정도였다. 이를 데이터로 정리해보자.

## 데이터 체크!

120회 공격 빌드업, 60회 어태킹 서드에 진입, 약 20회 슛 시도, 약 2.6골 성공

- 빌드업에서 어태킹 서드로의 진입 성공률: 50%
- 빌드업에서 슛까지 시도한 비율: 16.6%
- 빌드업에서 득점까지 연결한 비율: 2.2%

일본 역대 최강 팀도 공격이 득점으로 연결되는 비율은 2% 정도에 불과하다. 축구팀의 평균 득점을 1.3~1.4골 정도로 봤을 때, 공격 개시부터 득점 성공률은 1% 정도라는 계산이 나온다. 득점이 최종 목표라면 공격의 98~99%는 실패로 끝난다는 이야기다. 당연히 상대 팀이 볼을 점유하는 시간도 존재하므로 경기 전체에서 득점 장면은 1%가 채 안 된다.

득점 장면의 통쾌함과 승리가 확정되는 순간의 성취감은 축구팬들에게 대체 불가의 기쁨이다. 하지만 오로지 득점 장면만을 기다리는 관전은 바람직하지 않다. 톱클래스 선수들이 모여 계속 훈련하고 경기에서 최선을 다해

도 골을 넣지 못할 수 있다. 득점에 실패한 선수를 원망하기보다는 0.1%라도 확률을 높이기 위해 팀 전체가 만들어가는 볼 운반, 상대 공격을 막기 위한 패스나 침투 경로 봉쇄, 볼을 빼앗기 위한 시도 등에 주목해보자. 축구 경기에서는 정말 다양한 플레이가 존재한다.

숏과 드리블 돌파 등 화려한 장면 뒤에 있는 오프 더 볼 선수들의 플레이, 패스 연결을 절대 허용하지 않으려는 미세한 움직임 등 선수 개인 또는 팀 전체가 피치 위에서 수행하는 플레이 하나하나에는 모두 의미가 존재한다. 무심한 듯 흘러가서 아무도 주목하지 않는 플레이에 추구를 더 흥미진진하게 즐길 수 있는 힌트가 숨어 있지는 않을까?

# 축구의 데이터 활용과 차세대 이론

# 01

# 축구 데이터는
# 어디에서 확인할 수 있나?

앞에서도 밝혔지만, 필자가 축구 데이터에 관심을 갖기 시작한 것은 2013년경이다. 리그 공식 홈페이지에 상세 데이터는커녕 어시스트조차 표시되지 않던 시절이다. 그로부터 10년이 흐르는 동안 축구 데이터 분야는 눈부시게 진화했다.

각 팀은 경기 통계(패스 횟수, 몸싸움 횟수 등)부터 스피드나 스프린트 횟수, 어떤 영역에서 어떤 플레이를 했는지 등에 대한 많은 데이터를 활용하고 있다. 경기 통계와 별개로 훈련 중에 수집되는 데이터도 활용된다. 이런 진화의 배경에는 기술의 발전이 있지만, 무엇보다 데이터에 대한 현장의 이해가 높아진 덕분에 다방면에서 활용되고 있다고 할 수 있다. 그렇다면 축구팬이 접근할 수 있는 데이터에는 어떤 것이 있을까?

스마트폰이 대중화된 10년 전에도 J리그 공식 홈페이지에서 확인할 수 있는 데이터는 출전시간, 득점, 팀 순위표, 경기 및 각 라운드별 결과, 경기 이벤트 정도였다. 다시 말하면 어떤 선수가 얼마나 볼을 빼앗고, 숏을 때리고, 드리블에 성공했으며, 어떤 골키퍼가 세이브했는지 등에 대한 데이터는 찾을 수 없었다. 일반 팬은 선수별 상세한 데이터를 알기 어려웠다. 몇몇 잡지가 경기별로 상세 데이터를 싣는 정도였다.

이제는 축구 통계 사이트나 앱에서도 각국 리그 데이터를 확인할 수 있다. 선수별로 득점, 어시스트, 숏, 세이브, 태클 횟수 등은 물론 각 플레이의 성공률부터 경기당 평균 데이터 등이 상세히 제공된다. 오히려 '이렇게까지나 자세히?'라는 생각이 들 정도다. 1부 리그는 물론 2부 리그, 컵 대회 등 다양한 리그와 대회의 상세 통계도 제공된다.

J리그는 2015년부터 트래킹 데이터를 도입해서, 경기별로 선수가 뛴 거리와 스프린트 횟수까지 공개한다. 또한 시즌 종료 후에는 'J STATS REPORT'를 배포한다. 모든 팀의 시즌별 데이터와 리그 전체 경향, 전년도 비교나 해외 리그 비교 등도 수록되어 있다. 예를 들어, 9km/h로 달리기 시작해서 25km/h에 도달하는 시간이 가장 빠른 선수는 누구인지, 통계 항목 또는 시기별로 실제 플레잉 타임은 몇 분인지, 어느 팀이 어느 영역에서 어떤 형태로 크로스를 올리고, 그 크로스가 득점으로 연결될 확률은 얼마인지도 알 수 있다. (K리그에서도 데이터 포털data.kleague.com을 통해 다양한 데이터를 제공하고 있다. ―역주)

필자가 운영하는 유튜브 채널 역시 데이터를 활용한 콘텐츠가 많다. 경기 프리뷰와 리뷰, 라운드별 베스트 11을 소개하는 영상 등을 팀별로 정리해

각 선수 데이터를 다룬다. 각 팀의 시즌 리뷰 영상에서는 선수뿐 아니라 팀 전체의 경향을 데이터로 분석해 소개하기도 한다. 해당 시즌의 트렌드와 전년도와의 차이, 리그 순위 등을 텍스트와 그래프를 이용해 정리해 놓았다.

AI 시스템도 축구계에 영향을 미치고 있다. 대표적 사례는 구글 딥마인드가 개발한 '택틱AI*TacticAI*'인데, 이 프로그램은 과거 리버풀FC가 기록했던 코너킥 7,176개를 다각도로 분석해 코너킥 상황에서의 전술 인사이트를 제공했다.

나날이 전술이 진화하는 축구에서 자기 진영에서 상대 진영으로, 더 나아가 슛을 시도할 수 있는 지점까지 침투하기가 점점 어려워지고 있다. 10년 전만 해도 팀의 경기당 평균 슛 시도가 15회 정도였는데, 현재는 평균 10회 정도로 감소했다. 그래서 중요성이 재평가되고 있는 것이 바로 세트피스다. 앞서 소개한 'J STATS REPORT'에 의하면, 2024시즌 J리그 1부 전체 득점 중에서 32.8%가 세트피스에서 나왔다.

득점율을 보면, 3골 중 1골이 세트피스에 의한 득점이다. 세트피스가 얼마나 중요한 항목인지 잘 알 수 있다. 특히 이러한 경향은 세계적으로 공통된다. 공격 세트피스에서는 얼마나 확실하게 슛을 시도할 수 있는지, 수비 세트피스에서는 얼마나 효과적으로 상대 슛을 억제할 수 있는지가 갈수록 더 중요해지고 있다.

TacticAI가 제공하는 것은 세트피스 시나리오만이 아니다. 누가 골을 넣어야 하는지, 누가 미끼가 되어야 하는지, 누가 어디에 위치를 잡아야 할지 등에 대해서도 추천해준다. 시스템 제안을 바탕으로 득점 확률 등 상세한 예측 데이터도 제공한다.

# 02

# 이적 시장의
# 데이터 활용

축구계에서 가장 뜨거운 정보는 누가 뭐래도 이적설이다. 응원하는 팀이 다음 시즌을 대비해 누구를 영입할지, 혹은 다른 팀이 누구에게 눈독을 들이는지, 국내에서 유럽 리그로 이적할 선수가 있는지 등은 축구팬의 이목을 사로잡는다.

예전의 이적 시장과 비교해 달라진 것이 바로 '데이터 활용'이다. 각 구단은 이적 시장에서 팀이나 감독의 축구 스타일에 적합한 선수를 예산 내에서 데려오려고 애쓰는데, 그 판단을 내릴 때 다양한 데이터가 활용된다. 물론 예산이 많은 팀이 인기 선수나 국가대표급 선수, 득점왕을 획득했던 선수 등을 영입할 수 있다.

예를 들어, 팀의 포워드가 이적이나 은퇴, 또는 장기간 이탈 등으로 빠져 버리면 새로운 포워드를 영입해야 한다. 빠진 선수가 에이스 스트라이커였다면, 약간 비싼 비용을 지불하더라도 국내외에서 득점을 양산할 수 있는 선수를 획득해야 한다. 그럴 때일수록 데이터 활용도가 높아진다.

전년과 올해의 득점 순위표에서 최상위 선수를 영입하면 되지 않냐고 생각할 수 있지만, 선수 영입 작업은 그리 간단하지 않다. 본서에서도 많은 플레이스타일을 소개했지만, 수비 배후를 노려 득점을 올리는 포워드와 크로스에 강한 압도적 신장을 지닌 포워드가 있다면 그에 따라 팀이 만들어야 하는 슛 기회가 달라질 것이다. 따라서 현재 보유한 전력에 맞춰 새로운 포워드는 어떤 선수가 되어야 할지를 고민해야 한다.

# 03

# 데이터 활용의 미래

앞으로는 데이터 활용법이 비약적으로 발전할 것이다. 경기 중 선수 데이터를 수집하는 것은 기본이다. 훈련하는 동안 혹은 경기 중 선수의 산소 포화도와 심폐 기능까지 파악해서 AI에 의한 데이터 분석도 가능해졌다. 가까운 미래에 실현될 데이터 활용법에 대해 예측해본다.

## 1 리얼타임 AI 전술 분석 정보

전 세계 축구팀들이 '택틱AI'와 같은 인공지능 시스템의 확장 버전을 도입할 날도 머지않았다. 이미 축구 분야에서는 비슷한 일들이 벌어지고 있다. 국제 무대에서 대규모 데이터를 활용한 선구자는 2014년 브라질월드컵에 출전했던 독일 국가대표팀이다.

2018년 러시아월드컵에서는 볼과 선수의 움직임을 카메라로 추적해 실시간 분석 결과를 벤치에 있는 태블릿으로 직접 전달하는 시스템이 도입되었다.

경기 중 상세한 데이터가 과거와 비교되어 기록되고, 고해상도 영상 데이터도 대량으로 보존할 수 있는 시대다. 그런 데이터를 플레이 이벤트 단위로 실시간 추출하는 툴이나 어플리케이션, 시스템도 등장하고 있다. 실제로 전반전 플레이 중 몇 장면을 선택해서 이를 과거 경기 영상과 비교 검증까지 마친 상태에서 하프타임에 수정 포인트를 선수들에게 전달하는 팀도 있다. 특히 시즌 개막 전이나 감독 교체 직후에는 영상 데이터가 매우 효과적으로 활용된다. 구두지시나 전술 보드, 코칭스태프의 지시에 국한되지 않고 구체적인 플레이 영상을 시각적으로 공유함으로써 선수들의 이해도를 크게 높일 수 있기 때문이다.

실시간 분석과 AI에게 얻는 통찰 이외에도 다양한 부가 데이터를 제공하는 시스템이 속속 등장하고 있다. 선수의 표정과 시선, 신체 움직임 등의 감각 정보 데이터를 수집해 전술 조정, 포메이션 변경, 선수 교체에 이용하는 시대가 다가오고 있다.

## 2 컨디션과 스태미너 수치화

게임처럼 선수의 상태가 수치로 표시되는 시스템도 상상해볼 수 있다. 일단 훈련이나 경기 전후에 수집되는 신체 데이터를 바탕으로 선수별로 스태미너 최대치를 파악한 후에, 해당 선수의 체력이 어떤 플레이에 의해 소모되는지를 수치화하는 기술이 개발되고 있다.

아울러 훈련 강도, 경기 출전에 의한 영향을 산출해 현재 상태를 그래프로 가시화하고, 그 경기에서 어느 정도 강도 높은 플레이가 가능할지를 파악할 수 있는 지표까지 제시되는 시대가 곧 올 것이다.

이런 데이터가 가시화되면 선수의 부상 위험도를 사전에 파악할 수 있다. 훈련과 경기 전 단계에서 스태미너와 피로도, 근육 상태 지표를 통해 선수가 다칠 위험을 줄이는 것이다.

현대 축구에서 플레이 강도는 점차 높아지고 있어서 부상 선수도 증가 추세다. 이런 상황에서 '주력 선수를 얼마나 건강하게 유지하는가'가 시즌 성적과 큰 연관성을 보인다. 실제로 부상자가 적고 꾸준하게 주전 선수들이 뛰었던 팀이 리그에서 상위권을 차지한다. 물론, 부상자가 나오더라도 유연하게 대처해서 실적을 내는 사례도 있기는 하다.

## ❸ AI 코칭

선수에게 데이터란 본인 플레이를 객관화하고 다음 액션으로 연결시켜주는 존재가 된다. 현실적으로 감독이 모든 경기나 훈련을 지켜볼 수는 없다. 하지만 영상 데이터를 활용하면 이야기가 달라진다. 예를 들어보자. 경기 중 패스를 왼쪽으로 보내는 편이 안전하게 전진할 수 있는 패스 경로처럼 보였다고 해도 실제로는 한 발짝 더 전진한 다음에 오른쪽으로 패스하면 더 좋은 기회가 만들어질 때도 있다.

이처럼 다양한 선택지와 평가를 시각적으로 또는 데이터 형태로 제시한다면, 선수들의 판단력이 배가될 것이다. 훈련 상황에서도 도움을 받을 수 있다. 선수가 '자신을 어떻게 변화시키고 싶은가?', '어떤 플레이스타일을 원하는가?'와 같은 목표를 AI에 설정해 놓으면, 그에 따른 훈련 매뉴얼이나 개선점을 제안받을 수 있다.

VAR이나 오프사이드 판정은 점점 시스템화되어 정확도와 속도가 향상될 것이다. 최종 판단은 인간의 몫이지만, 지금처럼 경기 중 또는 득점 후에 모든 선수가 몇 분씩 기다려야 하는 상황은 점차 줄어들 것이다.

물론 VAR로 인한 시간 지체의 장점도 있었다. 멈춘 시간을 활용해 전술을 수정하거나 팀원들이 모여 다음 플레이에 관한 아이디어를 공유하는 장면을 흔히 볼 수 있었다. AI로 인해 대기 시간이 줄어들면, 역설적으로 신속하게 정보를 공유해야 할 필요가 있다.

# 04

# 어떤 장면에서 어떤 방법론을 선택해야 할까?

지금은 축구계에 있어 하나의 과도기에 해당한다는 생각이 든다. 2010년 경 펩 과르디올라가 제창한 포지셔널 플레이가 체계화되어 전 세계로 보급되었고, 이제는 그 공략법도 등장했다. 위르겐 클롭이 창안했던 게겐프레싱이 그런 대응책으로서 주목받았다. 볼을 즉시 재탈취하는 플레이가 핵심인 게겐프레싱 전술도 이제는 널리 퍼졌다.

이 외에 첼시를 지휘했던 토마스 투헬의 작전도 흥미롭다. 과르디올라는 포지셔널 플레이를 통해 3-2-5 형태로 공격한다는 이론을 바탕으로 맨체스터시티를 만들어 갔다. 이에 대응해 투헬의 첼시는 5-2-3으로 매치업했다. 일대일 대결에서 상대를 제압해 공격을 막은 뒤에 반격으로 전환하는 작전을 편 적도 있다.

최근 축구에서는 포메이션을 하나만 운용하지 않는다. 공격과 수비 국면마다 시스템을 바꾸는 팀이 늘고 있다. 실제로 현대 축구에서는 대다수 팀이 경기 중 형태를 바꾸는 경향을 보인다. 상대의 약점이나 비어있는 영역을 찾아내 그곳을 공략할 수 있는 포메이션으로 유연하게 대응해야 하기 때문이다. 특정 에어리어 공략을 위해 숫자를 투입해 우위를 창출하는 전술도 중요해지고 있다.

이처럼 전술적 약점을 서로 공략하는 과정에서, 세계 톱클래스 구단과 각국 1부 리그 선수들은 그에 걸맞은 전술적 사고방식을 자연스레 이해하게 되었다. 축구를 분석하고 연구한 결과, '상대가 X를 해오면 Y, 몇 가지 이유로 작전 수행이 불가능할 때는 Z'라는 식으로 어떤 장면에서 어떤 방법론을 선택해야 하는지가 거의 정립된 듯하다.

현대 축구에서는 이론이 완성된 상태이기에 선수 개인 능력이나 팀 완성도에서 차이가 나지 않으면, 경기에서도 큰 차이가 도출되지 않는다. 그 정도로 많은 팀이 공격과 전진법, 수비 대응책을 고안해 왔다. 그러나 상대 팀이 확실하게 방어막을 친 영역이 있다 하더라도, 그 지점을 공략해야 한다는 사실은 앞으로도 변치 않을 것이다.

자기 팀의 에이스나 연계 플레이를 앞세워 틈을 찌르거나 틈을 넓혀서 공략하는 것은 축구의 최우선 항목이다. 거꾸로 말하면, 상대에게 틈을 허용하지 않고 구멍을 철저히 지키는 플레이가 대단히 중요하다. 좋은 수비에서 좋은 공격으로 연결하는 형태는 축구 전술의 근간에 해당한다. 월드컵에서도, 국가대표팀에서도, 국내 리그와 고등학교, 대학교 축구에서도 다르지 않다.

이 책에서도 포메이션 간 상성과 약점 공략법 및 대응책을 살펴본 바 있다. 앞에서 말했듯이, 지금까지 설명한 것은 '지금까지의 축구'일 뿐이다. 어떤 전술이든 대응책이 존재한다. 이 책이 설명한 이론을 깨뜨릴 새로운 이론이 언제 등장할지 모른다.

# 05

# 축구 신新이론
# 예측하기

## 새로운 판타지스타 등장

현대 축구에서 윙어의 중요성이 나날이 커지고 있다. 중앙 밀집 상태를 우회해 수비층이 다소 얇은 영역을 활용할 수 있기 때문이다. 또한 최근 축구계에서는 선수의 운동능력이 향상되는 추세다. 스피드가 뛰어나면서 몸싸움에도 능한 측면 자원은 일대일 장면에서 막기가 무척 어렵다.

각종 이론이 성립된 요즘 축구에서 웬만한 실수가 발생하지 않으면 팀 간 전력에 큰 차이가 나기 어렵다고 했다. 유일한 돌파구가 선수 개인 능력의 차이일지 모른다. 스피드에서 큰 차이가 나버리면 막기는커녕 따라가기도 힘들기에 몸싸움을 벌일 기회조차 없다.

다만, 이런 이론은 어디까지나 윙어의 마커가 한 명인 상황에 한정된다.

일대일로는 어려울 수 있지만, 두 사람이 동시에 수비하면 이야기가 달라진다. 두 사람이 달려들어 볼을 빼앗는다는 것이 현대 윙어 대응책의 경향이다. 그렇다면 한 가지 새로운 아이디어가 떠오른다. 새로운 판타지스타의 등장이다. 판타지스타란 천재적인 능력으로 국면을 바꾸는 선수 또는 예술적 플레이로 관중을 매료시키는 특별한 선수를 말한다. 어원은 이탈리아어 'fantasista(상상력이 풍부한 사람)'다.

축구는 득점수를 다투는 경기다. 상대의 침투를 막아야 할 영역에 수비수를 배치해 방어하고, 반대로 상대 수비수를 흔들어 유리한 영역을 선점하는 플레이로 득점을 노려야 한다. 그 과정에서 공격수 1인에 대해서 수비수가 2인 이상 대응하면 나머지 숫자에서 차이가 발생한다. 공격 팀은 국지적으로 수적 우위를 점할 수 있는 것이다.

이런 우위를 활용하기 위한 다양한 방법론이 등장했다. 상대 진형을 제압하는 초기 선수 배치라든가 전술도 이에 포함된다. 유연 시스템을 사용해 선수 배치를 유기적으로 바꿔 위치적 또는 수적 우위를 창출할 수도 있다. 빌드업으로부터 전진하는 과정에서 상대 마크를 피하는 움직임도 증가하고 있다. 보다 효과적으로 공격을 전개하는 방법, 그런 공격을 막는 압박 등의 계산도 다양해졌다. 모두 공격 우위를 창출해 결정적인 득점 기회로 연결하기 위해서다.

이런 전술 안에서 필요한 것이 바로 새로운 판타지스타다. 그들에게는 상대 수비를 유인해 동료를 자유롭게 해주는 플레이가 요구된다. 그렇게 하려면 안쪽으로 파고들거나 측면으로 벌려 나가는 유기적 포지셔닝에 효과적으로 대응하는 능력이 필요하다. 그러면 팀 전체 움직임에도 유동성이 증

가해 수비진을 혼란에 빠뜨릴 수 있다. 향후 이론과 창의적 발상을 융합한 새로운 타입의 판타지스타가 등장해, 축구 경기에 새로운 양상이 추가될 가능성이 높다.

## 국면별 포지션

유연 시스템을 가동해 수비 시에 윙백이 센터백의 옆까지 내려와 수비에 가담하는 상황, 공격 시에 사이드백이 미드필드로 이동하는 아이디어는 더 이상 새롭지 않다. 센터포워드가 한 단계 내려와 공격형 미드필더처럼 뛰어서 상대 센터백을 끌어내 생긴 공간으로 윙어가 쇄도하는 움직임은 현대 축구 공격의 한 패턴으로 자주 목격된다. 이런 움직임은 '가짜 9번'으로 불린다. 초창기에는 교란 작전으로 이해됐지만, 현재는 일반 전술의 하나로 정착되었다.

이런 움직임이 상식 범위 안에서 수렴된다면, 어떤 새로운 움직임이 등장하더라도 기본 포메이션의 변형으로 볼 수 있다. 예를 들어 4-1-2-3 진형이 3-2-5 또는 5-4-1로 바뀌었다고 할 수 있다. 메커니즘을 이해하면 새로운 움직임이나 변형에도 신속히 대응할 수 있다.

또한 온라인이나 영상 분석 보급, AI 기술 진화에 따라 전술 해석과 실행이 더욱 가속화되고 있다. 따라서 경기의 전술적 선택지 또는 대응책은 점차 고도화되어 향후 축구 전술은 혁신을 이어갈 것으로 보인다. 어쩌면 스타디움 상부 카메라 위치에서 전체 움직임을 파악하는 AI가 감독의 상황 판단을 돕는 일이 일상화되는 날도 머지않았을지 모른다. 이렇게 되면 장기나 바둑처럼 상대의 수에 맞춰 포메이션을 바꿔 나갈 수 있다.

그렇다면 앞으로는 빌드업할 때의 시스템과 배치, 전진할 때의 시스템과 배치, 슛할 때, 압박할 때 식으로 국면마다 세밀하게 시스템을 바꾸는 방법이 보편화되지 않을까? 만약 그렇게 된다면 AI를 도입해도 상대의 세밀한 조정에 즉시 대응하긴 어려울 듯하다.

최근 유연 시스템이나 경기 상황에 따른 전술 변화 등, 복수 포메이션에 능숙하게 대응하는 선수가 적지 않다. 예를 들어 수비 블록을 구축하거나 빌드업할 때는 센터백 위치에 있다가, 전진할 때는 중앙 미드필드에, 슛을 때릴 때는 포워드 위치로 이동하는 식으로 국면별 포지셔닝을 수행하는 선수가 출현할 수 있다. 미래의 판타지스타는 다양한 기능과 능력을 보유한 선수일 가능성이 크다.

## 롱 빌드업

포지셔널 플레이와 5개 레인 이론 등은 모두 빌드업부터 패스를 연결해 상대 진영 침투를 노리는 스타일이다. 이런 이론이 체계화됨에 따라 반대로 대응하는 방법도 발전해 왔다. 자기 진영에서 서서히 패스를 연결해 전진하는 스타일이란 것이, 어쩌면 상대 분석이 완벽하지 못한 덕분에 시도되고 있는지도 모른다.

최근 상대가 어떤 빌드업으로 시작하는지가 어느 정도 분석되어, 첫 패스가 나가는 것만으로도 쉽게 의도가 간파될 수 있다. 빌드업에서 숏패스로 조금씩 상대 배후를 공략하는 작업이 큰 효과를 얻기 어려워졌다는 뜻이다. 따라서 현재 통용되는 이론과는 조금 다른 이론이 필요하다.

생각해볼 수 있는 것 중 하나가 '롱빌드업'이다. 자기 진영을 벗어난다는 전제하에서, 상대 진영에서 확률 50%로 볼을 차지할 수 있다는 노림수로 볼을 길게 차는 것이다. 그 킥이 자기 진영 골에어리어에서 출발해 미드필드를 넘어 상대 진영에 낙하한다고 가정해보자. 이 방법은 빌드업 숏패스가 상대 압박에 막히거나 기술 또는 연계에서 발생하는 실수 탓에 상대 진영까지 도달할 확률이 낮은 팀이라면 더욱 시도해볼 만하다. 공중볼 다툼이나 세컨드볼 경쟁은 볼을 잃을 위험과 빼앗을 기회가 뒤섞이는 상황을 만든다.

여기서 중요한 점은 볼을 획득하는 상황과 빼앗기는 상황, 두 가지 시나리오를 항상 염두에 두는 것이다. 빌드업에서 실수를 저질러 자기 진영에서 숏브레이크를 당하는 것보다는 낫다고 판단한다면 새로운 빌드업 형태로 정착될 가능성이 있다.

처음 집필 제안을 받았을 때는 펄쩍 뛸 정도로 기뻤다. 그동안 경영자로서 일이 잘 풀리지 않았을 때도 어떻게든 방법을 찾고 집중적으로 공략해 전진해냈고 좋은 평가를 받은 경험도 있다. 그런데 출간 작업은 첫 기획 회의부터 고난이었다. 난데없이 식중독에 걸리거나 떨어지지 않는 독감 등 몇 번이나 건강 문제가 발목을 잡았다. 유튜브 파트너가 약속을 어기는 경우도 있었다. 그러다 보니 집필이 하세월이었다. 이렇게까지 마감에 쫓길 줄 몰랐다는 의미의 쓴웃음을 머금고 지금 후기 원고를 작성 중이다. "편집 담당자인 히사마츠님, 걱정 끼쳐드려 죄송했습니다."

필자는 권말에 소개되는 '이 자리를 빌어'라는 부분을 좋아한다. 그래서 '이 자리'를 마음껏 써보려고 한다. 우선 평소 필자의 유튜브 채널을 시청해

주시는 분들께 감사드린다. 구독자 여러분 덕분에 이 책도 태어날 수 있었다. 이 책이 축구에 대한 다양한 전술 해설형 콘텐츠와 전술서로 가는 가교 역할을 한다면 더 이상 바랄 것이 없겠다. 축구라는 세계는 앞으로도 점점 넓어질 것이다. 그 안에서 독자들이 부정적 방향으로 빠지지 않기를 바랄 뿐이다. 여러분이 축구를 사랑하는 데 이 책이 작은 도움이 되거나 다음 단계로 넘어가는 데 필요한 발판이 되기를 소망한다.

필자의 부모님은 스포츠를 좋아하지 않으신다. 아마도 부모님께서는 '도대체 축구로 뭐를 한다는 거지?'라고 생각하실지 모르겠다. 유제품 알레르기부터 시작해 제대로 외출도 하지 못했던 어린 시절을 생각하면, 지금 잘 걸어다니는 것만으로도 다행이라 여기실지 모르겠다. 부모님께는 '감사합니다'라는 말로는 턱없이 부족하다. 최대한 노력해서 이 세상에 도움이 되는 사람이 되고 싶다. 10년 전, 필자는 다시 재기할 수 없을 것이라 생각했던 적이 있다. 많이 속기도 했고 억울한 평가도 받았다. 그러나 중요한 것은 그래도 세상을 긍정적으로 바라보는 태도와 매일 노력을 게을리하지 않는 것이다. 착실히 쌓아가면 결국 그게 장점이 된다.

독립한 이후 약 10년에 걸쳐 업무를 도와준 우리 회사 스태프와 고객 여러분께도 고개 숙여 감사드린다. 고난이든 즐거움이든, 그동안 겪은 모든 경험치가 오늘의 나를 만들었다고 믿는다. 나의 사업 파트너 '마~상'에게. "무사시코스기에 있는 닭튀김 가게와 나카메구로에 있는 카페에서 시작된 이야기가 여기까지 올 줄 몰랐네. 성격, 세대, 생각, 방향성, 문화, 뭐 하나 공통점이 없었지만, 몇천 개나 되는 영상 콘텐츠를 만들어낸 우리의 호흡은 정말 환성적이었지! 우리는 크게 되자는 생각이 아니었어. '우리끼리 즐겁게'를 계속 추구해 왔을 뿐이지. 정말 고마워. 그리고 앞으로도 잘 부탁해."

마지막으로 독자 여러분께 감사를 전한다.

"일독해주셔서 감사합니다. 이 책이 여러분의 축구 관전에 필요한 전술과 경기에 대한 이해, 경기를 볼 때 필요한 마인드 등 무엇 하나에라도 도움이 된다면 정말 기쁠 것입니다. MILK SOCCER ACADEMY의 노밀크 사토였습니다. 다시 만나기를!"

◇ 당신은 언제나 옳습니다. 그대의 삶을 응원합니다. **– 라의눈 출판그룹**

# 현대 축구 전술×개념 사전

초판 1쇄 | 2026년 4월 6일

지은이 | 노밀크 사토 옮긴이 | 홍재민
펴낸이 | 설응도 편집주간 | 안은주
영업 | 양경희 디자인 | 박성진

펴낸곳 | 라의눈

출판등록 | 2014년 1월 13일(제 2019-000228호)
주소 | 서울시 강남구 테헤란로 78 길 14-12(대치동) 동영빌딩 4층
전화 | 02-466-1283 　　　팩스 | 02-466-1301

문의 (e-mail)
편집 | editor@eyeofra.co.kr
마케팅 | marketing@eyeofra.co.kr
경영지원 | management@eyeofra.co.kr

ISBN 979-11-94835-25-7　13690